职业教育城市轨道交通专业产教融合创新教材

城市轨道交通接触网

主　编　林毓梁　马成禄
副主编　谭丽娜　王旭东　张朋伟
参　编　巩文东　陈　进　邓春兰
主　审　朱志伟

机械工业出版社

本书介绍了我国城市轨道交通供电系统接触网检修与维护的基本知识与操作技能，主要包括认识城市轨道交通接触网、架空柔性接触网技术与检修、架空刚性接触网技术与检修、接触轨技术与检修、接触网运营与检修管理、城市轨道交通接触网事故抢修，每章设有科技人文拓展、习题，培养学生自主思考能力，增强使命担当。

本书可作为职业院校城市轨道交通类专业的教学用书，也可作为城市轨道交通行业接触网检修岗位技能培训用书，同时还可作为城市轨道交通运营企业接触网检修岗位技术人员的学习参考书。

为方便教学，本书配有电子课件等，凡选用本书作为授课教材的学校，均可登录机械工业出版社教育服务网（www.cmpedu.com）免费下载。咨询电话：010-88379375。

图书在版编目（CIP）数据

城市轨道交通接触网/林毓梁，马成禄主编. —北京：机械工业出版社，2021.12（2023.1重印）
职业教育城市轨道交通专业产教融合创新教材
ISBN 978-7-111-69927-9

Ⅰ.①城…　Ⅱ.①林…②马…　Ⅲ.①城市铁路-接触网-高等职业教育-教材　Ⅳ.①U239.5

中国版本图书馆CIP数据核字（2021）第266541号

机械工业出版社（北京市百万庄大街22号　邮政编码100037）
策划编辑：高亚云　　　　责任编辑：高亚云　高凤春
责任校对：陈　越　王　延　封面设计：王　旭
责任印制：郜　敏
北京富资园科技发展有限公司印刷
2023年1月第1版第3次印刷
184mm×260mm · 14.5印张 · 354千字
标准书号：ISBN 978-7-111-69927-9
定价：45.00元

电话服务	网络服务
客服电话：010-88361066	机　工　官　网：www.cmpbook.com
010-88379833	机　工　官　博：weibo.com/cmp1952
010-68326294	金　书　网：www.golden-book.com
封底无防伪标均为盗版	机工教育服务网：www.cmpedu.com

前言

随着我国经济的飞速发展和城市化建设的加快，轨道交通因其快速、便捷、高效、安全、环保、大运量的优点，在我国各个大中型城市得到迅猛发展。

根据中国城市轨道交通协会的统计，截至 2020 年年底，我国大陆地区共有 45 个城市开通运营城市轨道交通线路 244 条（含有轨电车线路），运营线路总长度 7969.7km。据不完全统计，现有城市轨道交通线网建设实施的城市共有 61 个，在建规划线路总长度超 7000km。

接触网是为城市轨道交通车辆运行提供电能的专用供电线路，按照结构形式和安装方式不同，可分为架空柔性接触网、架空刚性接触网、接触轨、跨座式轨道交通接触网、有轨电车接触网等多种形式。由于接触网具有高电压、大电流、无备用的特点，又是露天设置，且线路上的负荷随着电客车的运行而沿接触点移动和变化，因此，要求接触网无论在任何条件下，都应保证良好地为电客车输送电能，保证电客车在线路上安全、高速运行。为保证轨道交通的安全可靠运营，需要大量具备扎实的基础知识、掌握接触网检修维护技能、熟悉接触网作业规范、牢记维修技术要领、熟知故障抢修流程并具有运营管理相关知识和良好职业道德的高素质接触网维护人员。本书介绍了我国城市轨道交通接触网检修与维护的基本知识与操作技能，主要包括架空柔性接触网、架空刚性接触网、接触轨的检修与维护技术要领与检修要点，此外还介绍了城市轨道交通接触网的运营管理、事故抢修等方面的知识与技术要点。每章设有科技人文拓展，通过行业能手、行业发展历程、职业素养提炼等内容，使学生厚植爱国情怀，树立科技自立自强信念，增强使命担当。由于跨座式轨道交通接触网和有轨电车接触网在城市轨道交通接触网中使用比较少，本书未做详细介绍。全书内容紧密结合接触网检修与维护的实际工作要求，将接触网的维修标准和规程规范融入教学内容，力求使学生通过学习本书能胜任今后的接触网检修维护工作。

本书编写分工：第 1 章、第 2.1 节、2.2 节由江西交通职业技术学院张朋伟编写，第 2.3~2.8 节由长春职业技术学院谭丽娜编写，第 2.9~2.14 节由武汉职业技术学院陈进编写，第 3 章由武汉铁路职业技术学院王旭东编写，第 4 章由辽宁轨道交通职业学院马成禄编写，第 5 章由安徽交通职业技术学院邓春兰编写，第 6 章由山东职业学院巩文东编写。全书由山东职业学院林毓梁、马成禄担任主编并统稿，谭丽娜、王旭东、张朋伟担任副主编并协助统稿。本书由武汉铁路职业技术学院朱志伟教授审阅。

本书在编写过程中参考了广州地铁、申通地铁、青岛地铁、济南地铁、宁波地铁、中铁电气化局集团城铁公司的技术文件与安装检修标准，在此表示衷心的感谢！

由于目前我国城市轨道交通接触网的制式多样，尚缺乏全国统一的技术标准，各地铁公司的检修标准也不尽相同，本书中所列的技术要点可能与读者所在城市地铁公司的检修标准不完全一致，在实际工作中应以各地铁公司具体的执行标准为准。另因编者水平有限，书中难免有不足之处，敬请读者批评指正。

编 者

目 录

前言
第1章 认识城市轨道交通接触网 … 1
1.1 熟悉城市轨道交通供电系统 … 1
1.1.1 城市轨道交通的概念 … 1
1.1.2 城市轨道交通的分类及特点 … 1
1.1.3 城市轨道交通牵引供电系统 … 6
1.2 接触网的类型和技术要求 … 9
1.2.1 架空柔性接触网 … 9
1.2.2 架空刚性接触网 … 9
1.2.3 接触轨 … 13
科技人文拓展 … 15
习题 … 16

第2章 架空柔性接触网技术与检修 … 17
2.1 支柱和基础技术与检修 … 17
2.1.1 支柱 … 17
2.1.2 硬横跨与门形架 … 22
2.1.3 基础 … 23
2.1.4 支柱和基础的日常维护 … 26
2.2 支持装置技术与检修 … 29
2.2.1 腕臂的结构与分类 … 29
2.2.2 腕臂装配基础参数 … 30
2.2.3 腕臂支柱装配 … 30
2.2.4 支持装置的检修 … 33
2.3 接触悬挂技术与检修 … 36
2.3.1 接触悬挂的基本类型 … 36
2.3.2 接触线 … 41
2.3.3 承力索 … 45
2.3.4 吊弦 … 45
2.3.5 接触悬挂的检修 … 48
2.4 定位装置技术与检修 … 51
2.4.1 定位装置的组成 … 51
2.4.2 常见的定位方式 … 53
2.4.3 "之"字值、拉出值的测量与调整 … 55
2.4.4 定位装置的检修与维护 … 59
2.5 线岔技术与检修 … 61
2.5.1 交叉线岔结构与技术要求 … 61
2.5.2 线岔的检修与调整 … 63
2.6 锚段关节技术与检修 … 65
2.6.1 锚段与锚段长度 … 65
2.6.2 锚段关节 … 66
2.6.3 锚段关节的检修与维护 … 69
2.7 中心锚结技术与检修 … 71
2.7.1 中心锚结的作用及设置原则 … 71
2.7.2 中心锚结的类型 … 72
2.7.3 中心锚结的检修与维护 … 75
2.8 补偿装置技术与检修 … 77
2.8.1 补偿装置的作用与技术要求 … 78
2.8.2 补偿装置的类型 … 78
2.8.3 补偿装置的检修与维护 … 85
2.9 绝缘子技术与检修 … 88
2.9.1 绝缘子的电气性能 … 88
2.9.2 绝缘子的构造与分类 … 89
2.9.3 绝缘子的检修与维护 … 92
2.10 分段绝缘器技术与检修 … 93
2.10.1 接触网电分段的形式 … 94
2.10.2 分段绝缘器的作用与结构 … 94
2.10.3 分段绝缘器的检修与故障处理 … 96
2.11 隔离开关和电连接技术与检修 … 97
2.11.1 隔离开关 … 98
2.11.2 隔离开关的检修与维护 … 102
2.11.3 电连接的作用与分类 … 102
2.11.4 电连接的检修与更换 … 104

| 2.12 软横跨技术与检修 ………………… 105
  2.12.1 软横跨的组成 ………………… 106
  2.12.2 软横跨各部件的作用 ………… 106
  2.12.3 软横跨的故障 ………………… 106
  2.12.4 软横跨的检修 ………………… 107
2.13 避雷器和架空地线技术与检修 …… 107
  2.13.1 避雷器 …………………………… 108
  2.13.2 避雷器的检修 …………………… 109
  2.13.3 架空地线 ………………………… 109
  2.13.4 架空地线的检修标准 …………… 112
2.14 柔性接触网零件的种类与安装 …… 114
  2.14.1 柔性接触网零件的种类 ………… 114
  2.14.2 柔性接触网零件的安装 ………… 117
科技人文拓展 ………………………………… 119
习题 ……………………………………………… 119

第3章 架空刚性接触网技术与检修 ………………………………… 122

3.1 刚性接触悬挂技术与检修 ………… 122
  3.1.1 汇流排 …………………………… 122
  3.1.2 汇流排终端 ……………………… 124
  3.1.3 接触线 …………………………… 124
  3.1.4 刚性接触悬挂的检修 …………… 125
3.2 刚性支持定位装置技术与检修 …… 127
  3.2.1 腕臂结构 ………………………… 127
  3.2.2 门形结构 ………………………… 128
  3.2.3 低净空结构 ……………………… 129
  3.2.4 绝缘部件 ………………………… 129
  3.2.5 刚性支持定位装置的检修 ……… 130
3.3 刚性中心锚结和锚段关节技术与检修 ……………………………………… 132
  3.3.1 刚性中心锚结 …………………… 132
  3.3.2 刚性中心锚结的检修 …………… 132
  3.3.3 刚性锚段关节 …………………… 134
  3.3.4 刚性锚段关节的检修 …………… 134
3.4 刚性线岔和刚柔过渡技术与检修 … 135
  3.4.1 刚性无交叉线岔的分类与结构 … 136
  3.4.2 刚性无交叉线岔的检修与调整 … 136
  3.4.3 刚柔过渡的结构与工作原理 …… 137
  3.4.4 刚柔过渡的检修与调整 ………… 138
3.5 刚性分段绝缘器与电连接技术与检修 ……………………………………… 141
  3.5.1 刚性分段绝缘器 ………………… 141
  3.5.2 刚性分段绝缘器的检修与调整 … 141

  3.5.3 刚性电连接 ……………………… 142
  3.5.4 刚性电连接的检修 ……………… 143
科技人文拓展 ………………………………… 144
习题 ……………………………………………… 145

第4章 接触轨技术与检修 …………… 146

4.1 接触轨系统简介 …………………… 146
  4.1.1 接触轨系统及供电原理 ………… 146
  4.1.2 接触轨的安装形式 ……………… 147
  4.1.3 接触轨的布置 …………………… 149
  4.1.4 接触轨的跨距与断轨设置 ……… 150
4.2 钢铝复合轨的结构、安装与检修 … 151
  4.2.1 钢铝复合轨的结构 ……………… 151
  4.2.2 钢铝复合轨的安装 ……………… 152
  4.2.3 钢铝复合轨的检修 ……………… 156
4.3 中间接头的分类、结构、安装与检修 ……………………………………… 156
  4.3.1 中间接头的分类与结构 ………… 156
  4.3.2 中间接头的安装 ………………… 158
  4.3.3 中间接头的检修 ………………… 159
4.4 端部弯头的结构、作用、安装与检修 ……………………………………… 159
  4.4.1 端部弯头的结构与作用 ………… 159
  4.4.2 端部弯头的安装 ………………… 160
  4.4.3 端部弯头的检修 ………………… 161
4.5 膨胀接头的结构、作用、安装与检修 ……………………………………… 162
  4.5.1 膨胀接头的分类、结构与作用 … 162
  4.5.2 膨胀接头的安装 ………………… 163
  4.5.3 膨胀接头的检修 ………………… 164
4.6 绝缘支座的分类、结构、安装与检修 ……………………………………… 166
  4.6.1 绝缘支座的分类与结构 ………… 166
  4.6.2 绝缘支座的安装 ………………… 167
  4.6.3 绝缘支座的检修 ………………… 170
4.7 防爬器的分类、结构、安装与检修 … 171
  4.7.1 防爬器的分类与结构 …………… 171
  4.7.2 防爬器的安装 …………………… 172
  4.7.3 防爬器的检修 …………………… 173
4.8 防护罩的结构、安装与检修 ……… 174
  4.8.1 防护罩的结构 …………………… 175
  4.8.2 防护罩的安装 …………………… 175
  4.8.3 防护罩的检修 …………………… 175
4.9 电连接的设置、功能、安装与检修 … 177

4.9.1 电连接的设置与功能 …………… 177
4.9.2 电连接的安装 …………………… 177
4.9.3 电连接的检修 …………………… 178
科技人文拓展 ……………………………… 179
习题 ………………………………………… 180

第 5 章 接触网运营与检修管理 …… 182

5.1 接触网运营管理 ………………… 182
  5.1.1 接触网运营管理模式 ………… 182
  5.1.2 接触网运营机构设置、人员
      配备与职责 …………………… 183
  5.1.3 接触网运营规章制度 ………… 186
  5.1.4 接触网工具设备管理与工区资料
      管理 …………………………… 187
5.2 接触网检修管理 ………………… 188
  5.2.1 接触网检修方式 ……………… 188
  5.2.2 接触网作业分类及程序 ……… 191
  5.2.3 接触网检修制度 ……………… 192
  5.2.4 接触网检修记录 ……………… 194
5.3 接触网检修与维护新技术 ……… 197
  5.3.1 地铁接触网检测现状及发展
      趋势 …………………………… 197
  5.3.2 接触网 6C 系统介绍 ………… 200
科技人文拓展 ……………………………… 202
习题 ………………………………………… 204

第 6 章 城市轨道交通接触网事故
   抢修 ……………………………… 206

6.1 接触网事故的分类 ……………… 206
  6.1.1 按照事故性质、原因及后果
      分类 …………………………… 206
  6.1.2 按照损失程度分类 …………… 207
6.2 接触网抢修管理与预案 ………… 207
  6.2.1 事故抢修原则 ………………… 207
  6.2.2 抢修程序 ……………………… 207
  6.2.3 抢修安全注意事项 …………… 209
6.3 抢修人员与物资准备 …………… 210
  6.3.1 抢修人员组织架构 …………… 210
  6.3.2 接触网抢修物资准备要求 …… 211
6.4 故障查找与抢修方案 …………… 212
  6.4.1 接触网故障查找原则与原因 … 212
  6.4.2 临时性恢复措施 ……………… 212
  6.4.3 柔性接触网抢修方案 ………… 213
  6.4.4 刚性接触网抢修方案 ………… 217
  6.4.5 接触轨抢修方案 ……………… 218
  6.4.6 事故总结 ……………………… 220
科技人文拓展 ……………………………… 221
习题 ………………………………………… 221

参考文献 ………………………………… 223

第1章

认识城市轨道交通接触网

> 【知识点】
>
> 本章主要介绍城市轨道交通的分类及特点，城市轨道交通供电系统的组成，架空接触网的供电方式及电压制式；同时介绍架空柔性接触网的结构、功能，架空刚性接触网的组成，接触轨的特点、组成和分类等知识。

1.1 熟悉城市轨道交通供电系统

【学习目标】

1) 了解不同的城市轨道交通系统。
2) 掌握城市轨道交通供电系统的组成。
3) 掌握单边供电、双边供电、大双边供电的结构和应用。
4) 了解牵引供电电压的制式。

1.1.1 城市轨道交通的概念

城市轨道交通为采用轨道结构进行承重和导向的车辆运输系统，依据城市交通总体规划的要求，设置全封闭或部分封闭的专用轨道线路，以列车或单车形式运送相当规模客流量的公共交通方式。

广义的城市轨道交通是指以电能为动力，采取轮轨运转方式的快速大运量公共交通的总称，主要为城市内公共客运服务，是一种在城市公共客运交通中起骨干作用的现代化立体交通系统。城市轨道交通是城市公共交通的骨干，具有节能、省地、运量大、全天候、污染小、安全性高等特点，属于绿色环保交通体系，特别适用于大中城市。但城市轨道交通也具有投资大、路网结构固定不易调整、运营成本高、技术条件要求高等特点。

1.1.2 城市轨道交通的分类及特点

城市轨道交通包括地铁系统、轻轨系统、单轨系统、现代有轨电车、磁浮系统、

APM 系统等。建设城市轨道交通具有以下重要意义：有利于市民安全、便捷、省时、环保出行，缓解中心城区交通压力，提高城市道路通行效率；有利于优化城市空间和形态布局，促进整个城区有序扩展，加快中心城市的建设和发展；有利于进一步完善城市功能，增强城市综合承载能力；有利于节能减排、保护环境；有利于战备防空、突发事件的避难。

1. 地铁系统

地铁系统是一种大运量的轨道运输系统，采用钢轮钢轨体系，标准轨距为1435mm，主要在大城市地下空间修筑的隧道中运行，当条件允许时，也可以穿出地面，在地面或高架桥上运行。世界上第一条地铁于1863年在伦敦诞生，如图1-1所示。

地铁按照选用车型的不同，可分为常规地铁和小断面地铁；按照线路客运规模的不同，又可分为高运量地铁和大运量地铁。地铁车辆的基本车型为A型车、B型车和LB型车（直线电动机）三种，A型车基本宽度为3000mm；B型车和LB型车车辆的宽度为2800mm。每种车型都有带司机室和不带司机室、动车和拖车的区别。地铁系统的列车编组通常由4~8辆组成，列车长度为70~190m，要求线路有较长的站台相匹配，最高行车速度不应小于80km/h。

2. 轻轨系统

轻轨系统是城市轨道建设的一种重要形式，它是一种中运量快速轨道交通运输系统，轻轨（Light Rail）的定义规范最早来自美国城市轨道交通管理局（UMTA）《城市公共交通扶持法》。轻轨的"轻"源自于UMTA对这种交通方式的描述，"轻"实际指的是轻载重，而非轻轴重和轻轨重，事实上，它跟轴重、轨重没有任何关系。

轻轨在英国、美国被称为LRT；在俄罗斯被称为OPT，意为"轻轨运输"或"轻轨系统"；在德国被称为"城市铁道"；在日本被称为"轻轨电车"。它可以运行在地下，也可以建成高架轨道形式，还可以在地面运行，它是由现代有轨电车发展起来的，既可在技术上自成体系，也可采用地铁技术制式，几乎与地铁难以辨别。轻轨系统最主要的特征是其运量规模比地铁小，其单向高峰小时断面流量为1.0万~3.0万人次，一般选用C型列车，采用2~4节编组列车。因此，有人把凡是高峰小时断面流量在这个范围的其他形式的轨道交通都称为轻轨交通。目前我国的轻轨系统都只服务城市内部，属于城市轨道交通中的一种类型，如重庆轻轨系统（图1-2）。

图1-1 伦敦地铁

图1-2 重庆轻轨系统

3. 单轨系统

我国 2007 年发布的《城市公共交通分类标准》（CJJ/T 114—2007）对单轨系统的定义：单轨系统是一种车辆与特制轨道梁组合成一体运行的中运量轨道运输系统，其轨道梁不仅是车辆的承重结构，同时也是车辆运行的导向轨道。

单轨系统适用于单向高峰小时最大断面客流量 1.0 万～3.0 万人次的交通走廊。其占地面积很小，与其他交通方式完全隔离，运行安全可靠，建设适应性较强。单轨系统的列车，通常为 4～6 辆编组，相应列车长度为 60～85m，线路半径不小于 50m，线路坡度不大于 60‰，站台最大长度不应大于 100m；最高运行速度不应小于 80km/h，平均运行速度一般为 20～35km/h，供电制式为 DC（直流）750V 或 DC 1500V。

单轨系统的类型主要有两种：一种是车辆跨骑在单根梁上运行的方式，称为跨座式单轨系统；另一种是车辆悬挂在单根梁上运行的方式，称为悬挂式单轨系统。

（1）跨座式单轨系统　跨座式单轨系统（图 1-3）是通过单根轨道支持、稳定和导向，车体采用橡胶轮胎骑在轨道梁上运行的轨道交通制式，在重庆已广泛使用。跨座式单轨系统的特点是适应性强、噪声低、转弯半径小、爬坡能力强。跨座式单轨列车的速度可以达到 80km/h。跨座式单轨系统能更好地适应复杂的地形地貌环境，其高架桥桥墩宽度平均不到 2m，与其他高架轨道交通相比，桥墩占地宽度节省近一半，在城市道路中央或道路两旁的绿化带就可以建设，占地小、遮挡少、选线灵活，对现有城市道路的交通干扰很轻微。重庆轨道交通 2 号线是我国第一条跨座式单轨，也是我国西部地区第一条城市轨道交通线路。

2017 年 8 月 31 日，全球首个具有完全自主知识产权的跨座式单轨云轨（图 1-4）在银川花博园实现商业化通车运营。云轨单向最大运能 1.0 万～3.0 万人次/h，云轨最高时速为 60km/h 左右，采用 2～8 节车厢编组。云轨的优点为：占地面积小、桥梁通透、景观性好、建造周期较短、造价低；缺点为：运输能力有限、轨道兼容性差、运行速度偏低。

图 1-3　跨座式单轨系统

图 1-4　云轨

（2）悬挂式单轨系统　悬挂式单轨系统（也称为空中轨道列车）的列车悬挂在轨道之下，是单轨系统的一种特殊形式，如图 1-5 所示。1893 年，德国人 Eugen Langen 发明了悬挂式单轨交通，并于 1898—1901 年在著名悬车之城——德国鲁尔区伍珀塔尔修建了 13.3km 的悬挂式单轨铁路，这是世界上最早、历史最悠久的悬挂式单轨交通。2017 年 7

月 20 日，我国国内最高速的悬挂式单轨列车在中车四方股份公司下线，进入型式试验和试运行阶段。

悬挂式单轨列车所占空间很小，其线路一般为高架线路，地面上只需很小的空间建造承托轨道的桥墩，并且列车下方的空间很大，没有其他高架铁路庞大的桥身，因此可以建在城市中央商务区（CBD）等交通拥堵严重的地方，以缓解城市交通压力。悬挂式单轨系统能有效利用道路中央隔离带和城市低空，适用于建筑物密度大的狭窄街区。中等运量的悬挂式单轨系统可以承载高峰时段 1.0 万～1.5 万人次/h 的客运量，其造价仅仅是地铁的 1/5 左右。

但是由于悬挂式单轨系统除了进出车站以外大部分时间都是悬空的，所以如果出现紧急情况，车辆两旁没有可站立的路轨，而且离地面很高，单轨铁路上的乘客没有逃生的地方。因此，悬挂式单轨系统必须设有单独的应急机制。

4. 现代有轨电车

现代有轨电车（Tram、Streetcar、Tramcar）是采用电力驱动并在轨道上行驶的轻型轨道交通车辆，也称为路面电车，简称电车，列车一般不超过 5 节，如图 1-6 所示。电车以电力驱动，车辆不会排放尾气，是一种无污染的环保交通工具。

图 1-5　悬挂式单轨系统

图 1-6　北京现代有轨电车

匈牙利的布达佩斯在 1887 年创立了首个有轨电车系统。现代有轨电车具有运行可靠、舒适、节能、环保等特点。与其他机动车相比，现代有轨电车有固定的轨道，对于行人更加安全。现代有轨电车无尾气排放，噪声低，而且车辆质量轻、速度快。现代有轨电车一般包括普通电车、铰接电车、双铰接电车。

现代有轨电车主要分为钢轮钢轨式（图 1-7）和胶轮+导轨式两种制式（图 1-8）。广州海珠有轨电车示范线为钢轮钢轨式有轨电车，天津新交通试验线为胶轮+导轨式有轨电车。

5. 磁浮系统

磁浮系统是一种运用"同性相斥、异性相吸"的电磁原理（图 1-9）、依靠电磁力使车厢悬浮并行走的轨道运输方式，如图 1-10 所示。磁浮系统有常导和超导两种类型。常导式磁浮系统能使车辆浮起 10～15mm 的高度，运行速度较低，用感应线性电动机来驱动。超导式磁浮系统能使车辆浮起 100mm 以上，速度较高，用同步线性电动机来驱动，技术难度较大。

图 1-7　钢轮钢轨式有轨电车

图 1-8　胶轮+导轨式有轨电车

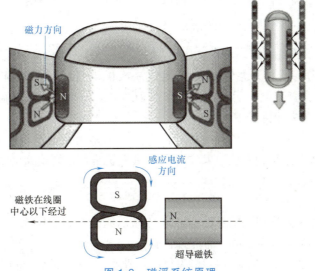

图 1-9　磁浮系统原理

日本使用超导体产生的磁力使列车悬浮，列车时速可达 500km 以上。德国使用常导相吸原理实现磁浮，时速也提高到 400km 以上。2006 年 4 月，上海浦东磁浮交通线路开通运营，最高时速可达 430km，成为世界上首条商业运营的高速磁悬浮轨道交通线路。2016 年 5 月，由高铁长沙南站至长沙黄花国际机场的长沙磁悬浮快线开通运营，这是我国第一条完全自主研发的商业运营中低速磁悬浮线。

6. APM 系统

APM 系统（Automated People Mover System），即自动旅客捷运系统，又可以称为自动导轨快捷运输系统（AGTS），是一种无人自动驾驶、立体交叉的大众运输系统（图 1-11），为城市轨道交通线路制式的一种，集合了多种传统城市轨道交通工具的特点，其主要特征是列车的微型化。

APM 系统采用混凝土结构的行驶路面和钢制导轨，以胶轮作为走行轮和水平导向轮。APM 系统的车辆具有爬坡能力强、加减速度大等优点。广州地铁 APM 线是世界上第一条全地下的旅客自动输送系统，2010 年 11 月 8 日正式开通投入运营，全长 3.94km。

图 1-10 磁浮系统

图 1-11 APM 系统

1.1.3 城市轨道交通牵引供电系统

1. 城市轨道交通供电系统的组成

城市轨道交通供电系统是指从电力系统或一次供电系统接收电能,通过变压、换流(将工频交流电变换为直流电)后,向电客车及车站动力与照明设备负荷提供所需电流制式(交流或直流)电能的完整系统。

城市轨道交通供电系统包括外部电源、主变电所、牵引供电系统、动力照明供电系统、电力监控系统、杂散电流防护系统,其中牵引供电系统是城市轨道交通供电系统的核心,负责向电客车提供电能,驱动列车运行。

2. 牵引供电系统与牵引供电回路

牵引供电系统的主要作用是降压、整流和传输电能。牵引供电系统主要由牵引变电所、接触网(接触轨)、馈线、回流线、钢轨等组成。

(1)城市轨道交通牵引供电回路 牵引供电回路如图 1-12 所示,牵引供电回路是由牵引变电所—馈线—接触网(接触轨)—电客车—钢轨—回流线—牵引变电所构成的闭合回路。

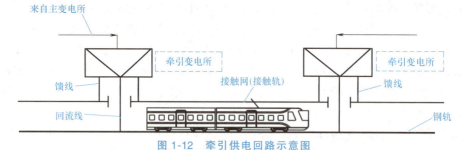

图 1-12 牵引供电回路示意图

(2)牵引变电所 牵引变电所的主要功能是将城市轨道交通主变电所送来的三相交流 10kV 或 35kV 高压电经变压、整流后,输出 750V 或 1500V 直流电,经馈线传输到接触网上,为电客车提供电能。

(3)接触网(接触轨) 按接触网的结构不同和电客车集电方式的不同,接触网可分为架空式、接触轨式(第三轨)、跨座式三种形式。架空式接触网又可以分为架空柔性接触网和架空刚性接触网两类。

城市轨道交通接触网是一种悬挂在城市轨道交通线路上方并和轨面保持一定距离的专为电客车提供电力的特殊供电线路,电客车通过受电弓与接触网滑动接触取得电能(图1-13)。正常供电时,由牵引变电所馈线到接触网末端的一段供电线路,称为供电分区,也称为供电臂。

图1-13　电客车通过受电弓从接触网取流

(4)馈线　馈线是连接牵引变电所和接触网的导线,也称为馈出线。馈线将变电所的电能经馈线隔离开关输送给接触网。

(5)回流线　回流线是牵引供电回路中的一部分,是钢轨和牵引变电所整流器负极连接的导线。牵引供电系统通过回流线将流经电客车的负荷电流回流到变电所。

(6)钢轨　钢轨除了作为电客车的导轨外,还是牵引供电系统中回流电路的一部分。在城市轨道交通供电系统中,钢轨不仅作为走行轨,还作为直流供电系统的负极。

3. 牵引供电电压制式

电力牵引制式是指牵引供电系统向电动车组或电客车供电所提供的电流和电压的制式。目前电力牵引制式按电流分为直流制式和交流制式。

我国国家铁路网中的电气化铁路采用唯一的50Hz、27.5kV的工频单相交流制式,其优点是牵引供电系统的结构简单,牵引变电所损耗小、间距大、数目少,牵引性能良好,牵引功率大,可实现高速运行或重载运行。

国际上,直流牵引供电电压制式有DC 600V、DC 750V、DC 1500V、DC 3000V四种。我国城市轨道交通供电系统一般采用1500V和750V两个电压等级。这两个电压等级在架空接触网和接触轨系统中均有应用。城市轨道交通牵引供电电压种类见表1-1。

表1-1　城市轨道交通牵引供电电压种类

电压	最低允许电压	额定电压	最高电压
DC 600V	400V	600V	720V
DC 750V	500V	750V	900V
DC 1500V	1000V	1500V	1800V
DC 3000V	2000V	3000V	3000V

4. 接触网供电方式

地方电力网将电能输送到地铁主变电所，经主变电所降压后，送至牵引变电所或牵引混合变电所，经牵引变电所降压整流后，经馈线将电能输送至接触网（接触轨）。牵引变电所向接触网供电的方式有单边供电、双边供电和跨区供电（大双边供电）三种。

（1）单边供电　单边供电是指馈电区只从一侧牵引变电所取得电源，如图1-14所示。单边供电一般在下列场合使用：

1）车场线、停车线、检修线、试车线等车速低、牵引电流小的场所。

2）当线路终端牵引变电所因故障解列或一路馈线开关因故障退出运行时，如由于单边供电距离长，最大电压损失超过国家标准允许值，为减少牵引网回路电阻，可在终端变电所处将上、下行接触网并联。

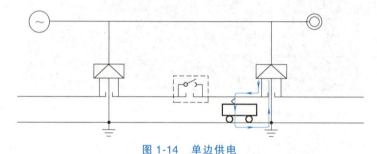

图1-14　单边供电

（2）双边供电　双边供电是指任何一个馈电区同时从两侧牵引变电所取得两路电源，如图1-15所示。在正线的设计和运营中，城市轨道交通的牵引供电系统，均应采用双边供电方式。双边供电相较于单边供电，具有明显的优点：

1）牵引网的电压损失小，双边供电电压损失是单边供电的1/4~1/3。

2）牵引网的功率损失小，双边供电功率损失是单边供电的1/4~1/3。

3）再生能量利用率高。双边供电时，列车的再生能量可以被同行列车吸收，当车流密度高时，再生能量更易被同行列车利用；而单边供电时，再生能量被其他同行列车吸收的可能性小。

4）钢轨电位低，杂散电流小。双边供电时，走行轨的对地电位为单边供电的1/4~1/3，其杂散电流值仅为单边供电的1/4~1/3。

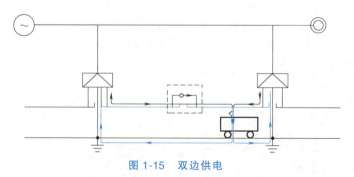

图1-15　双边供电

（3）跨区供电（大双边供电）　在一座牵引变电所因故障解列时，退出运行的变电所所在的供电臂由相邻的两个牵引变电所按照双边供电方式进行供电，这种供电方式称为跨区供电,在城市轨道交通供电系统中又称为大双边供电。

1.2 接触网的类型和技术要求

【学习目标】

1) 了解架空柔性接触网的结构和用途。
2) 掌握架空刚性接触网的组成和功能。
3) 了解汇流排、伸缩元件在架空刚性接触网中的作用。
4) 掌握接触轨的结构和分类。
5) 掌握接触轨的组成和应用。

1.2.1 架空柔性接触网

架空接触网按悬挂方式不同,可分为架空柔性接触网和架空刚性接触网,架空柔性接触网适用于地面线路及高架线路,架空刚性接触网适用于地下线路。

由于架空接触网是露天设置,没有备用,线路上的负荷又是随着电客车的运行而沿接触点移动和变化的,因此要求接触网无论在任何条件下,都应保证良好地供给电客车电能,保证电客车在线路上安全、高速运行,并尽可能地节省投资。接触悬挂应结构合理、维修简便、便于新技术的应用。架空柔性接触网具有结构合理、维修简单、弓网间接触性能良好、适合高速重载运行等特点,主要由支柱与基础、支持装置、定位装置和接触悬挂四部分组成,如图1-16所示。

架空柔性接触网受到隧道净空的限制比较大,在城市轨道交通的应用中会受到土建成本的压力。另外,与接触轨相比,架空电缆可能使人产生视觉和心理障碍,对城市景观造成一定的负面影响。

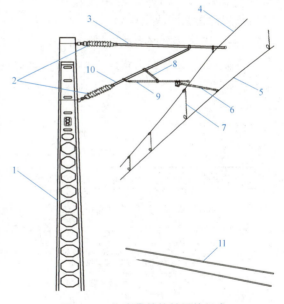

图1-16 架空柔性接触网的组成

1—支柱 2—棒式绝缘子 3—平腕臂 4—承力索 5—接触线 6—定位器 7—吊弦 8—定位管支撑 9—定位管 10—单耳腕臂 11—钢轨

1.2.2 架空刚性接触网

架空刚性接触网是和架空柔性接触网相对应的一种接触悬挂形式,一般采用具有相应刚度的导电轨或具有相应刚度的汇流排与接触线组成。

1895年,架空刚性接触网首次在美国巴尔的摩第一条电气化铁路中应用;1961年,作为架空刚性接触网的主要形式,T形汇流排结构(图1-17)的架空刚性接触网在日本营团城市轨道日比谷线投入使用。我国第一条架空刚性接触网于2003年6月28日在广州建成,采用了 PAC110 型单Ⅱ形汇流排结构（图 1-18）。

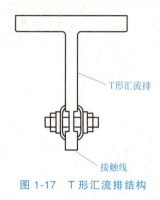

图 1-17　T 形汇流排结构

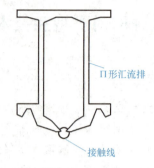

图 1-18　Ⅱ形汇流排结构

1. 架空刚性接触网的特点

架空刚性接触网作为一种悬挂方式，具有占用空间少、安装简单、维护工作量小、稳定性好、安全可靠等特点。架空刚性接触网系统的特点是高阻力，只有极少的几个零部件是可移动的，且移动量微小，接触线沿汇流排全长加牢，不承受机械应力，所以运营期间磨耗小、无须经常维修和调整。架空刚性接触网系统中接触线及汇流排不受张力作用，与架空柔性接触网系统相比，不会出现断线故障。

架空刚性接触网的优点如下：

1) 架空刚性接触网事故范围小。

2) 架空刚性接触网的锚段关节简单，提高了运行中的安全性和适应性。

3) 无论是日常维护，还是事故抢修、导线更换，架空刚性接触网的工作量要小于柔性接触网。

架空刚性接触网与架空柔性接触网的技术比较见表 1-2。

表 1-2　架空刚性接触网与架空柔性接触网的技术比较

序号	项目	架空刚性接触网	架空柔性接触网
1	悬挂组成	结构紧凑（汇流排+接触线+地线）	较复杂（1 根承力索+2 根接触线+3 根或 4 根辅助馈线+1 根地线）
2	允许车速/(km/h)	一般为 80~120	一般为 80~160
3	可靠性	无断线之忧，可靠性高	有断线隐患，可靠性较差
4	导线磨耗	导线磨耗均匀,允许磨耗量是柔性接触网的 2 倍	导线磨耗不均匀,允许磨耗量小
5	受电弓授流情况	无特殊硬点,授流效果良好。授流特性主要取决于受电弓特性	存在硬点,硬点处授流效果较差,授流特性取决于弓网匹配
6	精度要求	安装精度要求高	安装精度相对较低
7	维修	维护工作量小	维护工作量大

架空刚性接触网是将接触线夹装在汇流排上的一种悬挂方式，依靠汇流排自身的刚性使接触线保持在同一安装高度，从而使接触悬挂的结构高度小，最大限度地利用有限的悬挂空

间。架空刚性接触网是一种几乎没有弹性的接触网形式,适用于隧道内安装,其设计速度一般不大于120km/h。采用弹性受电弓的电客车,速度可达到160km/h。

架空刚性接触网分成若干个锚段,每个锚段长度一般不超过250m,跨距一般为6~12m,且与行车速度有密切的关系,整个悬挂布置成正弦波的形状,相当于架空柔性接触网接触线之字形布置,一个跨距形成半个正弦波,各悬挂点与受电弓中心的距离一般不大于200mm。

2. 架空刚性接触网的结构

架空刚性接触网主要由汇流排、接触线、伸缩元件、中心锚结等组成。接触网通过支持装置与定位装置安装在隧道顶或隧道壁上。

(1) 汇流排和接触线 汇流排一般用铝合金材料制成,汇流排包括标准型汇流排、汇流排终端及刚柔过渡元件。标准型汇流排是刚性接触网的主要组成部分,其长度一般被制成10m或12m。

刚柔过渡元件用于架空刚性接触网与架空柔性接触网过渡处,其作用是保证两种方式的平滑、顺畅过渡。刚柔过渡元件有两种形式:关节式刚柔过渡元件和切槽贯通式刚柔过渡元件,切槽贯通式刚柔过渡元件如图1-19所示。刚柔过渡元件的性能应满足刚柔悬挂之间刚度的逐渐变化,并能承受柔性悬挂接触线的张力。

接触线一般采用银铜导线,与架空柔性接触网所采用的接触线相同或相似,其截面面积一般为120mm²或150mm²,如图1-20所示。接触线通过特殊的机械结构镶嵌在Π形汇流排中或通过专用线夹固定在T形汇流排中,与汇流排一起组成接触悬挂。

图1-19 切槽贯通式刚柔过渡元件

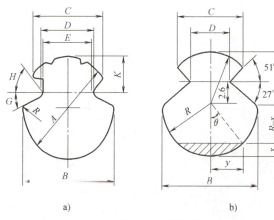

图1-20 接触线

(2) 汇流排接头和伸缩元件 汇流排接头由汇流排接头连接板和螺栓组成,用于连接两根汇流排,如图1-21和图1-22所示。

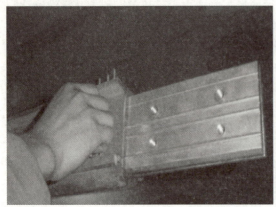

图 1-21 汇流排与汇流排接头实物

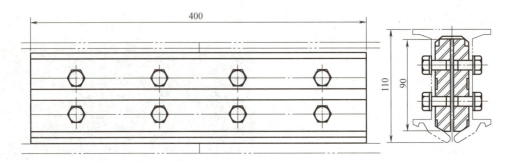

图 1-22 汇流排接头

伸缩元件（图 1-23）的功能是能在一定范围内自由伸缩，同时又能满足电气性能的要求，既能保证电气上的良好接触和导电的需要，又能保证机械上的良好伸缩性。一般一个锚段安装一个伸缩元件，其作用是补偿铝合金汇流排与银铜接触线因热胀系数不同而产生的热膨胀误差。

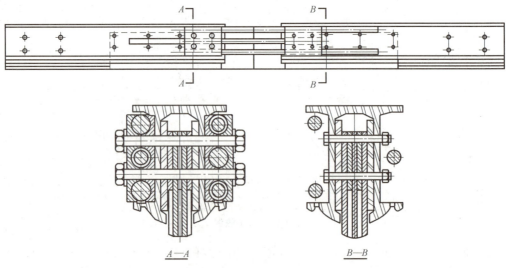

图 1-23 伸缩元件

(3) 中心锚结 中心锚结由中心锚结线夹、绝缘子、调节螺栓及固定底座组成，如图 1-24 所示。其作用是防止接触悬挂窜动。

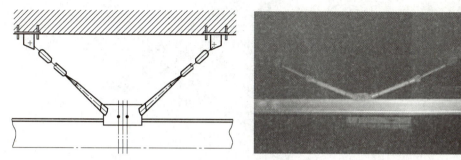

图 1-24 中心锚结

(4) 支持装置和定位装置 支持装置和定位装置一般有腕臂结构、门形结构和低净空安装结构三种。

腕臂结构（图 1-25）由可调节式绝缘腕臂、汇流排线夹、腕臂底座、倒立柱或支柱等组成。其特点是调节灵活、外形美观，但结构复杂、成本高。此种结构主要用于隧道净空较高地段或地面线路。

门形结构（图 1-26）由悬吊螺栓、横担槽钢、绝缘子及汇流排线夹等组成。其特点是结构简单、可靠，但调节较困难。

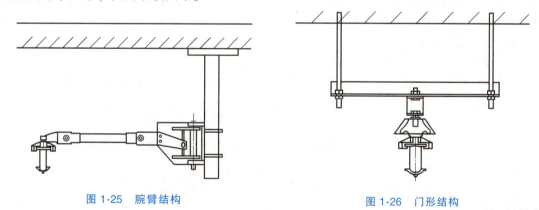

图 1-25 腕臂结构　　　　图 1-26 门形结构

1.2.3 接触轨

接触轨（图 1-27）是沿线路敷设的与轨道平行的导电轨，又称为第三轨。由于架空接触网受到隧道净空的限制比较大，在城市轨道交通的应用中会受到土建成本的压力。因此目前已有的城市轨道交通当中，接触轨供电仍然占有较大的份额。据资料分析，采用授流方式比采用架空接触网授流方式总投资要高 18%。然而，架空柔性接触网检修周期短、维修费用高。对城市轨道交通而言，运输密度大，列车间隔小，在夜间停运很短的时间内进行定期检修是比较困难的。采用接触轨供电方式，虽然一次投资费用稍高，但检修周期长、维护成本低，有较好的远期经济效益。

接触轨是敷设在轨道线路旁的导电轨，电动车组由伸出的集电靴与之接触而接收电能。

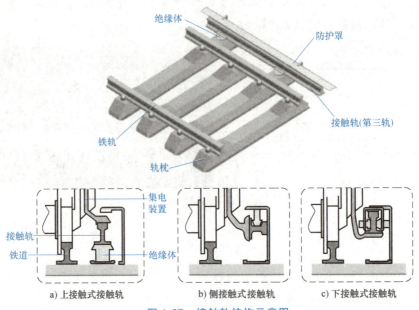

图 1-27 接触轨结构示意图

接触轨构造简单,安装方便,可维修性好,并对隧道建筑结构等的净空要求较低,在城市轨道交通供电系统中得到广泛采用。德国在 1978 年建成了世界上第一段钢铝复合轨,我国 20 世纪 60 年代初首先在北京地铁中应用接触轨供电方式。

1. 接触轨的特点

1)接触轨构造简单,安装方便,可维修性好。

2)接触轨可降低隧道上方净空、节省投资,维修工作量小,不影响周围的景观。

3)使用寿命长,节约运营成本。

2. 接触轨的组成和分类

(1)接触轨的组成 接触轨由钢铝复合轨、绝缘支架(或绝缘子)、防护罩组成,也称为接触轨系统三大件。

(2)接触轨的分类 接触轨按与集电靴的摩擦方式可分为上接触式接触轨、下接触式接触轨及侧接触式接触轨三种。

1)上接触式接触轨。上接触式接触轨安装在绝缘子组件上,由接触轨、绝缘子、中间接头、防护支架、防护板、端部弯头、防爬器等构件组成。集电靴从上方压向接触轨轨头顶面取流。受流器的接触力是由向下作用弹簧的压力调节的,授流平稳,由于端部弯头的过渡作用,能够减少在断电区的电流冲击。

上接触式接触轨施工作业简便,可以在轨头上部通过支架安装不同类型的防护板,如图 1-27a 所示。北京地铁、纽约地铁都是采用上接触式接触轨。

2)下接触式接触轨。下接触式接触轨轨头朝下,通过绝缘支架、底座、锚栓等安装在基础上,如图 1-27c 所示。下接触式接触轨有利于防止下雪和冰冻造成集电困难,在我国城市轨道交通建设中广泛使用,青岛地铁就采用这种方式。

3)侧接触式接触轨。侧接触式接触轨的轨头端面朝向走行轨,集电靴从侧面授流。电客车受流器装在转向架下部,接触轨装在轨道梁上,如图 1-27b 所示。侧接触式接触轨在国内并不多见,北京地铁磁悬浮线采用了侧接触式接触轨。

3. 接触轨材质

接触轨按照材料不同可分为低碳钢接触轨和钢铝复合轨两种。目前钢铝复合轨已取代低碳钢接触轨,被世界上 60 多个城市采用。钢铝复合轨与低碳钢接触轨相比具有以下优点:

1)电导率高,电压损失和电能损失成比例下降,可加大供电距离,其供电臂长度约为低碳钢接触轨的 1.4 倍,可适当减少牵引变电站的数目。

2)不锈钢接触面光滑,耐腐蚀,耐磨耗,可延长接触轨与集电靴的寿命。

3)质量轻,便于施工安装。

科技人文拓展

1. 世界上第一条地铁

1863 年在英国首都伦敦诞生了世界上第一条地铁,名为"伦敦大都会"(图 1-28)。其干线长度约 6.5km,采用蒸汽机车。

图 1-28 世界上第一条地铁"伦敦大都会"

2. 我国最早的地铁城市

北京地铁一期工程于 1965 年 7 月 1 日开工建设,线路沿长安街与北京城墙南缘自西向东贯穿北京市区,连接西山的卫戍部队驻地和北京站,采用明挖回埋法施工,全长 23.6km,设 17 个车站和一个车辆段(古城车辆段),1969 年 10 月 1 日建成通车,使北京成为我国第一个拥有地铁的城市,如图 1-29 所示。

图 1-29 我国第一条地铁线路

3. 北京地铁建设过程

（1）备战之需　中华人民共和国成立初期，毛泽东主席提出："北京要搞地下铁道，不仅北京要搞，有很多城市也要搞，一定要搞起来。"

从当时的交通状况看，筹建地铁是一个相当耗费资金的决定。新中国成立之初，北京常住人口还不到 300 万人，机动车也仅有 5000 多辆，人们出行多是步行或乘人力车，连乘公共汽车的人都是少数。而修地铁投资大、技术要求高，对新中国而言难度极大。对这些情况，中央是清楚的，据当年的地铁筹备处总工程师谢仁德回忆，周恩来总理曾说："北京修建地铁，完全是为了备战。如果为了交通，只要买 200 辆公共汽车就能解决。"

（2）筹划施工　1958 年，党中央指示，要尽速修建北京地下铁道，并确定铁道部负责组织设计和施工。1958 年 11 月 27 日，铁道部地下铁道工程局成立，受铁道部和北京市委双重领导，同时撤销北京地下铁道筹建处。1958 年 12 月 31 日，北京地下铁道工程局局长会议传达了周总理的指示："地下铁道要修，可先试点，取得经验"。至此，我国地铁建设迈出了关键性的一步。

1964 年，在全国战胜暂时经济困难后，国民经济情况得到好转，北京地下铁道建设在党中央的支持下再次上马。同年 2 月 4 日，毛泽东主席亲自审阅了北京地铁建设方案。1965 年 7 月 1 日，北京地下铁道一期工程正式举行开工典礼。1969 年 10 月基本建成通车，建设工期为 4 年 3 个月。

习　题

一、填空题

1. 我国第一条地铁是_____年修建完成的。
2. 架空刚性接触网中接触线及汇流排_____张力作用（选填"有""无"）。
3. 我国架空接触网一般采用_____、_____两种电压等级。
4. 接触轨是沿线路敷设的与轨道_____的导电轨。
5. 接触轨按与集电靴的摩擦方式可分为_____、_____、_____三种。
6. 城市轨道交通接触网供电方式有_____、_____、_____三种。

二、简答题

1. 城市轨道交通的主要优势有哪些？
2. 城市轨道交通分哪几种类型？
3. 牵引供电系统回路由哪几部分组成？
4. 牵引供电系统的供电方式有哪些？
5. 架空接触网有哪几种基本类型？
6. 架空柔性接触网的主要优点有哪些？
7. 架空刚性接触网的主要优点有哪些？
8. 接触轨的主要优点有哪些？

第 2 章

架空柔性接触网技术与检修

> 【知识点】
>
> 接触网是电气化铁路及城市轨道交通中向电力机车和电客车供电的特殊形式的输电线路，是一种无备用、易损耗的户外供电装置，经常受冰、雨、雪、风等恶劣气候条件和周围环境的影响，一旦发生故障将中断牵引供电，影响列车的正常运行。
>
> 在城市轨道交通系统中，由于净空条件限制，各个城市不同线路采用的接触网形式有所区别，主要有架空柔性接触网（简称"柔性接触网"）、架空刚性接触网（简称"刚性接触网"）、接触轨三种形式。
>
> 架空柔性接触网主要由支柱与基础、支持装置、定位装置、接触悬挂等部分组成。
>
> 本章重点介绍架空柔性接触网设备的结构、组成及检修维护等相关知识。

2.1 支柱和基础技术与检修

【学习目标】

1) 了解支柱的作用。
2) 掌握支柱的分类及特点。
3) 掌握硬横跨的基本结构及特点。
4) 掌握门形架的特点及应用。
5) 了解基础的作用及类型。
6) 掌握支柱斜率的测量和整正方法。

2.1.1 支柱

支柱是接触网结构中应用最广泛的支撑设施，支柱承担接触悬挂与支持装置的负荷，将接触悬挂支持在线路上方一定高度。

1. 按材质分类

接触网支柱按照其使用材质的不同，可以分为预应力钢筋混凝土支柱和钢柱两大类。

（1）预应力钢筋混凝土支柱　预应力钢筋混凝土支柱一般称为钢筋混凝土支柱或水泥支柱。钢筋混凝土支柱与钢柱相比，具有造价低廉、整体性强、使用寿命长、运营中无须进行维护等优点，但同时也具有质量重、运输不便、不耐碰撞等缺点，因此在运输、安装、施工过程中应小心谨慎，避免钢筋混凝土支柱受损。

预应力钢筋混凝土支柱采用高强度的钢筋，制造时预先使钢筋产生拉力，进一步增大强度。按照外观形态不同，预应力钢筋混凝土支柱可分为矩形横腹杆式预应力钢筋混凝土支柱及等径圆支柱两种。矩形横腹杆式预应力钢筋混凝土支柱是我国普速电气化铁路使用最为广泛的支柱类型，等径圆支柱则主要作为受力较大的锚柱、转换柱和硬横跨柱使用。

矩形横腹杆式预应力钢筋混凝土支柱的截面为工字形，采用带腹孔的横腹结构，如图 2-1 所示。矩形横腹杆式预应力钢筋混凝土支柱的优点是便于攀登和检修；缺点是安装时受方向性的限制，运输中容易损坏。

等径圆支柱是一种上、下直径相等的圆形支柱，如图 2-2 所示。等径圆支柱的优点是加工制造较容易，安装时不受方向性限制，且受力均匀、制造长度比较灵活；其缺点是不利于攀登和检修。

图 2-1　矩形横腹杆式预应力钢筋混凝土支柱　　　图 2-2　等径圆支柱

矩形横腹杆式预应力钢筋混凝土支柱以字母 H 表示，常见型号表示如式（2-1）所示：

$$H\frac{40}{8.6+2.7} \tag{2-1}$$

式中　H——钢筋混凝土支柱；

40——支柱所承受的力矩（kN·m）；

8.6——支柱露出地面以上的高度（m）；

2.7——支柱埋入地下的深度（m）。

用于下锚的预应力钢筋混凝土支柱型号表示如式（2-2）所示：

$$H\frac{46-28}{8.5+2.8} \tag{2-2}$$

式中　46——垂直于线路方向的支柱容量（kN·m）；

28——顺线路方向的支柱容量（kN·m）；

8.5——支柱露出地面以上的高度（m）；

2.8——支柱埋入地下的深度（m）。

等径圆支柱又称为超高强度等径预应力钢筋混凝土支柱，多用于在接触网中受力要求大的支柱。等径圆支柱常见型号表示如式（2-3）所示：

$$\phi 400 \frac{60}{9+3} \tag{2-3}$$

式中　$\phi 400$——外径为400mm的环形等径预应力钢筋混凝土支柱；

60——支柱容量（kN·m）；

9——支柱露出地面的高度（m）；

3——支柱埋入地下的深度（m）。

（2）钢柱　钢柱一般以圆钢、H型钢或角钢焊接成钢架结构。根据安装地点的不同，钢柱的型号、规格及外形结构也不同。钢柱可以分为格构式钢柱、等径圆式钢柱、H形钢柱、吊柱、异形钢柱等几种。钢柱与钢筋混凝土支柱相比，具有质量轻、强度高、抗碰撞、安装运输方便等优点，但存在用钢量大、造价高、耐腐蚀性能差，需定期进行除锈、涂漆防腐，维修不便等缺点。

1）格构式钢柱。格构式钢柱截面一般为型钢或钢板设计成双轴对称或单轴对称的截面，多用于跨越多股道的站场上，作为软横跨柱使用，如图2-3所示。其型号表示如式（2-4）所示：

$$G \frac{50}{9.5} \tag{2-4}$$

式中　G——普通钢柱；

50——垂直于线路方向的支柱容量（kN·m）；

9.5——钢柱的高度（m）。

2）等径圆式钢柱。等径圆式钢柱是新型接触网钢柱，为上下直径相等的钢管柱，如图2-4所示。等径圆式钢柱具有强度高、容量大、抗碰撞、安装不受方向性限制且受力均匀的优点，在城市轨道交通接触网中得到广泛应用。其型号表示如式（2-5）所示：

$$G_g \frac{80}{9} \phi 300 \tag{2-5}$$

式中　G_g——等径钢管柱；

80——钢管柱垂直线路方向的标称容量（kN·m）；

9——钢管柱高度（m）；

$\phi 300$——钢管柱外径（mm）。

3）H形钢柱。H形钢柱如图2-5所示，其截面尺寸一般为250mm×250mm～300mm×300mm，多用于在接触网中受力要求大的支柱，如锚柱、转换柱、道岔柱等，特别适合在线间距离小的地点使用。H形钢柱上下截面一致，配套零件易于标准化，我国香港新机场线、天津轻轨等采用了H形钢柱。H形钢柱具有强度大、质量较轻、外观整齐美观和易于维护

图 2-3　格构式钢柱　　　图 2-4　等径圆式钢柱　　　图 2-5　H 形钢柱

等优点。

H 形钢柱型号表示如式（2-6）所示：

$$GHT240B/9 \tag{2-6}$$

式中　G——钢柱；

　　　H——H 形钢柱；

　　　T——符合标准 DIN 1025-4；

　　240——截面标称高度为 240mm；

　　　B——法兰盘型号；

　　　9——钢柱的高度（m）。

4）吊柱。吊柱是接触网系统支持装置的重要组成部分，适用于接触网系统中隧道内、硬横跨等处，如图 2-6 所示。

吊柱型号表示如式（2-7）所示：

$$DZ_x\text{-}aL \tag{2-7}$$

式中　DZ——吊柱；

　　　x——各类吊柱型号，分为 1/2；

　　　a——各类吊柱的底板倾角代号；

　　　L——吊柱的长度。

图 2-6　吊柱

5）异形钢柱。异形钢柱是在特殊地点安装的特殊造型的支柱，根据安装地点不同又包括斜腿钢柱（Gx）、双线路腕臂钢柱（Gs）、带拉线钢锚柱（Gm）、分腿式下锚钢柱（Gf）等，一般用于电气化铁路的桥梁、下锚等位置，在城市轨道交通接触网中较为少见。

2. 按用途分类

支柱按其在接触网中的用途可分为中间柱、锚柱、转换柱、中心柱、定位支柱、道岔柱、软横跨柱、硬横跨柱及门形架支柱等。图2-7为以上各种支柱安设位置。

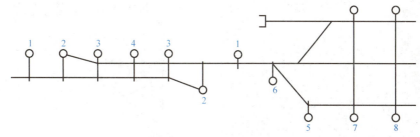

图2-7 各种支柱安设位置

1—中间柱 2—锚柱 3—转换柱 4—中心柱 5—定位支柱
6—道岔柱 7—软（硬）横跨柱 8—门形架支柱

（1）中间柱 中间柱在区间和站场上广泛使用，布置在两相邻锚段关节之间，支持一支接触悬挂，承受它的重力及风作用于悬挂上的水平分力，如图2-8所示。在中间柱上，只安装一套腕臂，悬吊一支接触悬挂。

（2）锚柱 在接触网锚段关节处或其他需要下锚的地方需设锚柱。锚柱承受两个方向的负荷，在垂直线路方向起中间柱的作用，在顺线路方向，承受接触悬挂下锚的全部拉力，如图2-9所示。锚柱分为带下锚拉线和不带下锚拉线两种，分腿式钢柱用作锚柱时可不带拉线，其余锚柱用作下锚时均带拉线。

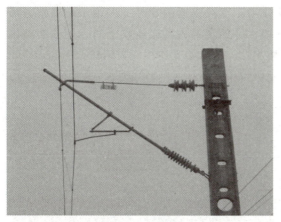

图2-8 中间柱

图2-9 锚柱

（3）转换柱 转换柱位于锚段关节的两根锚柱之间，它同时承受接触悬挂下锚支（非工作支）和工作支线索的重力和水平力，电客车受电弓在此支柱处进行两个锚段线索的转换，如图2-10所示。根据锚段关节是否起电气分段的作用，转换柱分为绝缘转换柱和非绝缘转换柱。

（4）中心柱 在四跨、七跨锚段关节处，位于两根转换柱中间的支柱称为中心柱。它同时承受两工作支接触悬挂及其支持装置的重力、两支接触悬挂的风负荷和导线因改变方向而产生的水平分力，如图2-11所示。两工作支接触线在此定位点处等高。

城市轨道交通接触网

图 2-10　转换柱

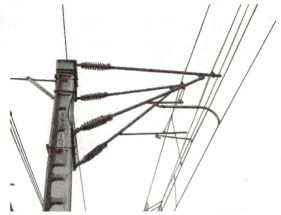

图 2-11　中心柱

（5）定位支柱　定位支柱是指当接触线和承力索由于某种原因对线路中心偏移过大时，为了保证电客车受电弓正常接触取流而专门设立的支柱。它不承受接触悬挂的垂直负荷，仅承受水平力。定位支柱一般设在车站靠近软横跨处及站场曲线处。

（6）道岔柱　在站场两端道岔处，为使接触线线岔符合技术要求，往往需设立道岔柱，使线岔的交叉点投影位于道岔导轨曲线规定的位置上。

（7）软（硬）横跨柱　软（硬）横跨柱一般用于跨越多股道的站场，由于受力较大，多选用容量较大的支柱，跨越 5 股道及以下的软横跨柱可选用钢筋混凝土支柱，5 股道以上软横跨则采用钢柱，硬横跨一般采用钢柱，如图 2-12 所示。

（8）门形架支柱　门形架支柱是在门形架处用于支撑横梁的支柱，多用于全补偿链形悬挂的站场上，如图 2-13 所示。在某些特殊地段，如站场伸入高架桥梁上时，用双线路腕臂支柱或软横跨都不方便时，可考虑采用门形架支柱，门形架支柱一般为钢柱。

图 2-12　软横跨柱

图 2-13　门形架支柱

2.1.2　硬横跨与门形架

1. 硬横跨

接触悬挂通过金属桁架架设在线路两侧支柱顶上的装配方式称为硬横跨。

(1) 硬横跨结构　硬横跨从结构上分为吊柱硬横跨和定位索硬横跨。吊柱硬横跨主要由硬横梁和吊柱组成，接触悬挂通过腕臂装置固定在吊柱上。定位索硬横跨主要由硬横梁和上、下部定位绳组成。硬横梁由若干个梁段组接而成。定位索硬横跨结构如图 2-14 所示。

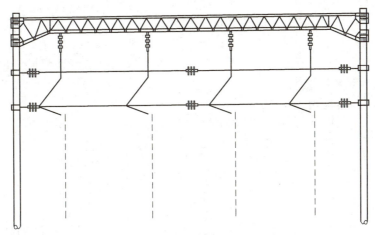

图 2-14　定位索硬横跨结构

硬横梁一般采用格构式结构，主要有角钢制成的矩形格构式硬横梁和钢管制成的三角形格构式硬横梁。吊柱通过固定杆连接在硬横跨的下弦杆上。

(2) 硬横跨的特点　在站场中使用硬横跨的主要优点如下：

1）采用硬横跨可以提高接触网的稳定性，减少列车高速通过时接触网振动对相邻线路的接触悬挂的干扰，明显改善了弓网的授流质量。

2）硬横跨便于工厂化预制，提高了施工效率、减少了调整工作量。

3）硬横跨结构可以降低对支柱的高度、弯矩和基础承载能力的要求。

4）硬横跨结构比软横跨整齐、美观。

硬横跨的主要缺点为投资较大、结构较笨重、钢结构防锈成本高、横向跨距不宜过大。

2. 门形架

门形架是一种新型硬横跨，地铁在高架段和车辆段地面线路大量使用门形架代替支柱来支持固定接触网及其他设备。

门形架由横梁梁段、梁柱接头、左柱、预埋地脚螺栓、横梁连接套管和右柱组成。门形架结构如图 2-15 所示，车辆段门形架布置形式如图 2-16 所示，站场带隔离开关的门形架布置形式如图 2-17 所示。

门形架的特点如下：

1）设备事故时影响范围大。

2）造价较高，施工难度较大。

3）门形架支柱受力均匀，整体景观效果好。

2.1.3　基础

基础承受支柱所传递的力和力矩并传给大地，起支持作用，大部分预应力钢筋混凝土支柱不需要特殊处理的基础，可直接埋入地下；钢柱不能直接埋入地下，需要基础配合使用。

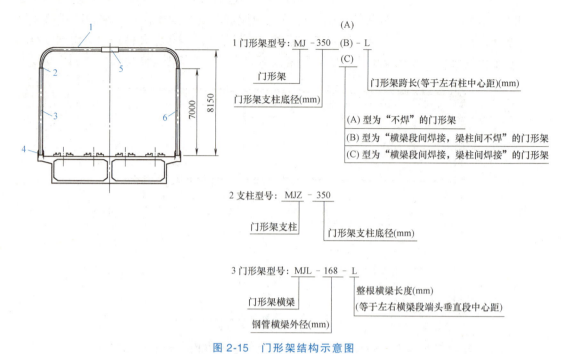

图 2-15 门形架结构示意图

1—横梁梁段 2—梁柱接头 3—左柱 4—预埋地脚螺栓 5—横梁连接套管 6—右柱

图 2-16 车辆段门形架布置形式

图 2-17 站场带隔离开关的门形架布置形式

钢柱立在以钢筋混凝土浇成的基础之上，基础用以稳定钢柱不歪斜、不下沉。根据配比及土壤性质不同，有不同类型的基础以适应不同悬挂受力要求。钢柱通过埋入基础中的螺栓与基础连接，然后再用混凝土封住连接部分，这部分称为基础帽，以保护连接用螺栓螺母不致腐蚀生锈。基础帽只起防水作用，要求表面细密防水，强度不需要太大，以便需要搬移钢柱时容易敲开。

1. 直埋式基础

直埋式基础与支柱本体在制造时成为一体，如图 2-18 所示。直埋式基础地下部分代替了基础的作用，安装时直接埋入坑中不需要另打基础，可以加快施工进度，管理维修工作也大为减少。

2. 杯形基础

在土质较差的填方区段，钢筋混凝土支柱可采用杯形基础，如图 2-19 所示。浇筑杯形基础前，要先在坑底铺垫 100mm 石渣，基础底部要预先浇筑 200mm 厚的混凝土，安放钢筋骨架和内模。在浇筑过程中应不断调整钢筋骨架、内模，使其铅垂中心与基础铅垂中心保持重合。要保证内模的铅垂度，否则支柱将无法调整到位。

支柱整正后用细石混混凝土在支柱周围灌注，并用钢钎捣实。先将一侧固定，另一侧支柱整正后用木楔做临时固定，再填充混凝土。

3. 混凝土预制基础

混凝土预制基础如图 2-20 所示。混凝土预制基础按基础外形分类，一般分为工字形基础、锥形基础、单阶梯形基础、多阶梯形基础四大类，如图 2-21 所示。

图 2-18 直埋式基础

图 2-19 杯形基础

图 2-20 混凝土预制基础

a) 工字形

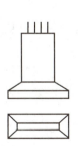
b) 锥形

c) 单阶梯形

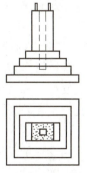
d) 多阶梯形

图 2-21 基础外形

一般用于 13m 及以下钢柱的基础多采用单阶梯形基础，用于 15m 及以上钢柱的基础采用多阶梯形基础，土壤承压力在 0.39MPa 以上的基坑经常使用工字形基础，锥形基础较少采用。

2.1.4　支柱和基础的日常维护

1. 支柱和基础检修维护的注意事项

（1）支柱的检修维护

1）各种支柱均不得向线路侧受力方向倾斜。

2）钢筋混凝土支柱局部破损和露筋时，要及时修补；钢柱表面应光洁，防腐层应完好，无锈蚀，无裂缝；钢柱需定期进行除锈和涂漆保养。

3）支柱侧面限界为 3m，最小不得小于 2.3m，任何情况下不得侵入限界。

（2）基础的检修维护

1）基础附近应无积水。

2）检查基础破损、基坑塌陷情况。

3）检查边坡是否符合标准。

4）钢柱基础顶面要高出地面 100~200mm。基础外缘外露 400mm 以上时要进行培土，每边培土的宽度为 500mm，培土边坡与水平面成 45°角。钢柱基础周围 500mm 范围内地面应平整，不得有杂草、杂物。

5）基础帽用低强度等级混凝土砌筑。

2. 支柱的整正方法

支柱的整正方法较多，支柱类型不同，整正方法也不同。腕臂支柱一般使用反正扣整正器整正，软横跨柱尺寸及限界比较大，可采用手扳葫芦进行整正，钢柱整正时可在其底座下面垫不同厚度的垫片进行整正。

由于大部分接触网支柱整正是以钢轨作为支点来调整的，对线路有一定的影响，尤其是在无轨缝区段，钢轨内应力受气温变化影响较大，钢轨受外力有严格要求，只允许在钢轨锁定温度增减 5~10℃ 范围内进行整杆作业。

3. 支柱的整正要求

1）支柱受力后的倾斜标准（钢筋混凝土支柱从地面起算，钢柱从基础面起算）。

① 顺线路方向。中间柱顺线路方向应直立，允许施工误差为 ±0.5%，锚柱端部应向拉线侧倾斜，斜率不超过 1%；有补偿制动框架的锚柱，受力后应直立，施工误差允许向拉线侧倾斜 0.5%。

② 垂直线路方向。曲线外侧和直线上的支柱应略向线路外侧倾斜，钢筋混凝土支柱斜率为 0~0.5%，钢柱斜率为 0.5%~1%。

两侧悬挂的支柱、安装隔离开关支柱、曲线内侧支柱和位于直线上并与相邻锚柱同侧的转换柱，均应直立，允许施工误差为：向受力的反方向倾斜 0.5%，无明显受力方向时为 ±0.5%。

软横跨柱应向受力的反方向倾斜，钢筋混凝土支柱和 13m 钢柱斜率为 0~1%，15m 钢柱为端部倾斜 150~300mm。

2）每组软横跨柱中心连线应垂直于车站正线，误差不应超过 30mm。

3）侧面限界应符合设计要求，允许施工误差为：-60~100mm。在施工中应尽量避免负误差以防止因工务拨道等因素造成的侵入限界。

4) 钢筋混凝土支柱和钢柱基础埋深应符合设计规定，允许施工误差为±100mm。

4. 混凝土腕臂支柱的整正

混凝土腕臂支柱整正一般需10人左右，主要工具有整正器、绳子、滑轮等。

(1) 安放整正器　首先将整正器的固定框架固定在支柱上，固定点不超过轨平面以上500mm，以保证整正器装好后，不侵入车辆限界。将整正器的两个钢轨卡子分别固定在支柱两侧的钢轨上，钢轨卡子的安装位置应在整正器的活动范围内。一般各距离支柱3m左右。根据钢轨卡子与框架间的距离，将整正器丝杠倒出，丝杠两端长度应相等。然后将丝杠与钢轨卡子和框架连接，销钉插好后，即可开始调整。

(2) 调整支柱限界　摇动整正器手柄，调整丝杠长度，两个整正器同时动作将支柱拉直立，然后用丁字尺测量支柱侧面限界。首次检查其限界是否符合设计要求，限界若小，将方垫木垫在支柱根部适当位置的内侧，然后摇动手柄，两个整正器同时拉动支柱，由于杠杆作用，根部向后移，再使支柱直立，检查支柱限界，直到限界达到要求为止；限界若大，则反之。

(3) 校正支柱扭斜　将丁字尺卡于钢轨内缘，再将木杆插入杆腹孔进行拨动，到支柱前后缘均贴于丁字尺为止。

(4) 调整支柱倾斜度　在支柱限界允许误差范围内，继续调整丝杠长度，使支柱在垂直线路方向、顺线路方向倾斜度均符合整正标准。考虑到支柱受力后要向线路侧回倾，故施工时，垂直线路方向的倾斜度宜适当加大。

(5) 其他　按要求安装横卧板，填写隐蔽工程记录，准备基坑回填。

5. 回填及侧沟改移

当支柱整正完毕后，应立即进行回填及侧沟改移等工作。

(1) 回填要求

1) 填土要分层夯实，每回填0.3m，应夯实一次。
2) 遇有炉渣、碎石、块石或砂质地带，必须掺有黏土拌和回填。
3) 冬季施工时，应将冻土块打碎，并不得掺杂冰雪块等。
4) 拉线坑及支柱横卧板要加固夯实。
5) 混凝土支柱基础部分土层厚度小于规定埋设值时，应进行培土。位于填方处的支柱，其培土坡度应与原路基相同，高填方培土困难时，可采取适当加固措施，如砌石、打木围桩等。

(2) 支柱培土

1) 混凝土腕臂支柱的基础部分土层厚度（即埋深）不应小于要求值。支柱位于路堤区段，其田野侧土层厚度应大于0.5m。在高路堤地段为减少填方量，基础底面以下部分可埋设木桩。
2) 填土坡脚与路基面高度不小于支柱埋深。
3) 接触网支柱和基础在回填过程中经常和侧沟发生干扰，应按侧沟原宽进行改移。

6. 支柱斜率测量

支柱斜率测量可采用经纬仪，主要方法如下：架好经纬仪，调节经纬仪底盘整平，目镜调焦使十字丝清晰，物镜调焦使目标（支柱线路侧）清晰，目标对准支柱顶后，应拧紧水平旋转制动钮，采用微旋钮，左右旋转镜头，使垂直单丝对准支柱顶内侧边沿（图2-22a）。

然后向下转动镜头镜筒，对准钢卷尺处（图 2-22b），读取钢卷尺数据，为被测支柱倾斜值。记录时支柱向田野侧倾斜为正，反之为负，单位 mm/m。

斜率的测量值以支柱外沿的倾斜率为准。经纬仪宜置于跨距中间位置，在支柱向田野侧倾斜时，镜身距线路中心的距离与被测支柱后沿到线路中心的距离相一致。在轨面线后沿处水平放置钢卷尺，沿支柱顶端后沿向轨面标记处读数。在支柱向线路侧倾斜时，镜身距线路中心的距离与被测支柱前沿到线路中心的距离相一致。在轨面线前沿处水平放置钢卷尺，沿支柱顶端后沿向轨面标记处读数。

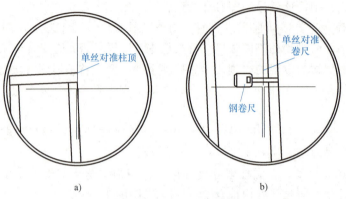

图 2-22 经纬仪架设测量

支柱斜率也可以采用线坠法测量，如图 2-23 所示，其步骤如下：
1）在线坠线上标画出 1000mm 两处标记。
2）将线坠稳固放在距离支柱被测面一定距离处。
3）用钢卷尺测出 h_1、h_2（单位 mm）。
4）支柱斜率 $\Delta = (h_2 - h_1)/1000$。

7. 检修作业安全规定

1）在整正过程中，整正器、手扳葫芦等整杆工具不得侵入车辆限界，支柱各部分也不得侵入限界，混凝土软横跨柱的整正应向车站办理临近线路封闭手续，当利用行车间隔整正时，必须按规定设置行车防护。

2）整正器使用时，应用力均匀，注意平衡两个整正器的动作，不得猛拉猛推，以防将支柱折断。

3）使用手扳葫芦整正支柱时，三个方向的操作人员必须要密切配合，统一指挥，协调动作，不得擅自盲目操作。

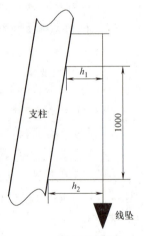

图 2-23 采用线坠法测量支柱斜率

4）整正器或手扳葫芦安装并受力后，方可进入坑内工作，坑内有人时，严禁移动支柱。
5）调整支柱限界时，应用垫木垫在支柱底部坑侧，严禁用石头等硬物代替垫木。
6）由坑口往下放横卧板时，坑内不得有人，应用绳索系住缓慢下放，放好后，方可下人工作。
7）回填后及时修复并疏通水沟，必要时将排水沟改道。
8）及时填写隐蔽工程记录。
9）钢柱整正时，严禁卸掉螺母。

2.2 支持装置技术与检修

【学习目标】

1) 掌握腕臂的结构与分类。
2) 掌握腕臂支柱装配的分析方法。
3) 掌握影响腕臂支柱装配的参数。
4) 掌握腕臂支柱装配的方式。
5) 掌握支持装置检修的标准和要求。

支持装置用于支持接触悬挂并将其负荷传递给支柱或其他建筑物。架空柔性接触网中最常见的支持装置为腕臂支持结构。

2.2.1 腕臂的结构与分类

1. 腕臂的作用及技术要求

腕臂安装在支柱上部，一般使用圆形钢管或用槽钢、角钢加工制成，用以支持接触悬挂，并起传递负荷的作用。对腕臂的要求是具有足够的机械强度，结构应尽量简单、轻巧，易于施工安装和维修更换。

2. 腕臂的分类

根据腕臂与支柱之间的绝缘情况，腕臂可分为绝缘腕臂和非绝缘腕臂，绝缘腕臂结构如图2-24所示。

（1）绝缘腕臂 目前我国在接触网上普遍采用绝缘腕臂，绝缘腕臂分为平腕臂和斜腕臂，用外径38.1mm或50.8mm的圆形热镀锌钢管加工而成，其根部通过棒式绝缘子与安设在支柱上的腕臂底座相连，平腕臂和斜腕臂顶端通过套管双耳相连。由于腕臂通过绝缘子与支柱绝缘，故称为绝缘腕臂。

（2）非绝缘腕臂 非绝缘腕臂通过悬挂在腕臂上的绝缘子串来悬挂承力索，腕臂和支柱间不绝缘，因此称为非绝缘腕臂，如图2-25所示。其绝缘子安装在腕臂顶部，结构笨重，

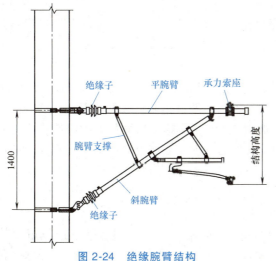

图 2-24 绝缘腕臂结构

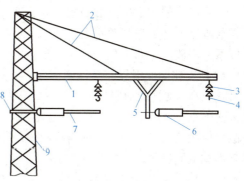

图 2-25 非绝缘腕臂示意图

1—直腕臂 2—斜拉杆 3—悬式绝缘子 4—承力索 5—定位支架 6—棒式绝缘子 7—定位器 8—底座 9—钢柱

安装维修困难，绝缘子容易脏污，已很少使用。

2.2.2 腕臂装配基础参数

1. 腕臂支柱装配的要求

腕臂支柱装配根据悬挂类型不同分为简单悬挂、半补偿链形悬挂、全补偿链形悬挂等支柱装配，根据线路位置不同分为直线支柱装配与曲线支柱装配。

2. 影响腕臂支柱装配的参数

影响腕臂支柱装配的参数主要包括导高、结构高度及支柱侧面限界，如图2-26所示。

（1）导高　导高是接触线悬挂点高度的简称，是指接触线无弛度时定位点处（或悬挂点处）接触线距轨面的垂直高度，一般用H表示。接触线的最高高度是根据受电弓的最大工作高度确定的。

城市轨道交通柔性接触网的导高一般为4600mm，困难地段不应低于4400mm；车辆段内宜为5000mm；隧道内不应小于4040mm。导高的允许施工误差为±30mm。

（2）结构高度　架空柔性接触网的结构高度是指接触网悬挂点处承力索和接触线的铅垂距离，用符号h表示。因定位点接触线高度是一个随温度变化而变化的量，因而结构高度不是一个常数，设计所指的结构高度是指接触线无弛度时的值。结构高度大，支柱高度大，承力索在张力一定的情况下，其弛度偏大，各项投资加大；结构高度小，最短吊弦短，吊弦偏移量大，吊弦线夹处容易形成硬点，增加运营维护的困难。

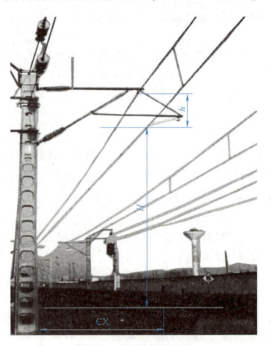

图2-26　腕臂装配参数

结构高度的大小应考虑最短吊弦长度，即保证在极限气温条件下，跨中最短吊弦顺线路方向与垂直方向的偏移角不大于30°，还应考虑支柱高度、悬挂类型、调整范围及维修方便等因素，一般取1100~1700mm。

（3）支柱侧面限界　支柱侧面限界是指轨平面处，支柱内缘至线路中心的距离，一般用CX表示。支柱侧面限界取决于线路等级、线路参数、维修作业机械等因素。普速线路直线区段不小于2440mm；考虑到施工误差，一般取2500mm。对于机械化维护线路，支柱侧面限界应满足大型机械作业的需要，不应小于3000mm。支柱侧面限界在满足运营安全的前提下不宜取值过大。

2.2.3 腕臂支柱装配

腕臂支柱装配的类型根据安装位置和功能的要求不同而有所不同，但从结构上分析所有腕臂支柱装配都有其共同的特点，即装配结构中设有腕臂和水平拉杆（或压管），或水平腕臂支柱结构。由于选择定位装置结构时要考虑接触线的工作性质,其方式也有变化,因此支柱装配结构的分析应以定位装置为主。

1. 中间柱装配

中间柱装配应用最广泛,转换柱、中心柱等的装配基本是中间柱装配的组合。

(1) 直线区段中间柱正(反)定位装配　当接触线拉出值方向为支柱侧时采用正定位,拉出值方向为支柱相反侧时采用反定位,定位装置的选择应以定位器处于受拉状态为原则。正定位一般用于直线区段或半径为1200~4000m的曲线区段,反定位一般用于曲线内侧支柱或直线区段拉出值方向与支柱位置相反的支柱。直线区段中间柱正定位装配如图2-27所示,直线区段中间柱反定位装配如图2-28所示。

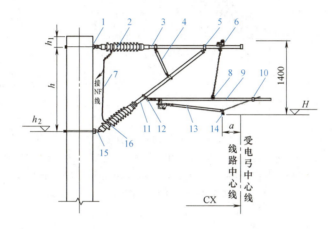

图2-27　直线区段中间柱正定位装配

1—单上底座　2—棒式绝缘子　3—平腕臂　4—腕臂支撑　5—套管双耳　6—承力索座
7—接地跳线　8—定位管上定位钩悬吊拉线　9—定位管　10—防风拉线　11—斜腕臂
12—定位环　13—组合定位器　14—定位线夹　15—单下底座　16—跳线卡箍

(2) 非绝缘转换柱的装配　非绝缘转换柱设置于非绝缘锚段关节,大多采用双腕臂结构,转换柱处的接触悬挂分工作支和非工作支。非绝缘转换柱的装配如图2-29所示。

当曲线半径 R = 1200~4000m 时,腕臂、定位管要适当加长。当曲线半径 $R ≤$ 1000m 时,转换柱位于曲线外侧时接触线工作支定位装置改为软定位(当采用防抬高定位器时依实际情况而定),非工作支定位装置由定位管和支持器组成。

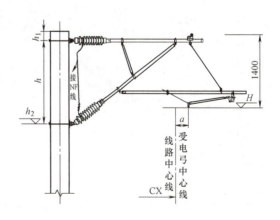

图2-28　直线区段中间柱反定位装配

(3) 绝缘转换柱的装配　绝缘转换柱用于绝缘锚段关节,大多采用双腕臂结构,绝缘转换柱的装配如图2-30所示。内侧转换柱在装配时,非工作支比工作支高500mm。

(4) 中心柱的装配　在四跨绝缘关节内,中心柱是为了使受电弓实现两个锚段的平稳

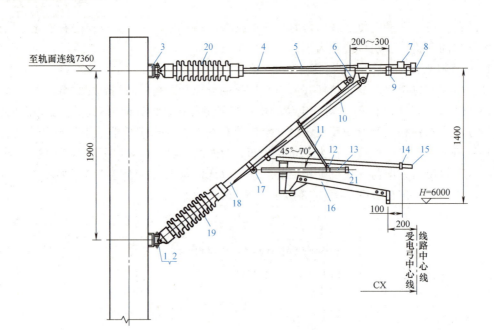

图 2-29 非绝缘转换柱的装配

1—双底座槽钢 2—旋转腕臂底座 3—双压管底座 4、5—平腕臂 6—套管双耳 7、9—承力索座 8、21—管帽 10、18—斜腕臂 11—定位管支撑 12—定位管卡子 13、15—定位管 14—长支持器 16—限位定位器 17—定位环 19、20—棒式绝缘子

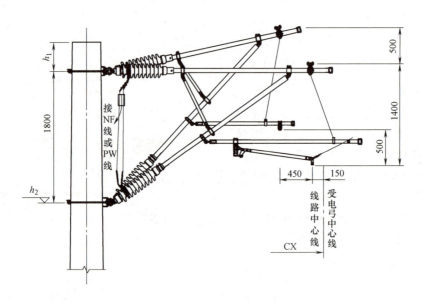

图 2-30 绝缘转换柱的装配

过渡而设置的,中心柱处两组悬挂均为工作支,两工作支之间要保持 500mm 的空气绝缘距离。中心柱均采用双腕臂结构,如图 2-31 所示。

2. 锚柱的装配

锚柱装配形式是中间柱装配和下锚装配的组合。它与中间柱装配的不同之处在于支柱上

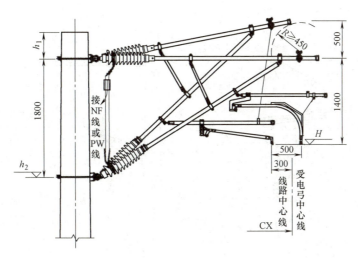

图 2-31 中心柱的装配

多了一套下锚装置。

3. 道岔柱的装配

根据接触线位置及拉出值方向的不同,道岔柱有三种装配结构,如图 2-32 所示。其中,L 型为拉型结构,即两条接触线的拉出值方向都是拉向支柱,主定位管呈受拉状态;Y 型为压型结构,两条接触线拉出值方向为支柱的对侧,主定位管呈受压状态;LY 型为拉压型结构,即两条接触线在道岔定位处的拉出值方向相反,主定位管一端受拉,另一端受压。三种装配的选择要根据道岔定位处拉出值的方向来定,尽量选用受力较好的 L 型及 LY 型结构。

2.2.4 支持装置的检修

1. 工作安全

1) 按规程要求填写工作票并交付工作领导人,工作领导人向作业组全体成员宣读工作票、分工,并进行安全预想,检查工具、材料。

2) 作业人员系好安全带,戴好安全帽,防止高空坠物。

3) 作业人员不宜位于线索受力方向的反侧,并采取防止线索滑脱的措施。

4) 安装更换支持装置时,应避免上下层同时作业,上下部作业人员应分别位于支柱的两侧,杆上作业必须系好安全带,安全带使用前应做好检查。

5) 工作领导人确认做好安全措施后,方可通知各作业组开工。

2. 支持装置的检修内容和标准

1) 检查腕臂各部零件组装是否正确,是否符合技术标准要求并按标准进行调整处理,按规定力矩紧固各部螺栓。

2) 工作支平腕臂要水平安装,其端部允许抬高不超过 100mm,在无偏移温度时应垂直于线路中心,允许误差不大于计算偏移值的 10%。

3) 检查腕臂外观无弯曲变形和破损、裂纹等;顶端封帽要密封良好。检查各部受力是否良好,铰接处要转动灵活。轴销下部垫片及腕臂根部垫块无缺失。

4) 测量腕臂偏移是否在允许范围内,如超范围则进行调整。

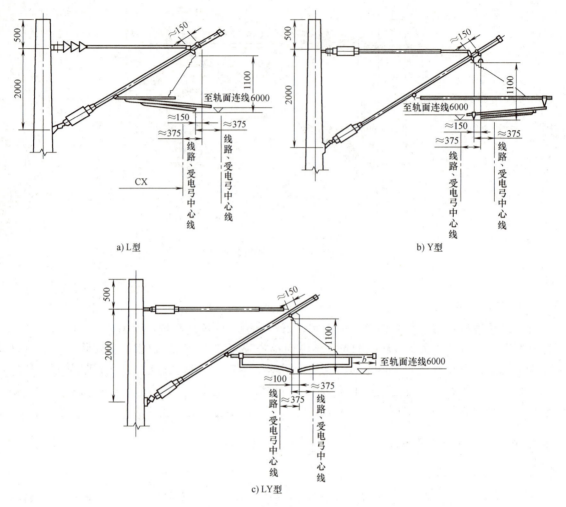

图 2-32 道岔柱的装配

5)检查腕臂底座、底座角钢（槽钢）的安装是否符合规定。腕臂底座、定位肩架应与支柱密贴、平整，底座角钢（槽钢）应水平安装。

6)各连接部件螺母按规定力矩紧固，复帽齐全无缺失。开口销齐全，规格型号符合规定，掰开角度不小于120°。

7)检查埋入杆件等是否状态良好。腕臂及隧道内的埋入杆件不得严重锈蚀，锌层脱落处要补漆。隧道埋入杆件周围混凝土不得有放射状裂纹，埋入杆件无松动、抽脱迹象。

8)检查吊柱安装是否符合规定，受力状态是否良好。隧道内定位吊柱要铅垂安装，其型号和位置要符合要求，允许误差不大于1°。

9)检查棒式绝缘子是否有破损和放电痕迹，铁件是否松动、有裂纹，瓷绝缘子釉面剥落情况，顶丝是否顶进，滴水孔是否朝下。

10)检查腕臂支撑是否有锈蚀、缺少开口销、螺母情况。

3. 支持装置的调整

1)底座装设不水平、扭转。

① 调整上底座时可稍松动紧固螺栓，用手锤敲击，调整上底座水平和扭转状态。

② 调整下底座时可在上下底座间搭 0.75t 手扳葫芦，拉住下底座，稍松动紧固螺栓，用手锤敲击，调整下底座水平和扭转状态。

③ 紧固底座螺栓。

2）腕臂上的部件与腕臂不在同一垂直面内。将与腕臂不在同一垂直面内的零部件螺栓稍松动，调整至同一垂直面内。

3）零部件有锈蚀、变形、裂纹，开口销不齐全、锈蚀。

① 各零部件有锈蚀、变形、裂纹时，更换零部件。

② 对缺少开口销进行补装，锈蚀开口销更换，开口销掰开角度不小于 120°。

4）棒式绝缘子有破损和放电痕迹，铁件松动、有裂纹，瓷绝缘子釉面剥落面积超过 300mm² 时，可用棒式绝缘子更换器将棒式绝缘子更换。

5）棒式绝缘子滴水孔朝上。

① 用棒式绝缘子更换器将棒式绝缘子拆下。

② 将棒式绝缘子转动 180°，滴水孔朝下重新安装。

6）平腕臂棒式绝缘子顶丝（凸头压板）未顶进。

① 拆下承力索卸载，松开顶丝、铁模压板。

② 松开平、斜腕臂连接处套管单耳，用管钳转动平腕臂使平腕臂尾部顶丝孔对准顶丝（凸头压板）。

③ 将顶丝（凸头压板）顶进，拧紧。

7）腕臂管有弯曲、变形、锈蚀，端口封堵不良。

① 腕臂管有弯曲、变形，更换腕臂管。首先测量原平、斜腕臂长度，按照测量长度预制腕臂，然后将腕臂卸载。更换斜腕臂时，卸载接触线、拆除定位装置后，拆除斜腕臂，更换新腕臂。更换平腕臂时，卸载承力索，摘下平腕臂，更换新腕臂。

② 对腕臂管锈蚀部分用砂纸打磨除锈后涂防锈漆。

③ 腕臂端口封堵不良时更换腕臂管帽。

8）腕臂支撑有锈蚀，套管双耳缺螺母、开口销。

① 对腕臂支撑锈蚀部位用砂纸打磨除锈后涂防腐漆、银粉漆。

② 对腕臂支撑双耳终端线夹缺少的开口销、螺母进行补装，螺母按标准力矩紧固，开口销掰开角度不小于 120°。

9）腕臂顺线路的偏移值不符合规定。

① 查阅腕臂安装曲线图，根据现场温度，确定腕臂偏移值或通过腕臂偏移计算公式进行计算，确定腕臂偏移值。

腕臂偏移计算公式：

$$E = L\alpha(T_x - T_p) \tag{2-8}$$

式中 E——腕臂偏移值（负值表示偏向中锚侧，正值表示偏向下锚侧）（m）；

   L——调整腕臂到中心锚结中心柱的距离（m）；

   α——线胀系数（铜的线胀系数为 1.7×10^{-5} m/℃）（m/℃）；

   T_x——现场温度（℃）；

   T_p——无偏移温度（根据设计值）（℃）。

②松开承力索座压板螺母，移动腕臂到规定偏移值处；小半径曲线时需在支柱顶部或腕臂顶部（方法同曲线更换平腕臂）搭0.75t手扳葫芦卸载承力索座所受曲线分力。

③涂电力复合脂，拧紧承力索座压板螺母。

10）螺栓未按标准力矩紧固。

①螺栓按标准力矩进行紧固，螺纹外漏部分涂防腐油。

②螺母的防松措施按照使用说明进行安装。

2.3 接触悬挂技术与检修

【学习目标】

1）掌握简单悬挂的组成、特点及应用范围。
2）掌握链形悬挂的类型及特点。
3）掌握接触线的类型、特点及应用。
4）掌握承力索的类型、特点及应用。
5）掌握吊弦的类型、特点及应用。
6）掌握接触线、承力索的断线检修方法及注意事项。
7）了解吊弦的检修方法。

2.3.1 接触悬挂的基本类型

接触悬挂的类型是对接触网的每个锚段而言的。接触悬挂的种类较多，一般根据其结构不同分成简单接触悬挂（以下简称简单悬挂）和链形接触悬挂（以下简称链形悬挂）两大类，简单悬挂如图2-33所示，链形悬挂如图2-34所示。

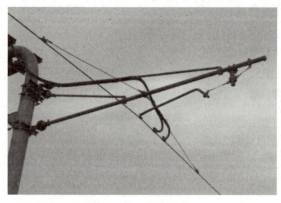

图2-33 简单悬挂

图2-34 链形悬挂

1. 简单悬挂

简单悬挂是接触悬挂的一种形式，是由一根或两根平行的接触线直接固定在支柱支持装置上的接触悬挂形式。简单悬挂无承力索，接触线直接悬挂在支持装置上。它的优点是结构简单，投资少；缺点是弛度大，弹性不均匀。根据是否有补偿装置，简单悬挂可分为未补偿简单悬挂和带补偿装置的简单悬挂两种。图2-35为未补偿简单悬挂。

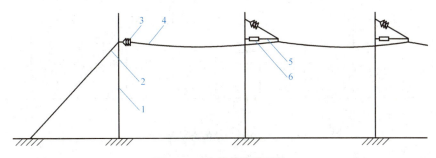

图 2-35 未补偿简单悬挂
1—支柱 2—拉线 3—绝缘子 4—接触线 5—腕臂 6—棒式绝缘子

未补偿简单悬挂的接触线两端下锚方式是通过一组绝缘子固定在支柱或隧道壁上，称为未补偿下锚或硬锚。这种悬挂形式结构简单、维护方便，但当环境温度变化时，由于接触线热胀冷缩的物理特性，其张力和弛度变化很大，存在硬点，适用于车速较低的线路上，如车库线、停车场线等场所。

为了改善简单悬挂的弹性不均匀程度，在接触线下锚处装设张力补偿装置，以调节张力和弛度的变化，如图 2-36 所示。为改善悬挂弹性，在悬挂点上加装 8~16m 长的弹性吊索，通过弹性吊索悬挂接触线，从而减少悬挂点处产生的硬点，改善取流条件。另外还可以适当缩小跨距，增大接触线的张力改善弛度对取流的影响。这种弹性简单悬挂可以在速度不超过 80km/h 的线路上采用。

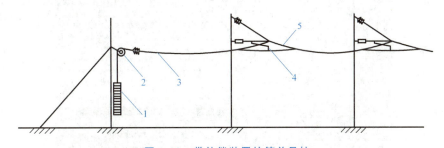

图 2-36 带补偿装置的简单悬挂
1—坠砣 2—滑轮 3—接触线 4—定位器 5—弹性吊索

2. 链形悬挂

链形悬挂的接触线通过吊弦悬挂在承力索上。承力索通过钩头鞍子、承力索座或悬吊滑轮悬挂在支持装置的腕臂上，使接触线在不增加支柱的情况下增加悬挂点，通过调整吊弦长度使接触线在整个跨距内对轨面的距离基本保持一致。链形悬挂减小了接触线在跨距中间的弛度，改善了弹性，增加了悬挂质量，提高了稳定性，可以满足电动列车高速运行取流的要求。链形悬挂相对简单悬挂的缺点是结构复杂、造价高、施工和维修任务量大。

（1）按照悬挂链数分类 链形悬挂按悬挂链数的多少可分为单链形和双链形。图 2-37 为单链形悬挂。单链形悬挂只有一根承力索，结构简单，造价便宜，目前我国主要采用单链形悬挂。

双链形悬挂的接触线经短吊弦悬挂在辅助吊索上，辅助吊索又通过吊弦悬挂在承力索上，如图 2-38 所示。双链形悬挂接触线弛度小，稳定性好，弹性均匀，有利于电动列车高

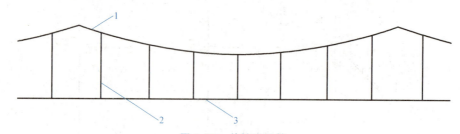

图 2-37 单链形悬挂
1—承力索 2—吊弦 3—接触线

速运行取流。但双链结构较复杂、不易施工、维修困难、设计烦琐、造价高，目前没有得到广泛的应用，图 2-39 为法国 TGV 线双链形悬挂。

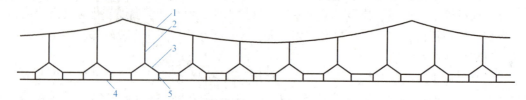

图 2-38 双链形悬挂
1—承力索 2—吊弦 3—辅助吊索 4—接触线 5—短吊弦

图 2-39 法国 TGV 线双链形悬挂

（2）按照悬挂点处吊弦类型分类　链形悬挂按照悬挂点处吊弦的类型可分为简单链形悬挂和弹性链形悬挂两种，简单链形悬挂如图 2-40 所示，弹性链形悬挂如图 2-41 所示。弹性链形悬挂与简单链形悬挂的区别在于定位点两侧采用弹性吊索悬吊接触线，这样增加支柱处接触线固定点的弹性，使一个跨距内接触线弹性均匀，有利于列车受电弓取流，可用于行车速度在 100km/h 及以上的正线，弹性吊索按照形式又可以分为 Y 形弹性吊索和 Π 形弹性吊索两种。

（3）按照补偿方式分类　链形悬挂按照补偿方式分为未补偿链形悬挂、半补偿链形悬挂和全补偿链形悬挂。

未补偿链形悬挂的承力索和接触线两端无补偿装置，均为硬锚。温度变化时，承力索和接触线的张力、弛度变化较大，一般不采用，其结构形式如图 2-42 所示。

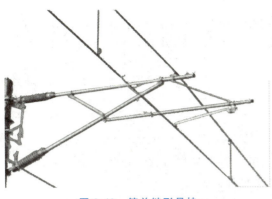

图 2-40　简单链形悬挂

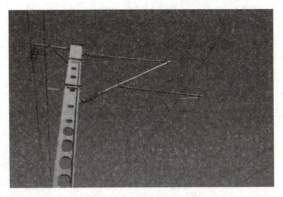

图 2-41　弹性链形悬挂

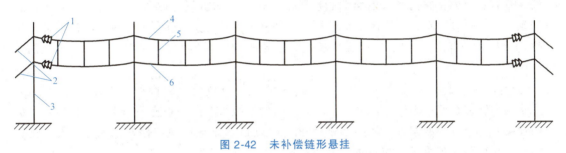

图 2-42　未补偿链形悬挂

1—绝缘子　2—拉线　3—支柱　4—承力索　5—吊弦　6—接触线

半补偿链形悬挂的接触线两端设有补偿装置，承力索两端为硬锚，如图 2-43 所示。半补偿链形悬挂相比未补偿链形悬挂在性能上得到了很大改善，但由于承力索为硬锚，当温度变化时，承力索的张力和弛度随之发生变化，对接触线产生一定影响。同时，在温度变化时，承力索的弛度变化使吊弦上端产生上、下位移，而吊弦下端随接触线发生顺线路方向的偏斜。由于各吊弦的偏斜，造成接触线各断面受力不均匀，特别是在极限温度下，使接触线在锚段中部和下锚端之间出现较大张力差，接触线张力和弹性不均匀，在悬挂点处产生明显的硬点，不利于电动列车高速运行取流，只用于行车速度不高的车站侧线和支线上。

图 2-43　半补偿链形悬挂

1—承力索　2—吊弦　3—补偿装置　4—接触线

全补偿链形悬挂的承力索和接触线两端下锚处均装设补偿装置，如图 2-44 所示。全补偿链形悬挂在温度变化时由于补偿装置的作用，承力索和接触线的张力基本不发生变化，弹性比较均匀，有利于电动列车取流，广泛应用于轨道交通接触网中。

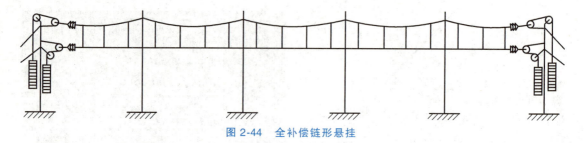

图 2-44 全补偿链形悬挂

（4）按照接触线与承力索在空间位置关系分类 链形悬挂按照接触线与承力索在空间位置关系分为直链形悬挂、半斜链形悬挂、斜链形悬挂。

1）直链形悬挂。直链形悬挂中，承力索布置在接触线的正上方，承力索和接触线布置在同一垂直平面内，它们在水平面上的投影是一条重合的折线，如图 2-45 所示。直链形悬挂的风稳定性较差，在大风作用下接触线易产生横向摆动，造成接触线与受电弓脱离而发生事故（简称脱弓事故）。目前这种悬挂形式主要应用在线路曲线段和风害比较小的地区的直线区段。

2）半斜链形悬挂。接触线在每一支柱定位点处，通过定位装置被布置成"之"字形，承力索则布置在线路中心线的正上方，承力索与接触线不在同一垂直平面内，它们在水平面上的投影有一个较小的偏移，如图 2-46 所示。半斜链形悬挂风稳定性好，施工方便。这种悬挂方式在线路时速小于 160km 的直线段普遍采用。

3）斜链形悬挂。斜链形悬挂中，接触线和承力索布置成方向相反的"之"字形，接触线和承力索在水平面上的投影有一个较大的偏移，如图 2-47 所示。在曲线区段，承力索对线路中心线向外侧有一个较大的偏移，吊弦的倾斜角较大。这种悬挂的优点是风稳定性最好，可增大两支柱之间的距离（简称跨距）；但在曲线区段，承力索相对线路中心线有一个较大的外侧偏移，吊弦安装的倾斜角很大，结构复杂，设计计算烦琐，施工和检修困难，造价较高，我国尚未广泛使用。

图 2-45 直链形悬挂

1（2）—接触线（承力索） 3—线路中心线

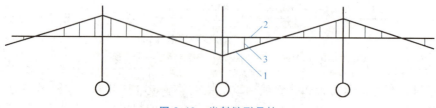

图 2-46 半斜链形悬挂

1—接触线 2—承力索 3—吊弦

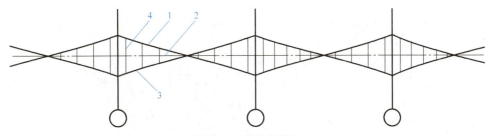

图 2-47 斜链形悬挂

1—承力索 2—线路中心线 3—接触线 4—吊弦

对于地铁架空柔性接触网，车站线路、区间线路、车辆段试车线与出入段线的接触网，宜采用全补偿简单链形悬挂；车辆段（停车场）中的其他线路宜采用带补偿装置的弹性简单悬挂。

城市轨道交通中使用的接触悬挂和铁路中的略有不同，铁路中使用的电压等级比较高，故电流较小，一般都是一根承力索、一根接触线（单承单导）通过吊弦连接起来；城市轨道交通中采用的电压等级相对较小，通过接触线的电流比较大。因此，正线区段接触悬挂可采用两根承力索、两根接触线（双承双导）或一根承力索、两根接触线（单承双导）等接触悬挂形式，车辆段内的配线可采用一根承力索、一根接触线（单承单导）悬挂或弹性简单悬挂。单承双导接触悬挂如图 2-48 所示，双承双导接触悬挂如图 2-49 所示。

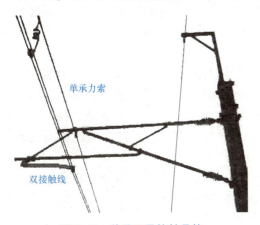

图 2-48 单承双导接触悬挂

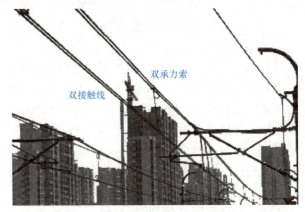

图 2-49 双承双导接触悬挂

2.3.2 接触线

接触线是接触网中直接和受电弓摩擦接触取流的部分，需保证电动列车从接触线上获得良好的电能，因此接触线的材质、工艺及性能对接触网起着重要作用。要求接触线具有抗拉强度高、电阻系数低、耐热性能好、耐磨性能好和制造长度长的特点。

1. 接触线形状

接触线制成上部带沟槽的圆柱状，沟槽是为了便于安装固定接触线的线夹，同时又不影响受电弓取流。接触线底面与受电弓接触的部分呈圆弧状，如图 2-50 所示。接触线截面积的选择主要取决于所需的电流、电压的稳定性和所受的张力。

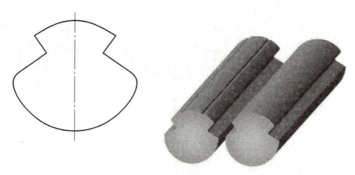

图 2-50　接触线截面形状

2. 接触线的分类

接触线按照材质不同主要分为铜接触线、铜合金接触线和钢铝接触线。铜具有导电性和施工性好的优点，但也具有抗拉力差、耐磨性差、软化点低等缺点。铜合金接触线的导电性虽然有所下降，但是其强度和耐磨性大大提高。铜接触线和铜合金接触线是目前轨道交通中主要应用的类型。钢铝接触线由于两种材质线胀系数不同，质量重，在使用过程中易出现接触线分离的现象，已较少使用。

城市轨道交通中常用的接触线型号有 CT-85、CT-110、CT-120、CTHA-120、CTHM-120 等，各符号含义如下：C 表示接触线；T 表示材质为铜；A 表示材质为银；M 表示材质为镁；THA 表示高强度铜银合金；THM 表示高强度铜镁合金；85 表示接触线的截面面积为 85mm^2；110 表示接触线的截面面积为 110mm^2；120 表示接触线的截面面积为 120mm^2。

3. 接触线的磨耗

接触线在运行过程中，受电弓和接触线的摩擦会造成接触线截面面积减小，称为接触线的磨耗。接触线的磨耗会使接触线截面积减小，影响接触线的强度安全系数。运营中，要求每年至少进行一次接触线磨耗测量，当接触线磨耗达到一定限度时应局部补强或更换。如发现全锚段接触线平均磨耗超过该接触线截面积的 25% 时，应全部更换；局部磨耗超过 30% 时可进行补强；当局部磨耗达到 40% 时应切换做接头。

接触线的磨耗测量方法是利用游标卡尺测量磨耗后接触线的直径残存高度，根据直径残存高度可以计算得到接触线磨耗面积，图 2-51 为接触线的磨耗示意图。

磨耗面积 S 通过以下公式计算：

$$S = 2\left[\pi R^2 \frac{\theta}{2\pi} - \frac{R-\chi}{2}y\right] = \pi R^2 \frac{\theta}{\pi} - (R-\chi)y \quad (2-9)$$

将 $y = R\sin\theta$ 代入式（2-9）得：

$$S = \pi R^2 \frac{\theta}{\pi} - (R-\chi)R\sin\theta \quad (2-10)$$

式中　S——接触线的磨耗面积（mm^2）；

　　　R——接触线下圆截面半径（mm）；

　　　χ——实际磨耗高度（mm），$\chi = A - h$。

现场应用中，一般不采用计算的方法来求磨耗面积，而是根据接触线的直径残存高度，对照该型号接

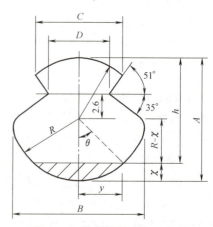

图 2-51　接触线的磨耗示意图

触线的磨耗换算表，查出该型号接触线磨耗面积。表 2-1 为 CT110 接触线磨耗表。

表 2-1　CT110 接触线磨耗表

高/mm	0	1	2	3	4	5	6	7	8	9
8.2	35.02	34.97	34.86	34.74	34.63	34.51	34.39	34.28	34.16	34.05
8.3	33.93	33.81	33.7	33.58	33.47	33.35	33.24	33.12	33.01	32.89
8.4	32.78	32.66	32.55	32.43	32.32	32.2	32.09	31.97	31.86	31.75
8.5	31.63	31.52	31.4	31.29	31.17	31.06	30.95	30.83	30.72	30.61
8.6	30.49	30.38	30.27	30.15	30.04	29.93	29.81	29.7	29.59	29.48
8.7	29.36	29.25	29.14	29.03	28.92	28.8	28.69	28.58	28.47	28.36
8.8	28.24	28.13	28.02	27.91	27.8	27.69	27.58	27.47	27.35	27.24
8.9	27.13	27.02	26.91	26.8	26.69	26.58	26.47	26.36	26.25	26.14
9.0	26.03	25.92	25.81	25.7	25.6	25.49	25.38	25.27	25.16	25.05
9.1	24.94	24.83	24.73	24.62	24.51	24.4	24.29	24.19	24.08	23.97
9.2	23.86	23.76	23.65	23.54	23.43	23.33	23.22	23.11	23.01	22.9
9.3	22.8	22.69	22.58	22.48	22.37	22.27	22.16	22.05	21.95	21.84
9.4	21.74	21.63	21.53	21.42	21.32	21.22	21.11	21.01	20.9	20.8
9.5	20.7	20.59	20.49	20.38	20.28	20.18	20.07	19.97	19.87	19.77
9.6	19.66	19.56	19.46	19.36	19.26	19.15	19.05	18.95	18.85	18.75
9.7	18.65	18.55	18.44	18.34	18.24	18.14	18.04	17.94	17.84	17.74
9.8	17.64	17.54	17.44	17.34	17.25	17.15	17.15	16.95	16.85	16.75
9.9	16.65	16.56	16.46	16.36	16.26	16.17	16.07	15.97	15.87	15.78
10.0	15.68	15.58	15.49	15.39	15.3	15.2	15.1	15.01	14.91	14.82
10.1	14.72	14.63	14.53	14.44	14.34	14.25	14.16	14.06	13.97	13.87
10.2	13.78	13.69	13.6	13.5	13.41	13.32	13.22	13.13	13.04	12.95
10.3	12.86	12.77	12.67	12.58	12.49	12.4	12.31	12.22	12.13	12.04
10.4	11.95	11.86	11.77	11.68	11.59	11.51	11.42	11.33	11.24	11.15
10.5	11.06	10.98	10.89	10.8	10.72	10.63	10.54	10.46	10.37	10.28
10.6	10.2	10.11	10.03	9.94	9.86	9.77	9.69	9.6	9.52	9.43
10.7	9.35	9.27	9.18	9.1	9.02	8.94	8.85	8.77	8.69	8.61
10.8	8.53	8.45	8.36	8.28	8.2	8.12	8.04	7.96	7.88	7.8
10.9	7.72	7.65	7.57	7.49	7.41	7.33	7.26	7.18	7.1	7.02
11.0	6.95	6.87	6.79	6.72	6.64	6.57	6.49	6.42	6.34	6.27
11.1	6.19	6.12	6.05	5.97	5.9	5.83	5.76	5.68	5.61	5.54
11.2	5.47	5.4	5.33	5.26	5.19	5.12	5.05	4.98	4.91	4.84
11.3	4.77	4.7	4.64	4.57	4.5	4.43	4.37	4.3	4.24	4.17
11.4	4.1	4.04	3.97	3.91	3.85	3.78	3.72	3.66	3.59	3.53
11.5	3.47	3.41	3.35	3.29	3.22	3.16	3.1	3.05	2.99	2.93
11.6	2.87	2.81	2.75	2.7	2.64	2.58	5.53	2.47	2.42	2.36

(续)

高/mm	0	1	2	3	4	5	6	7	8	9
11.7	2.3	2.25	2.2	2.14	2.09	2.04	1.99	1.94	1.88	1.83
11.8	1.78	1.73	1.68	1.64	1.59	1.54	1.49	1.44	1.4	1.35
11.9	1.31	1.26	1.22	1.17	1.13	1.09	1.04	1	0.96	0.92
12.0	0.88	0.84	0.8	0.76	0.73	0.69	0.65	0.62	0.58	0.55
12.1	0.51	0.48	0.45	0.42	0.39	0.36	0.33	0.3	0.27	0.24
12.2	0.22	0.19	0.17	0.15	0.13	0.11	0.09	0.07	0.05	0.04
12.3	0.02	0.01	0	—	—	—	—	—	—	—

随着接触线磨耗面积不断增大，接触线抗拉强度下降，为了改善其运行条件，可通过减少坠砣的数目逐渐减小接触线的张力。图 2-52 为接触线磨耗面积及张力变化。

【例 2-1】 某锚段接触线采用 CT110 型导线，测出导线平均磨耗高度为 3.2mm，补偿器的传动比为 1:2，在表中查出磨耗面积，导线此时的张力应调为多少？坠砣应如何调整？

解：CT110 导线的标准高度为 12.32mm，由已知条件计算导线残存高度为

$$h = 12.32mm - 3.2mm = 9.12mm$$

根据 9.12mm 查表 2-1 可得，磨耗面积 $S = 24.73mm^2$，具体如图 2-53 所示。

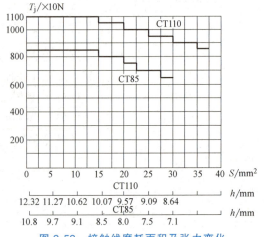

图 2-52 接触线磨耗面积及张力变化

高/mm	0	1	2	3	4
8.2	35.02	34.97	34.86	34.74	34.63
8.3	33.93	33.81	33.7	33.58	33.47
8.4	32.78	32.66	32.55	32.43	32.32
8.5	31.63	31.52	31.4	31.29	31.17
8.6	30.49	30.38	30.27	30.15	30.04
8.7	29.36	29.25	29.14	29.03	28.92
8.8	28.24	28.13	28.02	27.91	27.8
8.9	27.13	27.02	26.91	26.8	26.69
9.0	26.03	25.92	25.81	25.7	25.6
9.1	24.94	24.83	24.73	24.62	24.51

图 2-53 磨耗面积查询

查图 2-52，当残存高度为 9.12mm、磨耗面积为 $24.73mm^2$ 时，导线应具有张力为 10000N，具体如图 2-54 所示。

根据补偿器的传动比为 1:2 可知坠砣块的重力为接触线标称张力的一半，计算原有坠砣块为

$$\frac{11000}{2 \times 25 \times 10}块 = 22块$$

磨耗后坠砣块为

$$\frac{10000}{2 \times 25 \times 10}块 = 20块$$

因此，导线此时的张力应调为10000N，根据磨耗后张力的变化应卸掉2块坠砣。

2.3.3 承力索

1. 承力索的作用及特点

承力索的作用是通过吊弦将接触线悬挂起来。要求承力索能够承受较大的张力和具有抗腐蚀能力，并且在温度变化时弛度变化较小。为增加接触网的导电能力，要求承力索具有一定的载流能力，在各种气候条件变化下保证良好授流。承力索应具有强度高、自重轻、耐腐蚀、导电能力强、寿命长、易施工维护等特点。

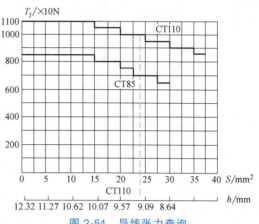

图 2-54 导线张力查询

2. 承力索的类型

承力索根据材质可分为铜及铜合金承力索、钢承力索、铝包钢承力索。

（1）铜及铜合金承力索 铜承力索导电性能好，可作为牵引电流的通道之一，实现与接触线并联供电，降低压损和能耗，且抗腐蚀性能高。但铜承力索消耗铜多，造价高且机械强度低，不能承受较大的张力，温度变化时弛度变化也大。主要型号有TJ-95、TJ-120、TJ-150等。其中：T表示材质为铜；J表示绞线；HJ表示合金绞线；95、120、150表示承力索的截面面积（mm^2）。

铜合金承力索允许工作温度高、载流能力强，在电气化铁路上有广阔的应用前景，常见的型号有THJ-70、THJ-95、THJ-120、THJ-150。

（2）钢承力索 钢承力索用镀锌钢绞线制成，强度高、耐张力大，安装弛度小且弛度变化也小，既节省有色金属又造价低。但其缺点为电阻大，导电性能差，一般为非载流承力索。钢承力索不耐腐蚀，使用时还要采用防腐措施。常用规格有GJ-100、GJ-80、GJ-70等。其中：G表示材质为钢；J表示绞线；100、80、70表示承力索的截面面积（mm^2）。

由于钢承力索易锈蚀，导流能力差，现已很少使用。

（3）铝包钢承力索 铝包钢承力索是铝覆钢线和铝线绞合而成，主要以铝覆钢线中的钢芯部分承受张力，覆铝层和铝线载流。其导电性能、机械强度和抗腐蚀性能均优于钢承力索，但导电性能比铜合金承力索差，现已很少使用。

我国城市轨道交通接触网普遍采用铜或铜合金绞线承力索。从技术角度来分析，承力索与接触线采用同类材质，可改善接触网的性能，简化施工，提高施工精度，免去电气连接类线夹的特殊处理程序，并可降低运营维护的工作量。

2.3.4 吊弦

在链形悬挂中，接触线通过吊弦悬挂在承力索上，通过调节吊弦长短来保证接触悬挂的结构高度和接触线高度，从而改善接触悬挂的弹性，提高授流质量。

1. 吊弦类型

（1）普通环节吊弦 普通环节吊弦（图2-55）一般由两节或三节连在一起，根据吊弦

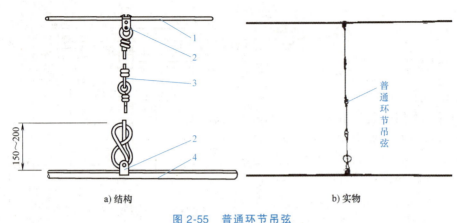

图 2-55 普通环节吊弦

1—承力索 2—吊弦线夹 3—吊弦 4—接触线

在跨距中所处位置及悬挂结构高度的不同来确定其整体长度。普通环节吊弦采用 $\phi 4mm$ 的镀锌钢线制作而成,最下面一节应预留穿过安装在接触线上吊弦线夹后回头的长度,约 300mm。目前普通环节吊弦已很少使用,仅在抢修中作为应急使用。

(2) 弹性吊弦 弹性吊弦安装在支柱定位点处,是通过一根长约 15m 的铜合金绞线制成的弹性吊弦辅助绳(又称为弹性吊索)和一根(或两根)整体非载流吊弦组合而成,有 Y 形和 Π 形两种形式,如图 2-56 所示。弹性吊弦可以增加定位点弹性和稳定性,减少定位器重量对受电弓通过定位点时的作用力,有利于消除硬点。

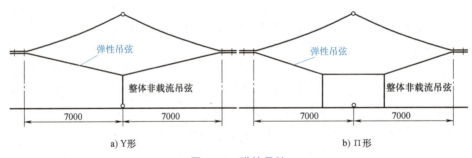

图 2-56 弹性吊弦

(3) 滑动吊弦 滑动吊弦是当安装整体吊弦在极限温度下其偏移超过允许范围时可采用的一种形式,如图 2-57 所示。滑动吊弦与承力索之间采用滑动吊弦线夹连接,与接触线之间采用正常接触线吊弦线夹固定连接。

(4) 整体吊弦 整体吊弦的结构形式如图 2-58 所示,由接触线吊弦线夹、承力索吊弦线夹、心形护体、压管、铜合金软绞线组成。用于制作吊弦的铜合金软绞线有 $10mm^2$、$12mm^2$、$16mm^2$、$25mm^2$ 和 $35mm^2$

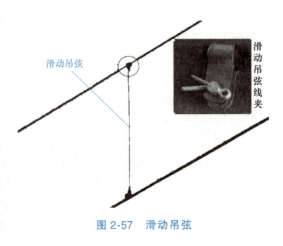

图 2-57 滑动吊弦

五种不同规格。

整体吊弦有载流和非载流两类，载流吊弦的承力索吊弦线夹由铜合金制作，并设有载流环，吊弦可作为承力索和接触线的电气并联线，允许小电流从吊弦上通过；非载流吊弦的承力索吊弦线夹采用尼龙等绝缘材料制作，没有载流环不允许有电流通过。

与普通环节吊弦相比，整体吊弦具有明显的优点：

1) 吊弦与线夹为冷压连接工艺，持续可靠，制作工艺简单，机械强度高。
2) 避免了普通环节吊弦产生的磨耗和电烧蚀，耐腐蚀、寿命长。
3) 可精确控制长度，精确调节接触线高度和弛度。
4) 便于机械化批量生产，减少现场作业。

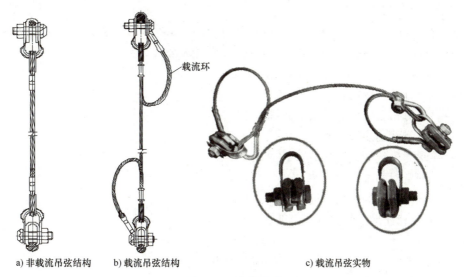

a) 非载流吊弦结构　　b) 载流吊弦结构　　c) 载流吊弦实物

图 2-58　整体吊弦

2. 吊弦的计算

（1）吊弦间距的计算　吊弦一般均匀布置在跨距中，跨中吊弦间距一般为 8~12m。简单链形悬挂中支柱定位点至第一吊弦的距离为 4m，弹性链形悬挂中支柱定位点至第一吊弦的距离为 8.5m。

弹性链形悬挂的吊弦间距计算公式为

$$x_0 = \frac{l - 2 \times 8.5}{k - 1} \tag{2-11}$$

简单链形悬挂的吊弦间距计算公式为

$$x_0 = \frac{l - 2 \times 4.0}{k - 1} \tag{2-12}$$

式中　x_0——吊弦间距（m）；

l——跨距长度（m）；

k——布置的跨距内吊弦根数。

（2）吊弦长度的计算　当 k 和 x_0 确定后，吊弦长度则可根据悬挂类型、结构高度、承力索张力和弛度及吊弦所在的位置来计算，吊弦长度计算公式为

$$C = h - \frac{4x(l-x)}{l^2} F_0 \tag{2-13}$$

式中 C——吊弦长度（m）；
l——跨距长度（m）；
h——悬挂点结构高度（m）；
x——所求吊弦距支柱定位点的距离（m）；
F_0——接触线无弛度时承力索弛度（m）。

（3）吊弦偏移的计算 当温度高于或低于平均温度时，吊弦会产生偏斜现象，其偏移量与悬挂的类型和线索材质有关。吊弦偏移后与其垂直方向的夹角，顺线路方向不得超过30°，垂直线路方向不得超过20°。

对于全补偿链形悬挂，当采用同材质的承力索和接触线时，吊弦偏移量可忽略不计；当承力索和接触线的线胀系数不一致时，吊弦偏移量计算公式为

$$E = L(\alpha_J - \alpha_C)(t_X - t_P) \tag{2-14}$$

式中 E——所计算吊弦的偏移值（m）；
L——计算吊弦距中心锚结的距离（m）；
α_J——接触线的线胀系数（1/℃）；
α_C——承力索线的线胀系数（1/℃）；
t_X——安装时的温度（℃）；
t_P——设计采用的平均温度（℃）。

半补偿链形悬挂吊弦偏移值可由下式计算：

$$E = L\alpha_J(t_X - t_P) \tag{2-15}$$

当 $t_X - t_P > 0$ 时，E 为正值，吊弦下端向下锚方向偏移。
当 $t_X - t_P < 0$ 时，E 为负值，吊弦下端向中心锚结方向偏移。
当 $t_X - t_P = 0$ 时，吊弦顺线路方向应无偏移。
当极限温度时，若 E 的绝对值大于 1/3 倍吊弦长度，则此处吊弦应改为滑动吊弦。

【例 2-2】 某半补偿链形悬挂，悬挂类型为 GJ-70+GLCA-100/215，已知该吊弦距中心锚结为 842m，接触线的线胀系数为 $17.4×10^{-6}$/℃，设计最高温度为 40℃，最低温度为 -20℃，求调整温度为 -2℃ 时的吊弦偏移值及应向什么方向偏斜？

解：已知 $L = 842$m，$\alpha_J = 17.4×10^{-6}$/℃，$t_X = -2$℃，$t_P = (40-20)$℃/2 = 10℃
根据式（2-15）得：

$$E = L\alpha_J(t_X - t_P) = 842\text{m} × 17.4×10^{-6}℃^{-1} × (-2-10)℃ = -0.176\text{m}$$

故调整温度为 -2℃ 时的吊弦偏移值为 0.176m，由于 $E<0$，故应向中心锚结方向偏斜。

2.3.5 接触悬挂的检修

接触悬挂的检修包括接触线断线处理、承力索断线处理、接触网吊弦检修等。

1. 接触线断线处理

接触线断线烧损的主要原因有接触线硬点、导电回路不同、安全距离不够、接触网线索存在非正常电流转换、拉弧、短路等。

（1）主要工具和材料 接触线抢修的主要工具有钢丝绳滑轮组、大绳滑轮组、手扳葫

芦、紧线器、断线钳、钢锯、平挫。主要材料包括接触线接头线夹、接触线、承力索、短接线、双耳楔形线夹、电连接线、电连接线夹。

（2）处理方法　接触线断线后，首先要迅速查明断线的准确位置和断口两侧接触线的损伤情况，并查明断线波及范围和其他设备损伤情况，据此确定抢修方案。

1）导线两侧断头损伤轻微且废弃长度很小（高温季废弃长度<600mm，冬季废弃长度<300mm）时，可以采取直接紧线做接头、不降弓通过的抢修方案。选用钢丝绳滑轮组+大绳滑轮组的方式将断线拉近，再用手扳葫芦紧线，将两边断头挫平做接头，恢复行车。注意检查接头是否平滑，确保接头不打弓。同时对事故波及范围的支撑定位装置、中心锚结、锚段关节及下锚补偿装置进行检查调整。

2）导线两侧断头不能直接做接头但损伤废弃长度<5m时，采用钢丝绳滑轮组+大绳滑轮组的方式将断线拉近，再用手扳葫芦直接紧线，用TRJ-120电连接线并接于断口处，两端各用2个电连接线夹夹持。检查并调整相关的支撑定位装置、中心锚结、锚段关节及下锚补偿装置后，采取降弓通过的办法恢复临时行车。

3）若接触线断头损伤严重但支撑定位装置完好，断头损伤废弃长度>5m，可以结合实际从以下四种方法中选择一种进行处理：

① 在两断头间接一段接触线，不降弓。用一段长度适当的接触线先在地面做一个接头，采取钢丝绳滑轮组+大绳滑轮组的方式将断线拉近，再用手扳葫芦紧起做另一接头，检查并调整相关的支撑定位装置、中心锚结、锚段关节及下锚补偿装置后恢复行车。

② 在两断头间接一段接触线，降弓。用一段长度适当的接触线先在地面做一个接头，采取钢丝绳滑轮组+大绳滑轮组的方式将断线拉近，再用手扳葫芦紧起但不取下手扳葫芦，用TRJ-120电连接线并接于断口处，两端各用2个电连接线夹夹持，检查并调整相关的支撑定位装置、中心锚结、锚段关节及下锚补偿装置后，采取降弓通过的办法恢复临时行车。

③ 将两边断头临时锚固，降弓。卸掉两边补偿器坠砣各5~8块，将两边断头用手扳葫芦紧起分别临时锚固在承力索上，用TRJ-120电连接线并接于断口处，两端各用2个电连接线夹夹持。检查并调整相关的支撑定位装置、中心锚结、下锚补偿装置等，使其满足送电行车条件后，采取降弓通过的办法恢复临时行车。

④ 在两断头间接一段承力索，降弓。如果现场有合适长度的承力索（或用承力索做好的短接绳）而无接触线，可以在断口中间加装承力索或短接线（挂紧线器或用钢线卡子），采取降弓通过的办法恢复行车。

2. 承力索断线处理

接触网振动、摩擦、电弧和施工质量等外来因素都会影响承力索的工作状态。接触悬挂处往往采用不同的方式对承力索进行固定，这会造成承力索接触面、接触紧密程度不均匀，引发金属疲劳或者电气烧伤从而造成断股、断线等事故发生。

（1）主要工具与材料　承力索检修的主要工具有钢丝绳滑轮组、大绳滑轮组、手扳葫芦、紧线器、断线钳、锚钎。主要材料包括承力索（短接绳）、钢线卡子、规格合适的楔形线夹（或185型承力索接头线夹）、连接板（或球头挂环、球头连棍）、电连接线、电连接线夹。

（2）处理方法　承力索断线后，首先要迅速查明断线的准确位置和断口两侧承力索的损伤情况，并查明断线波及范围和其他设备破坏情况，据此确定抢修方案。

1）承力索两侧断头损伤轻微且废弃长度很小，用手扳葫芦紧起来就可以。如果是载流区段，则在断口处并接一段载流承力索或 TRJ-120 电连接线。先用钢丝绳滑轮组+大绳滑轮组的方式将断线拉近，再用手扳葫芦紧线，送电通车。对事故波及范围内的支撑定位装置、中心锚结、锚段关节以及下锚补偿装置进行检查调整。

2) 若承力索断头损伤较为严重，断头损伤废弃长度>5m，可以结合实际从以下两种方法中选择一种进行处理：

① 在两断头间接一段承力索。用一段长度适当的承力索先在地面做一个接头，采取钢丝绳滑轮组+大绳滑轮组的方式将断线拉近，再用手扳葫芦紧起做另一接头；或者不取下手扳葫芦，用 TRJ-120 电连接线并接于断口处，两端各用 2 个电连接线夹夹持。检查并调整相关的支撑定位装置、中心锚结、锚段关节及下锚补偿装置后恢复行车。

② 两断头分别临时锚固。站场承力索断线，可以卸掉两边补偿器坠砣各 5～8 块，两边断头分别临时锚固在相邻线路的承力索上；隧道承力索断线，可以卸掉两边补偿器坠砣各 5～8 块，两边断头分别临时锚固在邻近的滑轮支架上；如果线路附近有可以利用的其他可靠建筑物、杆塔、树木等，也可以将两断头通过绝缘子锚固（必要时先打临时拉线）。

断头锚固后，在两边断头处线索间合适位置各加装一组纵向电连接，载流区段还需在断口处加装电连接短接线，检查并调整相关的支撑定位装置、中心锚结、锚段关节及下锚补偿装置、测量接触线高度后恢复行车。

3. 承力索、接触线同时断线处理

承力索、接触线同时断线时，参照接触线断线和承力索断线的方法，根据承力索、接触线各自损伤废弃长度、设备破坏情况和现场工具、材料灵活确定处理方法。

1) 接触线损伤废弃长度较小且其他设备破坏程度较轻，可以临时紧起承力索，对接触线做接头进行恢复，不降弓；或分别临时紧起承力索和接触线，在断口处加装电连接短接线，降弓通过。

2) 接触线损伤废弃长度较长且恢复时间较长，则采取临时紧线降弓通过的方法进行处理。可以根据线索受损及紧线难易情况，先紧起承力索（或接触线），再将接触线（或承力索）两端分别锚固在承力索（或接触线）上，并将接触线（或承力索）两端补偿器坠砣卸掉 5～8 块。接触线和承力索间需用电连接连通，保证主导电回路畅通。

3) 接触线和承力索损伤弃废很长且设备破坏严重，抢修恢复难度极大，但故障地段线路坡度、故障范围符合设置降弓通过的条件，可以将断口两端线索分别临时锚固，对故障区段内其他设备进行清理（不侵入限界即可），合上隔离开关，断口近端由本馈线供电，远端由相邻变电所馈线越区供电，临时开通线路。

4. 接触线、承力索断线抢修作业的注意事项

1) 断线故障发生后，首要要迅速查明断线的准确位置和断口两侧线索的损伤情况，并查明断线波及范围和其他设备破坏情况，据此确定最佳抢修方案。

2) 断线故障抢修中，必须安排专人对全锚段设备进行巡视，特别要注意观察中心锚结、线岔、补偿装置、锚段关节等设备状态变化及支撑定位装置、吊弦偏移，并综合考虑季节、气温变化对设备的影响，杜绝二次事故发生。

3) 挂钢丝绳滑轮组紧线应注意方向，定滑轮挂在中心锚结侧，动滑轮组挂在补偿器侧。

4) 接触线断线做接头，紧线器须打在线面正下方。

5) 紧线时信息反馈要及时、准确，防止补偿绳出槽或紧线过度损伤设备，发生意外。

6）断线断口未彻底恢复，即接触线、承力索断口用手扳葫芦连接、接触线断口用承力索连接、承力索两断口分别临时锚固、载流承力索断口用非载流线材连接等，必须在断口处并接 RTJ-120 电连接线，确保主导电回路畅通。

7）手扳葫芦不取下时，摇把要用钢线绑扎牢靠，确保不影响电动列车通过。

8）抢通后降弓通过，必须保证接触线高度和其他部件底面高度符合要求，防止电动列车通过时因绝缘距离过小发生间隙放电。

9）一个锚段内接触线接头和补强线段的总数以及承力索接头、补强、断股的总数均不得超过下列规定：

① 锚段长度在 800m 及以下时为 4 个。

② 锚段长度超过 800m 时为 8 个。

5. 吊弦检修

（1）检修内容

1）检查吊弦是否有散股、断股、锈蚀现象。

2）检查吊弦线夹有无偏斜打弓现象。

3）测量吊弦偏移值。

4）测量吊弦线夹处接触线导高，并根据标准值调整可调吊弦长度。

5）测量并调整吊弦间距。

6）检查载流环状态。

7）按照力矩要求对吊弦线夹进行紧固。

（2）检修标准

1）吊弦线无散股、断股、锈蚀现象。

2）吊弦线断股超过 2 股时，需更换新的吊弦。

3）吊弦线夹在直线处应保持铅垂状态，曲线处应与接触线的倾斜度一致。

4）吊弦线在平均温度时应保持铅垂状态，极限温度时顺线路方向的偏移值不得大于吊弦长度的 1/3。

5）吊弦在跨中均匀布置，吊弦间距符合设计要求，位置偏差不超过 ±50mm。

6）载流环固定在吊弦线夹螺栓的外侧，下部载流环朝向列车前进方向，上部载流环布置在另一侧，端子压接状态良好。

2.4 定位装置技术与检修

【学习目标】

1）掌握定位装置的组成及特点。

2）掌握常见的定位方式。

3）掌握之字值、拉出值的检调方法。

2.4.1 定位装置的组成

定位装置由定位管、定位器、定位线夹及其连接部件组成，如图 2-59 所示。

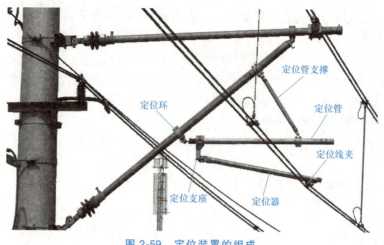

图2-59 定位装置的组成

1. 定位管

（1）普通定位管　设置普通定位管的目的是固定定位器并且使其在水平方向和坡度方向便于调节，使定位装置结构较灵活，增加定位点的弹性。普通定位管是用镀锌钢管加工制成的，尾部有定位钩，定位钩通过定位环固定在腕臂上。普通定位管结构如图2-60所示。

（2）T型定位管　T型定位管又称为套筒式定位管，它与普通定位管的尾部不同，在尾部加焊了一段套管代替定位钩，便于与棒式绝缘子配套并增加其尾部的机械强度。T型定位管结构如图2-61所示。T型定位管多用于隧道定位和多线路腕臂支柱装配。

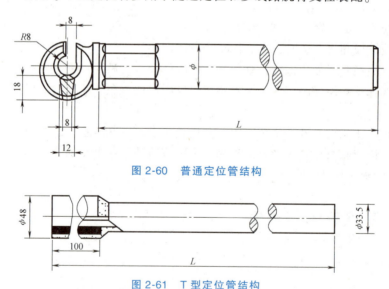

图2-60 普通定位管结构

图2-61 T型定位管结构

2. 定位器

定位器是定位装置中关键的部件，其作用是通过定位线夹把接触线按设计标准的拉出值要求，固定在一定位置，保证接触线工作面平行于轨面，并承受接触线的水平力。

定位器的质量要轻，一般采用镀锌钢管或轻型铝合金材料，在定位点处不应产生硬点或集中质量，保持定位点的弹性系数尽量和跨距中部的状态接近或一致。同时，在铅垂方向应有足够的灵活性及能适应受电弓较大的抬升量。

为了防止定位器碰撞受电弓，要求定位器安装后应有一定的倾斜度（现场称为定位坡度），倾斜度要求为 1∶5~1∶10。

定位器在平均温度时，应该垂直于线路中心线，温度变化时，沿接触线纵向偏移在极限温度下，不得超过定位器管长的 1/3。

定位器从形状上可分为直管定位器、弯管定位器、特型定位器等，如图 2-62 所示；从功能上可分为限位定位器与非限位定位器，限位定位器可以限制接触线抬高量，避免因定位器抬升过大引发碰弓事故。

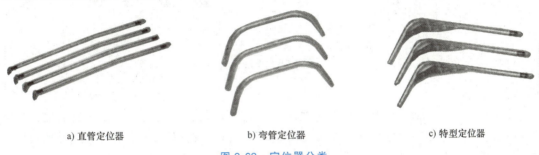

a) 直管定位器　　　　b) 弯管定位器　　　　c) 特型定位器

图 2-62　定位器分类

3. 定位线夹

定位线夹的作用是在接触线定位处连接接触线和定位器，不同型号的定位线夹分别适用于截面面积为 150mm²、120mm²、110mm²、85mm² 等的接触线。定位线夹由两面组成，一面为有环夹板，另一面为无环夹板，通过螺栓连接，安装时必须把线夹入槽，紧固扭力为 25N·m，有环夹板处于受力方向的外侧。定位线夹实物如图 2-63 所示，结构如图 2-64 所示。

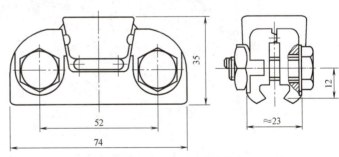

图 2-63　定位线夹实物　　　　图 2-64　定位线夹结构

2.4.2　常见的定位方式

定位装置对接触线实行横向定位，根据支柱所处位置、作用及地形条件不同，定位方式也不同。定位方式一般有正定位、反定位、软定位、组合定位及 ZC 定位。

1. 正定位

通过定位管和定位器将接触线拉向支柱侧的定位方式称为正定位。这种定位方式应用十分广泛，在直线区段或曲线半径较大的区段（$R = 1200 \sim 1400$m）采用此种方式。定位器的一端利用定位线夹固定接触线，另一端通过定位钩与定位管上的定位器支座连接，定位管又通过定位环固定在腕臂上。正定位如图 2-65 所示。

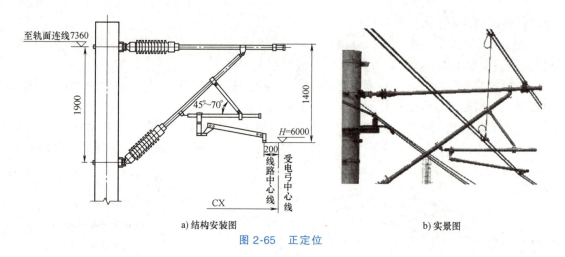

a) 结构安装图　　　　　　　　　　　　b) 实景图

图 2-65　正定位

2. 反定位

反定位一般用于曲线内侧支柱或直线区段"之"字值方向与支柱位置相反的地方。定位管较长，呈水平状态。定位支座安装在长定位管的远离支柱端。定位器通过尾端的定位钩挂在定位管远端的定位支座上。反定位如图 2-66 所示。

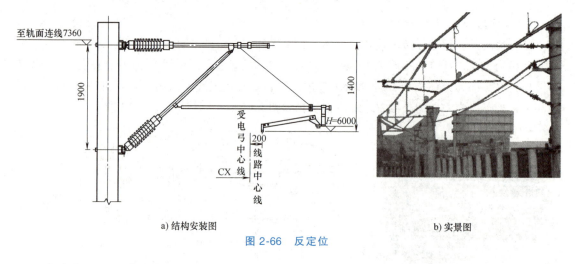

a) 结构安装图　　　　　　　　　　　　b) 实景图

图 2-66　反定位

在直线区段和曲线半径较大的区段，正定位和反定位交替设置，从而保证接触线沿线路方向呈"之"字形布置。

3. 软定位

软定位用于小半径曲线外侧支柱上，由弯管定位器通过两股镀锌钢线或钢绞线固定在绝缘腕臂的定位环内。这种定位方式只能承受拉力，而不能承受压力，适用于曲线 $R \leqslant 1000\mathrm{m}$ 的区段。软定位结构安装如图 2-67 所示。

4. 组合定位

组合定位适用于锚段关节的转换柱、中心柱以及道岔柱等处的定位。这些地方均有两组悬挂在同一支柱处，分别固定在所要求的位置上。组合定位的方式较多，各种组合定位的作用也不相同，主要是根据各种各样的地形条件及悬挂条件来决定。图 2-68 为转换柱处的组合定位，图 2-69 为道岔柱处的组合定位。

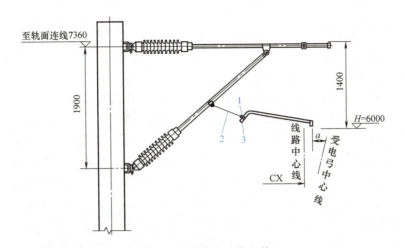

图 2-67 软定位结构安装

1—定位环　2—定位拉线　3—软定位器

图 2-68 转换柱处的组合定位

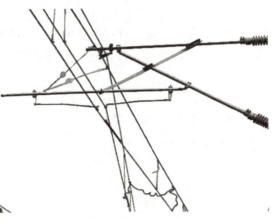

图 2-69 道岔柱处的组合定位

5. ZC 定位

ZC 定位是城市轨道交通接触网系统中一种特殊的正定位形式,此种定位方式不设定位器,而是在定位管上安装支持器或者长支持器进行接触线定位,如图 2-70 所示。

2.4.3 "之"字值、拉出值的测量与调整

定位器将接触线固定在轨道上方规定的位置处称为接触线定位,定位器定位线夹与接触线连接处称为接触线定位点。定位点至受电弓中心运行轨迹的水平距离,在直线区段称为"之"字值,在曲线区段称为拉出值,一般用符号"a"表示。"之"字值和拉出值的作用是使受电弓滑板磨耗均匀并将接触线限制在受电弓安全工作范围之内,防止发生脱弓和刮

图 2-70 ZC 定位

弓事故。

1. "之"字值（拉出值）的大小

接触线的"之"字值（拉出值）的大小由电动列车受电弓最大允许工作范围、线路情况、行车速度等因素决定。

在城市轨道交通直线区段，线路中心线与机车受电弓中心线重合，接触线沿线路中心线上空呈"之"字形对称布置。城市轨道交通线路柔性接触网的"之"字值标准为±200mm；电气化铁路中，车速小于120km/h的区段，"之"字值标准为±300mm，车速大于120km/h的区段，"之"字值标准为±200mm。"之"字值允许误差范围是±30mm。"之"字值的正负表示定位点处接触线的位置，当定位点位于线路中心线和支柱之间时，记为正，否则记为负。

在曲线区段，为解决电动列车运行时产生的离心力，将曲线外侧轨面抬高，称为外轨超高。曲线外轨超高值与列车运行速度和曲线半径大小有关。曲线段由于外轨超高，电动列车向曲线内侧倾斜，造成受电弓中心线与线路中心线不重合，产生偏移距离（符号"c"表示），拉出值 a 在曲线段上会随曲线半径不同而有所差异，具体数值可查阅接触网设计平面图，拉出值的允许误差范围是±30mm。

2. "之"字值与拉出值的检调

由于电动列车运行过程中受电弓产生的振动造成定位装置上零部件的松脱会使拉出值变化，一般在春秋两季（接近设计平均温度）根据接触网设计平面图对接触网的拉出值进行检调。

在直线区段，由于线路中心线和受电弓中心线重合，现场对接触线"之"字值施工或者检修时，利用线坠和道尺，可以方便地确定接触线与线路中心线的水平距离，测量出"之"字值。

在曲线区段，由于线路外轨超高，电动列车倾斜使得受电弓中心线和线路中心线不重合，产生了一定的偏斜距离，在检调过程中，无法直接测量定位点处接触线距受电弓中心线的水平距离（即拉出值 a），只能通过定位点处接触线对线路中心线投影的位置（m 值）间接确定对受电弓中心线的位置，曲线区段检调示意图如图2-71所示，图中 c 值是线路中心线距电动列车受电弓中心线的偏斜距离。

a 值、m 值和 c 值三者之间的关系为

$$a = m + c \tag{2-16}$$

式中各参数单位均为mm。

m 值在现场可通过线坠和道尺测得，测量方法如图2-72所示。在位点处下垂线坠至轨平面，测量线坠尖端至线路中心的距离，由于线路中心不易确定，可先测量至近轨距离 L_1，然后用半个轨距 $L/2$ 减去该距离，即为 m 值。

c 值可利用图2-71中的几何关系求出：

$$c = \frac{hH}{L} \tag{2-17}$$

式中　c——线路中心线距电动列车受电弓中心线的偏斜距离（mm）；

　　　h——曲线外轨超高（mm）；

　　　H——定位点处接触线距轨面的高度（导高）（mm）；

　　　L——轨距（mm）。

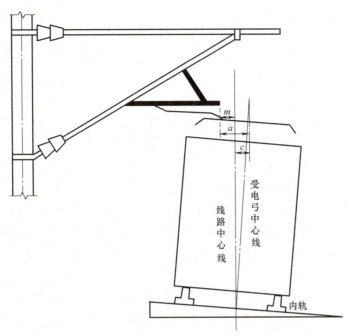

图 2-71　曲线区段检调示意图

外轨超高 h 值可根据线路曲线半径和线上列车允许通过的最大时速而定,《地铁设计规范》(GB 50157—2013) 中规定最大超高值为 120mm。

$$h = \frac{7.6 v_{max}^2}{R} \quad (2\text{-}18)$$

式中　h——曲线外轨超高 (mm);
　　　v_{max}——线路允许最大的行车速度 (km/h);
　　　R——线路曲线半径 (m)。

外轨超高值也可查表 2-2 确定。现场检调时, 超高值一般采用现场测量值。

图 2-72　m 值测量方法

表 2-2　曲线外轨超高参考值

半径 R/m	最大行车速度 v_{max}/(km/h)									
	30	40	50	60	70	80	90	100	110	120
	外轨超高值/mm									
300	25	40	65	90	125	—	—	—	—	—
400	15	30	50	70	95	120	—	—	—	—
500	15	25	40	50	75	95	120	—	—	—
600	10	20	30	45	60	80	100	125	—	—
700	10	15	25	40	55	70	90	110	—	—

(续)

半径 R/m	最大行车速度 v_{max}/(km/h)									
	30	40	50	60	70	80	90	100	110	120
	外轨超高值/mm									
900	10	15	20	30	40	55	70	85	100	120
1200	—	10	15	25	30	40	50	65	75	70
1600	—	—	10	15	25	30	40	50	60	70
1800	—	—	10	15	20	25	35	40	50	60
2000	—	—	10	15	20	25	30	35	45	55

导高 H 值可以在现场实际测量得到，若导高为 6000mm，c 值可简化计算为 $c \approx 4h$。

轨距 L 值是指两钢轨顶面向下 16mm 处之间的距离，可以用道尺测量得到。我国轨道交通直线区段标准轨距为 1435mm；曲线区段，为使列车圆滑地通过曲线，轨距有所加宽，具体见表 2-3。

表 2-3 曲线区段轨距参考值

曲线半径 R/m	651 以上或直线	451~650	351~450	350 以下
轨距 L/mm	1435	1440	1445	1450

曲线区段拉出值检调的具体步骤如下：

（1）确定计算条件　a 值为设计标准拉出值，一般可在接触网平面图中查到。如果图中没有标注，可参考表 2-4。通过现场实测可以得到 h、H、L，计算出 c 值，并测量出实际 m 值（$m_{实}$）。

表 2-4 拉出值参考值

曲线半径 R/m	$180 \leqslant R \leqslant 1200$	$1200 < R < 1800$	$1800 \leqslant R$	直线
轨距 L/mm	400	250	150	±300

（2）确定标准 m 值（$m_{标}$）　由 a 值推导出标准 m 值（$m_{标}$）。m 值有正负之分，当接触线定位点投影在线路中心线与外轨间时 m 值为正值，当在线路中心线与内轨间时 m 值为负值。计算公式为

$$m_{标} = a - c \tag{2-19}$$

（3）利用 $m_{标}$ 指导施工、检调，确定接触线的水平位置　检调时，$m_{标}$ 与实际测得的 $m_{实}$ 相比较，如果 $m_{标}$ 和 $m_{实}$ 的误差小于规定值（±30mm）时可以不调整；误差大于规定值（±30mm）时应该进行调整。Δm 为标准位置 $m_{标}$ 和现场实际位置 $m_{实}$ 的差值，如下：

$$\Delta m = m_{标} - m_{实} \tag{2-20}$$

在拉出值检调过程中，将定位点向曲线外侧移动，称为拉；将定位点向曲线内侧移动，称为放。当 Δm 为正时，需要将定位点向曲线外侧拉 Δm；当 Δm 为负时，需要将定位点向曲线内侧放 Δm，现场简称为"正拉、负放、零不动"。

接触网检调的关键是测量 $m_{实}$，比照 $m_{标}$。为了提高接触网几何参数测量效率和精度，广泛使用各种先进的接触网激光几何参数测量仪进行测量和检调，如图 2-73 所示。

【例 2-3】 某支柱定位点接触线高度为 6000mm，所处曲线半径为 600m，轨距为 1440mm，设计拉出值为 400mm，外轨超高为 60mm，试：确定该定位点接触线距线路中心线的距离；若现场实测该定位点接触线投影在线路中心线至外轨之间，且距线路中心线距离为 100mm，是否应该调整？

解：已知 $H=6000$mm，$h=60$mm，$R=600$m，$L=1440$mm，$a=400$mm，则

图 2-73　多功能接触网几何参数测量仪

$$c=\frac{hH}{L}=\frac{60\times 6000}{1440}\text{mm}=250\text{mm}$$

$$m_{标}=a-c=400\text{mm}-250\text{mm}=150\text{mm}$$

即该定位点处接触线的位置应在线路中心线至外轨之间且距线路中心线距离为 150mm。

现场实际定位处接触线投影在线路中心至外轨之间，且距线路中心线距离为 100mm，即 $m_{实}=100$mm。

$$\Delta m=m_{标}-m_{实}=150\text{mm}-100\text{mm}=50\text{mm}$$

根据计算得出 $\Delta m=50$mm，根据"正拉、负放、零不动"原则，应使定位处接触线向外轨侧拉 50mm。

【例 2-4】 某区间支柱定位点接触线高度为 6000mm，所处曲线半径为 500m，设计拉出值为 400mm，外轨超高为 120mm，轨距 1500mm，试确定该定位点接触线距线路中心线的距离。

解：已知 $H=6000$mm，$h=120$mm，$R=500$m，$L=1500$mm，$a=400$mm，则

$$c=\frac{hH}{L}=\frac{120\times 6000}{1500}\text{mm}=480\text{mm}$$

$$m_{标}=a-c=400\text{mm}-480\text{mm}=-80\text{mm}$$

定位点处接触线的位置应在线路中心线至内轨之间，距离线路中心线的距离为 80mm。

2.4.4　定位装置的检修与维护

1. 主要工具

主要工具包括接触网多功能检测仪、钢丝套子、手扳葫芦、钢卷尺、水平尺、扭面器、温度计、大绳、小绳、滑轮、滑轮组、梅花扳手、力矩扳手、螺钉旋具、安全帽、电工工具、安全带、验电器、接地线、钢丝刷、绝缘手套、绝缘靴、线坠等。

2. 主要材料

主要材料包括定位管、定位线夹、定位环、防风拉线、防风拉线环、支持器、定位器、定位管卡子、定位支座、防风支撑、斜拉线、螺栓、开口销、管帽、$\phi 1.6$mm 镀锌钢线、$\phi 4.0$mm 镀锌钢线、黄油等。

3. 定位装置参数测量检查

（1）定位器偏移　使用激光测量仪测量出定位器相对于支柱中心垂直线路方向的偏移值，根据当时的气温和支柱距中心锚结的距离，参照安装曲线确定偏移量是否超标。

(2) 定位器坡度

1) 用水平尺测量定位器坡度:将水平尺放在定位器上方,调平的同时用钢卷尺测量出高度差,计算出定位器坡度,定位器坡度=两点高度差/水平尺长度。

2) 用接触网激光测量仪测量定位器坡度:在曲线区段时,调平接触网激光测量仪;用激光测量仪分别测量出定位器下方两点对轨平面的高度,计算出两点高度差,在激光测量仪的轨道尺上计算出两点的距离差。

(3) 限位间隙　在接触网高度符合标准的前提下,用异径塞钉测量限位间隙是否符合标准。

(4) 定位器状态　检查定位器有无弯曲、损坏和刮碰痕迹。

(5) 斜拉线、防风支撑状态　检查斜拉线、防风支撑有无锈蚀、损坏。

(6) 定位线夹状态　检查定位线夹有无裂纹、损伤、倾斜,受力面安装是否正确。

(7) 各部件状态　检查定位管、定位环、定位器、定位支座、支持器、套管绞环等各部件是否有裂纹、损伤、短缺。检查各部螺栓紧固及受力是否良好,是否有脱扣、锈蚀缺陷,垫片是否齐全,各部位连接是否正确。

4. 定位装置调整

(1) 定位器偏移值不符合标准

1) 根据测量数据,确定调整方向和调整量。

2) 确认腕臂偏移正确。否则先在承力索上做好标记,松动承力索线夹螺栓,推动腕臂移到标准位置。

3) 用手扳葫芦等工具,将定位器卸载,松动定位线夹螺栓,将定位器调至标准位置,按标准力矩紧固。

4) 拆除手扳葫芦。

(2) 定位器坡度不符合标准

1) 在保证接触网高度的前提下,确认调整量和调整方向。

2) 利用大绳或手扳葫芦等工具,将定位器卸载,松动定位环螺栓,调整定位管高度。

3) 调整后用激光测量仪或水平尺复测定位器坡度,直至符合要求。

4) 所有参数都符合要求后,用力矩扳手对各部螺栓进行紧固。

(3) 定位器弯曲、损坏:更换

1) 将定位器卸载。

2) 松动定位线夹螺母,使定位器与接触线脱离,拆除定位器。

3) 更换定位器,紧固定位线夹螺母。

4) 拆除大绳或手扳葫芦。

5) 复测调整后的拉出值,直至符合标准,否则重新调整。

(4) 斜拉线、防风支撑损坏、严重锈蚀:更换

1) 用手扳葫芦一端挂在承力索上,另一端挂在接触线上。

2) 紧动手扳葫芦,使定位管不受力。

3) 松开定位管卡子,拔出螺栓,拆除旧斜拉线或防风支撑。

4) 更换新斜拉线或防风支撑,调整定位管卡子的位置,使定位管坡度符合标准。

5) 按标准力矩紧固连接螺栓。

6）拆除大绳或手扳葫芦。

（5）检查定位线夹状态

1）定位线夹有裂纹或损坏：更换定位器或定位线夹。

2）定位线夹受力面装反：将定位器卸载，松动定位线夹螺栓，反面后按标准力矩紧固。

3）定位线夹倾斜：调整定位器坡度或将接触线接触面扭正。

（6）检查各部件状态

1）检查定位管（定位管终端线夹内安装有带槽销钉）、定位环、定位器、定位支座、支持器、套管绞环等各部件是否有裂纹、损伤、短缺，存在缺陷时应更换、补齐。方法参照定位器、斜拉线更换。

2）检查各部螺栓紧固及受力是否良好，是否有脱扣、锈蚀缺陷，垫片是否齐全，各部位连接是否正确，存在缺陷的处理。

5. 复测

复测各部位技术参数，应符合技术标准。

6. 注意事项

1）拉出值、定位坡度、定位偏移不得超过安全值，线夹不得偏斜，不得造成定位硬点。

2）拉出值调整要考虑接触线与承力索的布置，保证其连线能够垂直于轨面连线，在曲线区段要防止承力索向区线外侧偏斜。

3）安装定位器上的定位线夹时，应使其螺母受压，定位线夹与接触线接触面应涂电力复合脂。

4）定位环应沿线路方向垂直安装，定位管上定位环或定位支座的安装位置距定位管根部不小于40mm，定位装置各部件之间应连接可靠，定位钩与定位环的铰接状态良好。

2.5 线岔技术与检修

【学习目标】

1）掌握交叉线岔的结构组成。
2）掌握交叉线岔的定位及安装技术要求。
3）掌握交叉线岔的检修方法。

2.5.1 交叉线岔结构与技术要求

1. 结构组成

交义线岔由两根相交接触线、一根限制管和定位线夹等组成，结构如图2-74所示。限制管两端用定位线夹固定在下面的接触线上，并能使限制管和下面接触线间有一定间隙，使上方接触线在间隙内自由移动。限制管的主要作用是当一组接触悬挂被受电弓抬高时，另一组接触悬挂的接触线也能同时抬高，消除两接触线的高度差，避免出现刮弓、钻弓现象，如图2-75所示。

限制管用 3/8in（1in=25.4mm）镀锌钢管加工制成，两端扁平有圆孔用以固定定位线夹。其长度根据所安装接触线处至中心锚结的距离确定，当距离小于 500m 时，采用 500 型；当距离大于 500m 时，采用 700 型。

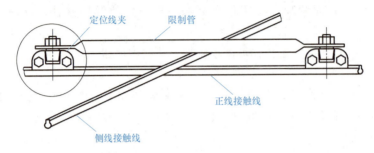

图 2-74 线岔结构

图 2-75 线岔

线岔在平均温度安装时，限制管中心应与接触线交叉点重合；安装温度高于平均温度时，应略偏于下锚方向；安装温度低于平均温度时，应略偏于中心锚结方向。

电客车受电弓从一支接触线进入线岔交叉点，开始碰上另一支接触线的位置称为线岔的始触点。规程规定一支接触线到另一支接触线距离为 500mm 的位置为始触点，两侧始触点之间的范围称为始触区，如图 2-76 所示。

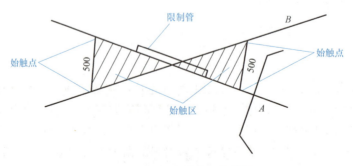

图 2-76 线岔始触点和始触区

2. 线岔定位

线岔定位是指两导线交叉点的投影点在道岔导曲线两内轨间的位置，其位置与道岔类型有关。对于单开道岔，标准定位时，两支接触线在轨道平面上的投影应相交于道岔导曲线两内轨距为 630~1085mm 的横向中间位置处（允许误差 50mm），最佳应位于两内轨距 745mm 处的中点上，如图 2-77 所示。

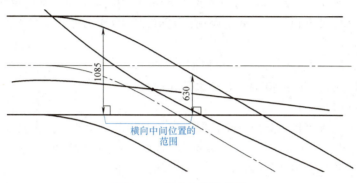

图 2-77　线岔定位的范围

3. 安装技术要求

1）在线岔的交叉点处，正线或使用频繁的接触线要在下方。

2）在平均温度时，限制管的中心应位于接触线的交叉点处。

3）限制管应安装牢固，并使两支接触线有一定的活动间隙，以确保接触线自由伸缩无卡滞。

4）在线岔的两侧，当两支接触线均为工作支时，其始触点处导高应相等，高差不超过 10mm，且侧线高度不得低于正线；两支接触线中有一支为非工作支时，则非工作支接触线抬高一般为 50mm。

5）限制管无变形、开裂、松动、磨损、烧伤现象。

6）定位线夹安装牢固，其螺栓不磨另一支限制管或接触线。

7）限制管与定位线夹的连接应呈绷直状态。

4. 线岔处常见的故障

1）线岔始触点处两工作支导线不等高，造成受电弓钻弓事故。

2）线岔一端的非工作支导线抬高不够，造成受电弓钻弓事故。

3）线岔始触点有硬点，该处接触线磨耗严重，易发生断线事故。

4）限制管、接触线连接处定位线夹松动，造成限制管脱落引发弓网事故。

2.5.2　线岔的检修与调整

接触网线岔调整的目的是使接触网线岔与运行中的受电弓接触良好，以达到保证授流质量的目的。

1. 主要工具

主要工具包括绝缘测杆、钢卷尺、线坠、道尺、多功能测量仪、车梯、安全工具、防护工具、接触线矫正扳手等。

2. 主要材料

主要材料包括限制管、定位线夹、开口销、吊弦线夹、平头螺栓、平垫片、防松垫片、电连接线夹、防锈漆、φ4.0mm 镀锌钢线等。

3. 交叉线岔参数测量

1）用绝缘测杆将线坠挂在两支接触线交叉点上，测量两支接触线交叉点位置。具体为：测量两支接触线交叉点距内轨的距离是否在 630～1085mm 范围内，用两内轨距离的一半减去两支接触线交叉点距任一内轨的距离的差值计算两支接触线交叉点横向位置的误差，误差不得超过 50mm。

2）测量工作支、非工作支定位点拉出值。

3）测量两支接触线相距 500mm 处的水平和抬高。

4. 交叉线岔调整

检测发现线岔的垂直投影超出安全值时，对单开线岔，大致可分为以下三种情况：

1）两导线交叉点的垂直投影在两内轨相距 630～1085mm 范围内，但不在两内轨夹角的角平分线上，且超出允许误差范围 可采取如下办法调整：

① 测横向偏移值。

② 松动定位环螺栓或支持器顶丝，将两根导线向同一方向调整，使之标准，注意定位点拉出值不得超出规定。

2）两导线交叉点的垂直投影超出 630～1085mm 范围，但处在两内轨夹角的角平分线上 可采取如下办法调整：

① 对照检测记录复测垂直投影位置。

② 调整定位器来满足其标准，并注意两导线反向等距调整，拉出值不得超出规定。

③ 若两导线交叉点的垂直投影大于 1085mm，可增大 α（正线与侧线夹角）角度，如图 2-78 所示。

④ 若两导线交叉点的垂直投影小于 630mm，可缩小 α 角度。

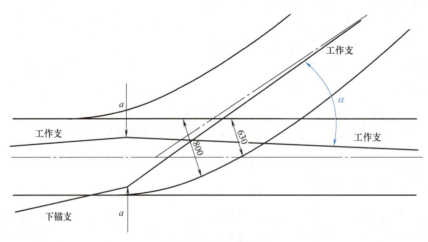

图 2-78 α 角度图示

3）两导线交叉点的垂直投影超出 630～1085mm 范围，并且不在两内轨夹角的角平分线上 可采取如下办法调整：

① 对照检测记录复测交叉点位置。
② 先拆除限制管或松动限制管两端固定线夹,调至需要位置。
③ 将线坠挂于正线接触线并位于两内轨相距 630~1085mm 范围内,然后调整正线定位拉出值,直至符合 630~1085mm 的横向中心位置。
④ 调整侧线或下锚支定位拉出值,直至该线交于线坠处,则该点就是两支接触线的交叉点。
⑤ 安装限制管,符合技术要求。

5. 注意事项

1) 作业组两端设好行车防护,注意避让列车。
2) 线岔检修要综合考虑各部位参数(定位器坡度、导高、拉出值)的配合关系。
3) 电连接线夹拆卸时,不要同时打开接触线、承力索线夹,如果必须打开时,先加装短接线。
4) 作业完毕要进行参数复测。

2.6 锚段关节技术与检修

【学习目标】

1) 掌握锚段的作用。
2) 掌握确定锚段长度的因素。
3) 了解城市轨道交通锚段长度的规定。
4) 掌握锚段关节的类型及结构特点。
5) 掌握锚段关节检修的处理方法。

2.6.1 锚段与锚段长度

1. 锚段

为满足供电和机械受力方面的需要,将接触悬挂分成若干一定长度且相互独立的分段,这种独立的分段称为锚段,锚段结构如图 2-79 所示。

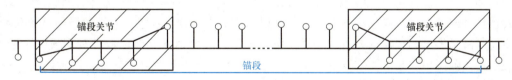

图 2-79 锚段结构

锚段的作用体现在以下三个方面:

(1) 缩小事故范围 当发生断线或支柱折断等事故时,由于各锚段间在机械受力上是独立的,可使事故限制在一个锚段内,缩小了事故范围。

(2) 方便张力补偿 便于在锚段两端的接触线和承力索设置补偿装置,以调整线索的弛度与张力,改善弓网关系,提高授流质量。

(3) 增加供电灵活性 有利于实现电分段,配合开关设备,满足供电方式的需要,可实现一定范围内的停电检修作业。

2. 锚段长度

（1）确定锚段长度的因素

1）补偿装置的补偿范围。补偿装置可以调整接触线的张力和弛度，满足弓网授流的需求，一旦补偿装置到达地面或升得太高将失去补偿作用，受到补偿器补偿范围的影响，锚段长度不可能太长。

2）承力索、接触线的张力差。在各支柱处腕臂的左侧和右侧会产生一个张力差，张力差太大会使得接触线弹性不均，影响授流。补偿器处张力为0，中心锚结处最大。对于半补偿链形悬挂，设计规定其张力差不超过接触线额定张力的±15%；对于全补偿链形悬挂，除满足接触线张力差外，要求承力索张力差不超过承力索额定张力的±10%。

3）列车运行速度。列车运行速度越快对接触网稳定性的要求越高，锚段长度应适当减小。

（2）锚段长度

1）电气化铁路中接触网锚段长度。电气化铁路中接触网锚段长度与线路允许列车运行速度相关，见表2-5。

表2-5 电气化铁路中接触网锚段长度

最高时速/(km/h)	位置		
	区间/m	站场/m	隧道
160	1600	1700	隧道内一般不分锚段，但隧道长度超过2000m时，应划分锚段
200	1500	1700	
350	1400	1600	

2）城市轨道交通中接触网锚段长度。城市轨道交通接触网中，750～1600m称为长锚段，设置两套张力自动补偿装置、一组中心锚结和若干跨距；150～750m称为短锚段，包含一套张力自动补偿装置、一组硬锚和若干跨距；150m以下称为小锚段，包含一套张力自动补偿装置、一组硬锚和若干跨距。

2.6.2 锚段关节

相邻两个锚段互相衔接的部分称为锚段关节。锚段关节结构复杂，其工作状态的好坏直接影响接触网供电质量和电动列车取流。锚段关节的作用如下：①实现接触网的机械和电气分段，以满足供电和授流的要求；②使受电弓平稳、安全地从一个锚段过渡到另一个锚段；③便于在接触网中安装必要的机电设备。

1. 三跨非绝缘锚段关节

（1）结构组成　三跨非绝缘锚段关节结构如图2-80所示，包括两根锚柱、两根转换柱、接触悬挂及电连接线，由三个跨距组成，由于在电气方面仍然连通，又称为电不分段锚段关节。

图2-81为锚柱，图2-82为转换柱。转换柱承载两支接触悬挂，一支为工作支，一支为非工作支。在锚段关节内，有两组接触悬挂，其中与受电弓接触授流的悬挂为工作支，另一组接触悬挂的接触线通过抬高脱离受电弓接触后下锚，被称为非工作支。

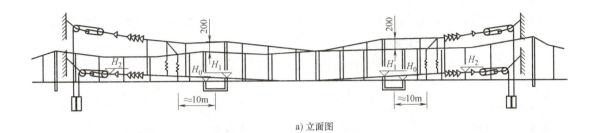

a) 立面图

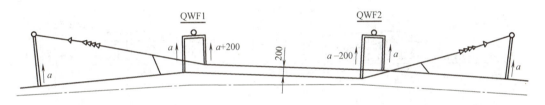

b) 平面图(直线区段)

c) 平面图(曲线外侧)

图 2-80 三跨非绝缘锚段关节的立面图和平面图

图 2-81 锚柱

图 2-82 转换柱

(2)技术要求

1)锚段关节内,两转换柱间的两条接触线在水平面上的投影应平行,线间的距离为200mm,最大允许误差为±20mm。

2)锚段关节接触线在两根转换柱的中点处等高,即在立面图中,两支接触线交点在跨距中心处。

3)转换柱处,非工作支接触线比工作支接触线抬高200mm,最大允许误差为±20mm。

4)下锚柱处,非工作支比工作支抬高500mm,最大允许误差为±20mm。

5)连接两锚段电路的两组电连接线,应分别装在两根转换柱的锚柱侧距离转换柱10m左右位置。

2. 四跨绝缘锚段关节

(1)结构组成 四跨绝缘锚段关节结构如图2-83所示,包括两根锚柱、两根转换柱和一根中心柱组成,由四个跨距组成。电动列车受电弓在中心柱处实现两锚段的转换和过渡,两锚段靠安装在转换柱上的隔离开关实现电气连接。四跨绝缘锚段关节的中心为中心柱,承载两支接触悬挂均为工作支。

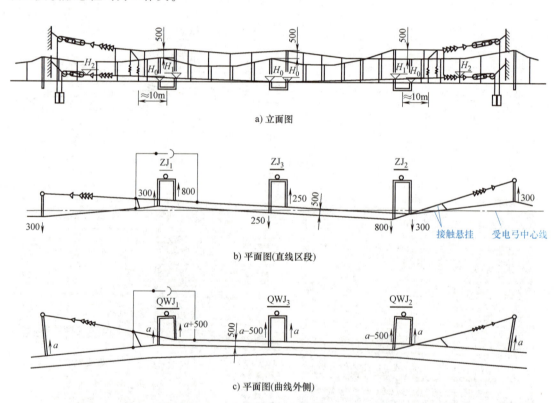

图2-83 四跨绝缘锚段关节的立面图和平面图

(2)技术要求

1)两根转换柱间接触线的线间距离为500mm,最大允许误差为±50mm。

2)转换柱处非工作支接触线比工作支接触线抬高500mm,最大允许误差为±50mm。

3)中心柱处两支接触线距轨面等高,最大允许误差为±10mm。

3. 锚段关节常见事故

锚段关节工作支与非工作支不符合规定，易发生刮弓、钻弓、脱弓事故，且这些问题往往是相伴而生的。另外，绝缘锚段关节处，当隔离开关打开后，禁止电力机车和电动车组升弓驶入锚段关节。当进行接触网检修作业时，拉开四跨绝缘锚段关节处隔离开关，作业人员在无电区域作业，若有电动列车驶入该锚段关节，受电弓将带电区电压带入无电施工区，造成作业区带电，对检修人员人身安全构成危害。

2.6.3 锚段关节的检修与维护

锚段关节检修周期为12个月，通过检查和调整使锚段关节内接触悬挂达到接触网检修规程要求的标准。

1. 主要工具

主要工具包括接触网多功能检测仪、钢卷尺、手扳葫芦、软套子、棕绳、滑轮、橡胶锤、吊弦压接工具、定位管吊线压接工具、角度仪、力矩扳手、扭器、螺钉旋具、钢丝钳、安全用具、防护用具、照明用具、通信工具等。

2. 主要材料

主要材料包括吊弦线夹、定位线夹、吊钩定位环、垂直定位环、套管单耳、防风拉线、锚支定位卡子、整体吊弦线等，各种螺栓、螺母、止动垫圈、销钉、开口销等。

3. 技术资料

技术资料包括旋转腕臂位置安装曲线图、锚段关节安装图、接触网平面图、终端锚固线夹安装说明书。

4. 作业程序

（1）测量检查

1）检查工作支、非工作支的接触线高度、拉出值是否符合规定，两工作支接触线是否平滑过渡。

2）检查转换柱、中心柱处两支接触线、承力索间的水平距离和垂直距离是否符合规定。

3）检查各零部件是否安装正确，支撑、定位偏转是否灵活（在极限温度时不能卡滞）。

4）检查一支接触悬挂与另一支接触悬挂的线索（零部件）的空间距离是否符合规定。

5）检查绝缘子、电连接、隔离开关及补偿装置状态是否符合规定。

6）检查接触线终端锚固线夹内导线露头长度是否符合规定；检查锥筒螺栓六方端头的承力索终端锚固线夹上的标记有无变化；检查终端双耳与右螺纹楔套之间的距离是否为8~9mm。

7）检查线索有无损伤、断股。

8）检查闭口侧工作支吊弦与非工作支导线的距离是否符合要求。

（2）调整处理

1）转换柱、中心柱处承力索的垂直、水平距离不符合标准时。

① 根据测量数据，确定非工作支承力索的调整方向和调整量。

② 两支承力索水平距离不符合标准。先确认工作支承力索位置符合标准。当工作支承力索位置不符合标准时，将手扳葫芦一端固定在工作支腕臂顶端（曲线区段根据线索受力

方向固定手扳葫芦），另一端与工作支承力索连接，摇动手扳葫芦将工作支承力索卸载，按调整方向和数据，松开工作支承力索支座，将工作支承力索位置调整到标准位置。再将手扳葫芦一端固定在非工作支腕臂顶端，另一端与非工作支承力索连接，摇动手扳葫芦将非工作支承力索卸载，以工作支承力索为基准，松开非工作支承力索支座，按调整方向和数据，将非工作支承力索调整至符合标准。

③ 两支承力索垂直距离（高差）不符合标准。先确认工作支承力索高度符合标准。当工作支承力索高度不符合标准时，利用腕臂撑杆使腕臂卸力，调节腕臂底座位置，使工作支承力索高度符合要求。然后调节非工作支腕臂支撑，使非工作支腕臂上抬，使两支承力索垂直间距符合标准。

④ 测量各数据符合规定后，按标准紧固各部螺栓，拆除手扳葫芦。

2）转换柱、中心柱处接触线的垂直、水平距离不符合标准时。

① 根据测量数据，确定调整方向和调整量。

② 两支接触线水平距离不符合标准。先确认工作支接触线位置符合标准。当工作支接触线位置不符合标准时，将手扳葫芦一端固定在工作支定位管顶端，另一端与工作支接触线连接，摇动手扳葫芦将工作支接触线卸载，松开工作支定位支座（或定位环），按调整方向和调整数据，将拉出值调整到标准值。再将手扳葫芦一端固定在非工作支定位管顶端，另一端与非工作支接触线连接，将非工作支接触线卸载，以工作支接触线为基准，松开非工作支接触线锚支定位卡子，按调整方向和调整数据，将非工作支接触线调整到标准位置，使两支接触线水平距离调整至符合标准。

③ 两支接触线间垂直距离（高差）不符合标准。先确认工作支接触线高度符合标准。当工作支接触线高度不符合标准时，调整或更换工作支定位点两侧吊弦，将工作支接触线高度调整至标准值。以工作支接触线为基准，按调整数据，调整或更换非工作支定位点两侧第一根吊弦，使高差符合标准；再依次调整或更换其他吊弦。

④ 测量各数据符合规定后，按标准紧固各部螺栓。

3）中心柱间等高位置、拉出值不符合标准时。

① 两支接触线等高位置不符合标准。先确认中心柱处导高，将中心柱处导高调整至标准值。再根据测量出的跨中两支接触线高差数据和实际等高点位置与跨中距离差，确定调整量和调整方向。最后适当调整或更换等高点两侧吊弦，使两支接触线等高点位于跨中，且两线的弛度均匀，两线平滑升高。

② 拉出值不符合标准。先确定中心柱处工作支接触线拉出值符合标准。如不符合标准，先将中心柱处工作支接触线的拉出值调整到标准值。然后对非工作支接触线的拉出值进行调整，使其符合设计要求。

4）定位器坡度不符合标准时。用角度仪或者水平尺+钢卷尺测量定位器坡度，确定调整量，调整定位器坡度。

5）锚段关节电连接状态检查。按检查项目对电连接进行检查，根据发现的缺陷确定补强或更换电连接。

6）各零部件安装、紧固情况检查。

① 各零部件有裂纹、损伤、短缺，应更换、补齐。

② 各部螺栓紧固有脱扣、锈蚀，各部位连接不正确，应按标准力矩进行紧固，按标准

安装。

③ 两支接触悬挂各部分（包括零部件）之间的距离在设计极限温度下应符合标准，否则重新调整。

④ 锚段关节内工作支与非工作支交叉侧的吊弦相磨时，应移动非工作支吊弦位置，保证在设计极限温度下的安全距离。

7）终端锚固线夹工作状态不良。

① 接触线终端锚固线夹内导线露头达不到标准的，应重新安装。

② 承力索终端锚固线夹锥筒螺栓六方端头的承力索上的标记有明显变化的，终端双耳与右螺纹楔套之间的距离不符合规定的，应重新安装。

8）旋转双耳楔形线夹工作状态不良。卸载旋转双耳楔形线夹，按照技术标准重新安装。

5. 注意事项

1）绝缘锚段关节检修时，隔离开关不得处于分闸状态，否则必须在两支接触悬挂间加挂短接线；作业结束后，将隔离开关恢复到作业前状态。若锚段关节处于曲线区段，应注意测量跨中偏移值。

2）若发现有测温贴片变色、零件烧伤，应检查电气连接情况，找出原因，及时处理。

3）进行接触悬挂调整时，要有防止线索滑脱措施，且作业人员不宜位于线索受力方向的反侧。

4）终端锚固线夹楔子可以重复使用2次，其他部件可以多次使用。受损部件不得重复使用。

5）不得将终端锚固线夹安装在受损的线索上。

6）作业完毕后，应检查相关设备状态，不符合要求时要按标准重新调整，并严格符合受电弓动态包络线。

2.7　中心锚结技术与检修

【学习目标】

1）掌握中心锚结的作用及设置原则。
2）掌握半补偿中心锚结结构、组成及安装要求。
3）掌握全补偿中心锚结结构、组成及安装要求。
4）掌握中心锚结检修处理方法。

2.7.1　中心锚结的作用及设置原则

接触悬挂每个锚段的线索都是独立的机械分段，在两端装有补偿器的锚段，为了防止线索两端出现不平衡的拉力向一侧窜动及缩小事故范围，可在接触网锚段中部将接触线和承力索进行固定，这种结构称为中心锚结。

1. 中心锚结的作用

（1）缩小事故范围　当中心锚结一侧发生断线事故时不致影响另一侧悬挂线路，中心锚结可以把事故控制在半个锚段之内，可减少事故抢修工作量，缩短事故抢修时间。

（2）防止线索向一侧窜动　可防止接触线在风力、受电弓对接触线向前的推力和接触线自身重力作用下向一侧补偿装置方向滑动。

2. 中心锚结的设置原则

每个锚段的中心锚结的设置应根据线路情况和线索的张力计算确定，具体原则如下：

1）在两端装有补偿装置的锚段中，必须加设中心锚结。

2）当锚段全部在直线区段或整个锚段布置在曲线半径相同的曲线区段时，该锚段的中心锚结应设在锚段的中间位置。

3）当锚段布置在既有直线又有曲线的区段且曲线半径不等时，该锚段的中心锚结应设在偏离锚段中间位置靠近曲线多、曲线半径小的一侧，使中心锚结固定点两侧线索的张力尽量相等，并尽可能靠近锚段中部。

4）锚段长度较短时（700m 以下），可不设中心锚结，将锚段一端硬锚，另一端线索安装补偿器。

2.7.2　中心锚结的类型

1. 半补偿中心锚结

半补偿中心锚结如图 2-84 所示。半补偿中心锚结承力索两端都是硬锚，纵向不产生移位。接触线两端为补偿下锚，用中心锚结辅助绳将接触线固定在承力索上，使该点接触线也不产生移位。中心锚结辅助绳采用 GJ-50 镀锌钢绞线或铜合金绞线制成，辅助绳中间用接触线中心锚结线夹与接触线固定，两侧分别用两个相互倒置的钢线卡子或者一个承力索中心锚结线夹固定在承力索上。中心锚结设在锚段中间部位的一个跨距中心，当一侧接触线断线后，另一侧接触线在中心锚结辅助绳的拉力下，不发生松动现象，起到缩小事故范围的作用。

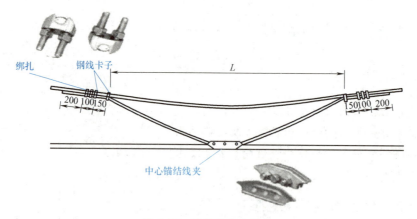

图 2-84　半补偿中心锚结

中心锚结的长度为所在跨距中心处接触线与承力索间距的 20 倍，但不应小于 15m。若太短，当两侧张力不均匀时，接触线会向张力较大的一侧偏移，导致中心锚结线夹处接触线被抬高，出现较大的负弛度，使受电弓取流情况变坏，造成该处弓网之间拉弧打火，烧坏接触线和受电弓。

半补偿中心锚结安装要求：

1）中心锚结线夹两侧辅助绳长度相等，张力均匀，不出现弛度。

2）辅助绳两侧与承力索连接处通过两个相互倒置的钢线卡子或者一个承力索中心锚结线夹固定在承力索上，钢线卡子间距 100~150mm，绳头绑扎，绑扎长度为 100mm，最外端留出 100~200mm 的绳头。

3）中心锚结线夹处接触线高度比相邻吊弦处高 0~20mm。

4）中心锚结线夹安装后不得偏斜，避免刮碰受电弓。

5）中心锚结结构内不得安设普通吊弦。

2. 全补偿中心锚结

全补偿链形悬挂的承力索和接触线两端都是补偿下锚，均可能因两端张力不平衡而产生移动，所以承力索和接触线都要设置中心锚结进行固定。全补偿中心锚结的固定形式相当于由半补偿中心锚结与承力索中心锚结两部分组成，按其结构分为两跨式和三跨式。

三跨式 V 字形中心锚结在跨距中间，相邻悬挂点和跨中用钢线卡子或承力索中心锚结线夹将辅助绳与承力索固定在一起。辅助绳两侧各通过一串悬式绝缘子硬锚在最外侧支柱上，两支柱均为锚柱，应装设拉线。三跨式 V 字形中心锚结结构如图 2-85 所示。

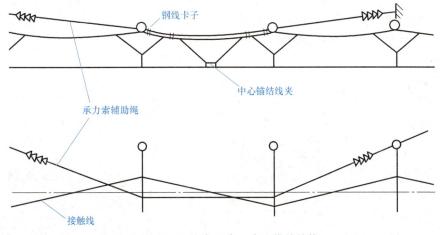

图 2-85　三跨式 V 字形中心锚结结构

两跨式八字形中心锚结的固定方法与三跨式 V 字形中心锚结类似，由接触线中心锚结和承力索中心锚结两部分组成。接触线的中心锚结辅助绳采用不锈钢软绞线或铜合金绞线（截面面积不小于 $50mm^2$），下端用中心锚结线夹与接触线固定，上端用承力索中心锚结线夹与承力索固定。而承力索的中心锚结辅助绳的材质和型号的选用与所在承力索相同，承力索中心锚结辅助绳用两个承力索中心锚结线夹与承力索在腕臂两侧固定，抬高后硬锚在相邻支柱上，使承力索不产生纵向移动。支柱需要打拉线。两跨式八字形中心锚结结构如图 2-86 所示。

3. 站场防窜中心锚结

当站场上的接触网均为全补偿链形悬挂时，承力索全部设中心锚结是不可能的，因此站场一般采用防窜不防断中心锚结。软横跨式防窜中心锚结，承力索通过 1m 的辅助绳固定在软横跨上部固定绳上，通过上部固定绳来平衡中心锚结产生的张力差，如图 2-87 所示。三

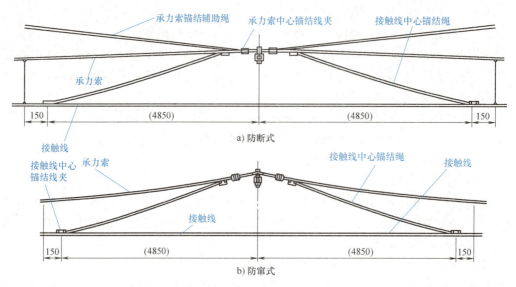

图 2-86 两跨式八字形中心锚结结构

腕臂式防窜中心锚结,中心锚结处腕臂底座设计成三底座并增加 2 根斜腕臂形成三角形,使中心锚结腕臂不发生偏移,当中心锚结两端张力发生变化时,承力索不会发生窜动,如图 2-88 所示。防窜不防断中心锚结的优点是结构简单、安装方便、节省投资。其缺点是不能防止断线事故。

图 2-87 软横跨式防窜中心锚结

图 2-88 三腕臂式防窜中心锚结

4. 中心锚结检修标准

(1) 防断中心锚结 正线、站线、联络线一般采用防断中心锚结。中心锚结安装位置、形式、采用的线材及连接件规格、型号应符合设计要求。

1) 承力索中心锚结辅助绳。

① 中心锚结辅助绳的弛度应等于或略高于该处承力索的弛度,承力索中心锚结辅助绳在其垂直投影与线路钢轨交叉处,应高于接触线 300mm 以上。

② 承力索中心锚结在转换柱鞍子两端各安装 2 个钢线卡子或 1 个承力索中心锚结线夹,

钢线卡子间距为100mm,钢线卡子与转换柱间距为200mm。接触线中心锚结辅助绳与承力索连接,两端各安装2个钢线卡子或1个承力索中心锚结线夹,钢线卡子间距为100mm。

③ 接触线两跨式中心锚结辅助绳一端与承力索用3个钢线卡子或1个中心锚结线夹固定,线夹间距为100mm,锚结绳头伸出线夹100~150mm,并用钢线绑扎100mm。

④ 中心锚结辅助绳位置,中心锚结辅助绳与承力索、悬挂点固定线夹的设置和间距应符合设计要求。

2)接触线中心锚结辅助绳。

① 中心锚结所在的跨距内接触线不得有接头和补强。

② 中心锚结辅助绳范围内不得安装吊弦和电连接。

③ 中心锚结辅助绳不应松弛、不得触及弹性吊弦辅助绳,两边的长度和张力相等。

④ 中心锚结辅助绳两端与承力索固定线夹的设置和间距符合设计要求。

3)接触线中心锚结线夹。

① 中心锚结线夹应安装牢固,在直线上应保持铅垂状态,在曲线上应与接触线的倾斜度一致。

② 中心锚结线夹处的接触线高度比两侧吊弦点高出0~20mm。

(2)防窜中心锚结

1)防窜绳两端固定线夹的设置和间距符合设计要求,两端受力相等,无偏移。

2)接触线中心锚结辅助绳、接触线中心锚结线夹与防断型相同。

(3)中心锚结辅助绳抬高 距线路中心500~800mm范围内,中心锚结辅助绳距运行受电弓上平面的距离不得小于500mm,如图2-89所示。

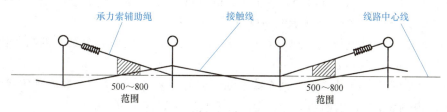

图2-89 中心锚结承力索辅助绳抬高测量

5. 中心锚结常见故障

1)中心锚结线夹安装不正,导致刮弓事故。

2)钢线卡子或承力索中心锚结线夹松动,中心锚结辅助绳脱落,引发弓网事故。

3)中心锚结线夹处接触线有硬点,接触线磨耗严重容易出现断线事故。

4)中心锚结辅助绳松弛,当受电弓通过时因接触线升高造成刮弓事故。

2.7.3 中心锚结的检修与维护

1. 主要工具

主要工具包括接触网多功能检测仪、水平尺、力矩扳手、接触线扭面器、钢丝套子、紧线器、滑轮、大绳、橡胶锤(或木锤)、手扳葫芦、断线钳、安全工具、接地线、验电器、防护用具等。

2. 主要材料

主要材料包括接触线中心锚结辅助绳、承力索中心锚结辅助绳、接触线中心锚结线夹、承力索中心锚结线夹、钢线卡子、φ4.0mm镀锌钢线、φ1.6mm绑线、黄油等。

3. 技术资料
技术资料包括中心锚结安装图等。

4. 作业程序
（1）测量检查

1）测量中心锚结线夹处的接触线弛度。

测量中心锚结线夹处接触线高度 H_1。

测量中心锚结线夹处两侧吊弦处的接触线高度 H_2、H_3。

弛度为 $\Delta H = \dfrac{(H_2+H_3)}{2} - H_1$，若 $\Delta H < 0$，则说明该处弛度为负值。

2）检查中心锚结绳受力状态。检查接触线中心锚结辅助绳受力是否均匀。检查接触线中心锚结辅助绳、承力索中心锚结辅助绳有无补强、接头情况，在中心锚结范围内有无吊弦和电连接。

（2）调整处理

1）接触线中心锚结线夹处接触线高度过低的调整。

① 用 φ4.0mm 镀锌钢线（或绳子）将跨中接触线吊起，使中心锚结辅助绳两边充分松弛，然后拆除辅助绳绑扎线。

② 松动内侧线夹，用扳手撬开两个线夹间辅助绳，使之成大垂弯，紧固内侧线夹。

③ 松开外侧线夹，使辅助绳向外移动后紧固外侧线夹。

④ 反复进行②、③项步骤直至符合要求，最后拆除跨中钢线（或绳子），并绑扎露头。

2）接触线中心锚结线夹处接触线高度过高的调整。

① 用 φ4.0mm 镀锌钢线（或绳子）将跨中接触线吊起，使中心锚结辅助绳两边充分松弛，然后拆除辅助绳绑扎线。

② 松动外侧线夹，用扳手撬开两个线夹间辅助绳，使之成大垂弯，紧固外侧线夹。

③ 松动内侧线夹，使辅助绳向内移动一定距离，然后紧固内侧线夹。

④ 反复进行②、③项步骤直至达到要求为止。拆除跨中钢线（或绳子），并绑扎露头。

3）中心锚结接触线辅助绳两侧弛度不均的调整。

① 测量该中心锚结接触线线夹处的接触线高度是否符合技术标准。

② 根据测量值，确定调整的位置。需调整时，在接触线中心锚结线夹处装设一根 φ4.0mm 钢线，然后将该段承力索中心锚结线夹打开，一人抽拉辅助绳头，当两侧辅助绳弛度达到一致时停止抽拉，另一人用力矩扳手将承力索中心锚结线夹扭至设计要求力矩即可。

③ 拆除绑在中心锚结中心部位的钢线，然后对该处接触线中心锚结线夹处高度进行复测。

4）更换中心锚结绳。

① 测量既有中心锚结辅助绳，并按照原接触线中心锚结辅助绳的规格、长度下料，完成预制。

② 在距接触线中心锚结线夹 300mm 处将接触线吊起。

③ 拆除有断股的接触线中心锚结辅助绳和中心锚结线夹。

④ 测出新接触线中心锚结辅助绳的中间位置，并用接触线中心锚结线夹固定在原接触

线上的安装位置后紧固到位。

⑤ 用承力索锚结线夹将锚结辅助绳与承力索进行固定,将中心锚结调整到位。

⑥ 螺栓紧固时应注意交替紧固,受力均匀,紧固过程中不能咬扣。

5)更换中心锚结线夹。

① 调整中心锚结两侧吊弦点接触线的高度,使其符合规定。

② 将滑轮挂在承力索上,用大绳将中心锚结线夹处(跨距中间)的接触线吊起,比两侧悬挂点高 200~300mm。

③ 锚结辅助绳不受力后拆除原中心锚结线夹,安装新中心锚结线夹,紧固螺栓,其紧固力矩应符合规定要求。

④ 检查中心锚结线夹处导线面是否有打弓现象,如有,调整中心锚结线夹。

6)中心锚结线夹偏斜的处理。

① 使用绳滑将锚结绳卸载后,拆掉锚结线夹。

② 用一个扭面器卡在接触线偏磨起始位置。用另一个扭面器卡在偏磨接触线的偏磨面上距第一个扭面器 200~300mm 处。

③ 将一个扭面器固定不动,根据接触线偏磨方向和偏磨程度旋转另一个扭面器 180°左右。

④ 松开两个扭面器使接触线处于无外力状态,观察接触线线面情况,如一次调整不到位,应重复动作③直至接触线线面符合要求为止。

⑤ 对接触线偏斜的另一端采取同样的方法进行校正。

5. 注意事项

1)承力索、接触线中心锚结线夹夹持应牢固可靠,螺栓丝扣良好,紧固过程中应防止咬扣、错丝现象。

2)承力索中心锚结辅助绳弛度应符合要求,一般性辨别为其弛度与所在跨距内承力索的弛度相一致,太紧则容易影响整个锚段接触悬挂的状态,太松不利于中心锚结发挥作用。

3)更换两跨式中心锚结时,新中心锚结的安装不得改变邻近吊弦的位置。

4)用激光测量仪对中心锚结处的导高进行测量时,除了保证接触线中心锚结线夹处导高符合标准外,还应保证接触线坡度应过渡平滑,不应出现忽高忽低现象。

5)检修中心锚结应在补偿张力符合标准且补偿装置传动良好的情况下进行。

6)作业人员不宜位于线索受力方向的反侧,并应采取防止线索滑脱的措施。在曲线区段进行接触网悬挂的调整工作时,要有防止线索滑跑的后备保护措施。

7)中心锚结偏移较大的情况下,检查中心锚结处吊柱支持装置底座、定位管定位钩有无变形现象。

8)严禁使用金属工具敲打零部件。

9)作业过程中要严格复核受电弓动态包络线。

2.8 补偿装置技术与检修

【学习目标】

1)掌握补偿装置的作用及技术要求。

2) 掌握滑轮式补偿装置的结构组成及安设要求。
3) 掌握滑轮式补偿装置 a、b 值的计算方法。
4) 掌握棘轮式补偿装置的结构组成及工作原理。
5) 了解鼓轮式补偿装置的结构组成及特点。
6) 了解弹簧式补偿装置的结构组成及特点。
7) 掌握补偿装置的检修方法及检修步骤。

2.8.1 补偿装置的作用与技术要求

承力索和接触线经过多个跨距之后必须在两个终端加以固定，称为下锚，下锚的支柱称为锚柱。接触悬挂的下锚方式有两种：硬锚和张力补偿下锚。简单接触悬挂和链形接触悬挂均可以采用硬锚或张力补偿下锚方式。

1. 补偿装置的作用

补偿装置又称为张力自动补偿器，它设在锚段两端，能自动补偿接触线或承力索的张力，它是自动调整接触线或承力索张力的补偿器及其制动装置的总称。当温度变化引起线索伸长或缩短时，补偿装置使线索沿线路方向移动而自动调整线索张力，使张力恒定不变，并保持线索弛度满足技术要求。

2. 补偿装置的技术要求

1) 补偿装置应灵活，在线索内的张力发生缓慢变化时，应能及时补偿，传送效率不应小于 97%。
2) 具有快速制动作用，一旦发生断线事故或其他异常情况，线索内的张力迅速发生变化时，补偿装置还应有快速制动功能，防止一旦发生断线，坠砣串落地而造成事故扩大，恢复困难。

2.8.2 补偿装置的类型

补偿装置主要有滑轮式补偿装置、棘轮式补偿装置、鼓轮式补偿装置、弹簧式补偿装置等几种类型。

1. 滑轮式补偿装置

滑轮式补偿装置由补偿滑轮（滑轮组）、补偿绳、坠砣、坠砣杆、杵环杆及连接零件组成，如图 2-90 所示。

（1）结构组成

1) 补偿滑轮及补偿绳。补偿滑轮是滑轮式补偿装置的核心设备，由铝合金铸造而成，传动效率在 98% 以上。滑轮组由定滑轮和动滑轮组成，定滑轮改变受力方向，动滑轮除改变受力方向外还可省力和移动位置，滑轮数量取决于补偿张力的大小。滑轮一般都装有轴承，其结构如图 2-91 所示。

铝合金滑轮式补偿装置由滑轮组、不锈钢钢丝绳、连接框架及双耳楔形线夹组成，有 1:2、1:3 和 1:4 三种规格，可满足不同标准的张力要求。1:2 铝合金滑轮式补偿装置如图 2-92 所示。补偿滑轮按不同组合要求，有 270mm、205mm、165mm 三种直径。补偿绳为 $50mm^2$（19 股）镀锌钢绞线 GJ-50。

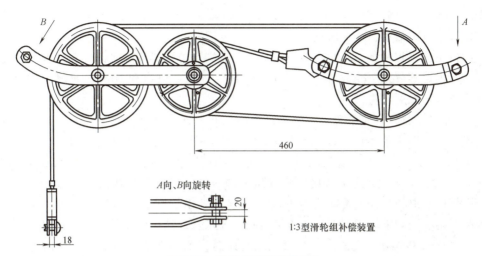

图 2-90 滑轮式补偿装置结构

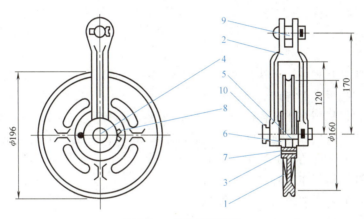

图 2-91 补偿滑轮结构

1—滑轮 2—框架 3—盖板 4—轴 5—滚动轴承 6—挡环 7—螺钉 8—开口销 9—销钉 10—注油盖子

2）坠砣及坠砣杆。坠砣一般采用混凝土或灰口铸铁制成，每块重约 25kg，质量误差不大于 3%，呈中间开口的圆饼状，如图 2-93 所示。铸铁坠砣和混凝土坠砣相比，坠砣串的长度较短，可以获得更大的补偿范围，在锚段长度较长（比如大于 1600m）时，能满足补偿坠砣移动范围要求，但是造价较高，易丢失。

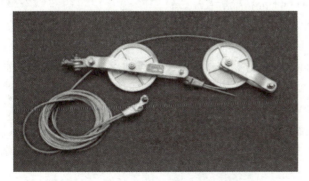

图 2-92 1∶2 铝合金滑轮式补偿装置

图 2-93 坠砣

安放坠砣时，坠砣开口相互错开180°整齐叠码，并自上而下按块编号，标明质量；坠砣串应能上下自由活动，无卡滞现象。

坠砣杆一般用直径16mm的圆钢加工制成，上端有单孔焊环，底部焊有托板。坠砣杆的型号规格，根据其放置坠砣数量的不同分为三种：17型、20型和30型。型号中的数字表示坠砣杆所悬挂坠砣的数量。

3）杵环杆。杵环杆是滑轮与下锚绝缘子串之间的连接杵杆，一般用直径16mm的圆钢加工制成。其一端为单环孔，其一端为杵头状，杵环杆长度不小于1m。

（2）滑轮式补偿装置的安设要求　当采用半补偿链形悬挂时，多采用两滑轮组结构，传动比为1:2，即坠砣重力为接触线标称张力的一半；当采用全补偿链形悬挂时，承力索补偿器则采用三滑轮组式，传动比为1:3，接触线补偿器则采用两滑轮组式。在实际应用中，应根据接触线和承力索的型号、接触线张力要求合理选用补偿器的传动比。

（3）滑轮式补偿器安装曲线　为保证在设计温度范围内坠砣串能上下自由移动，并且在最低设计温度时坠砣杆耳环不触及滑轮边缘，在最高设计温度时坠砣托板不触及地面，应根据锚段长度确定坠砣位置，坠砣位置用 a、b 值确定，其计算公式如下：

$$a = a_{\min} + nL\alpha(t_x - t_{\min}) \tag{2-21}$$

$$b = b_{\min} + nL\alpha(t_{\max} - t_x) \tag{2-22}$$

式中　a——坠砣杆耳环中心至补偿滑轮下边沿的距离（m）；

b——坠砣托板底部与地面间的距离（m）；

$a_{\min}$——坠砣杆耳环中心至补偿滑轮下边沿的最小允许距离（m），一般取0.2~0.3m；

$b_{\min}$——坠砣托板底部与地面间的最小允许距离（m），一般取0.2~0.3m；

$t_{\min}$——设计时采用的最低气温（℃）；

t_x——安装或调整作业时的温度（℃）；

$t_{\max}$——设计时采用的最高气温（℃）；

n——补偿滑轮的传动系数（传动比的倒数）；

L——半锚段长度（中心锚结到补偿装置之间的距离）（m）；

α——线胀系数（℃$^{-1}$）。

如果线路为新架设的，应考虑接触网线索存在初伸长问题，即线索承受张力后，会蠕变延伸。此时，补偿器 a、b 值需考虑线索延伸，其计算公式为

$$a = a_{\min} - n\theta L + nL\alpha(t_x - t_{\min}) \tag{2-23}$$

$$b = b_{\min} + n\theta L + nL\alpha(t_{\max} - t_x) \tag{2-24}$$

式中　θ——新线延伸率，铜及铜合金承力索为 $(4~7) \times 10^{-4}$，铜及铜合金接触线取 $(4~7) \times 10^{-4}$。

在施工和维修过程中，为了给施工和维修人员提供参考调整，可利用补偿装置的安装曲线进行装调。利用上述公式，根据不同的温度和中心锚结至补偿器之间的距离，可以计算出多组 a、b 值，将计算结果标注在图中，通过描点作图绘制出补偿器安装曲线。图2-94为CHTA-120银铜合金接触线补偿1:4、1:3安装曲线。

【例2-5】 THJ-100承力索的传动比为1:4，最高温度为40℃，确定 L 为800m、气温为10℃时的 b 值。

解：查THJ-100承力索传动比为1:4的安装曲线图（图2-95），当 L 为800m、温度为

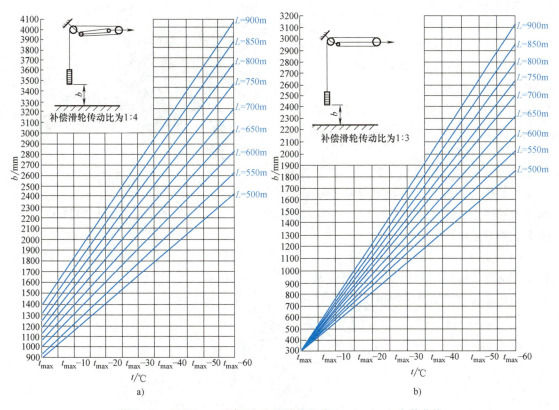

图 2-94 CHTA-120 银铜合金接触线补偿 1∶4、1∶3 安装曲线

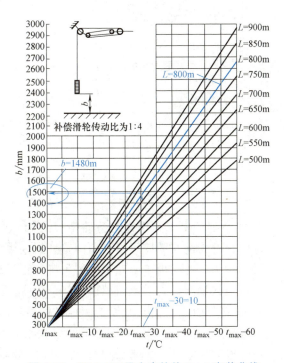

图 2-95 THJ-100 承力索补偿 1∶4 安装曲线

10℃时的 b 值为 1480mm。

2. 棘轮式补偿装置

棘轮式补偿装置如图 2-96 所示，因其没有连接复杂的滑轮组，具有占用空间少、转动灵活、传动效率高、防腐性能好、使用寿命长等优点。但由于棘轮本体形状复杂，轮径大，薄壁部位多，对生产制造设备和工艺要求较高，价格偏贵。

图 2-96 棘轮式补偿装置

棘轮式补偿装置适用于地铁、轻轨线路下锚处补偿线索张力。它能确保接触线或者承力索承受合适和持续的补偿力，并有断线制动功能，可防止断线后坠砣落地而损坏下部设施和上部悬挂事故扩大。

(1) 结构组成　棘轮式补偿装置由棘轮本体、框架、制动卡块、补偿绳、补偿坠砣等部分组成，如图 2-97 所示。棘轮本体大轮直径 566mm，小轮直径 170mm，传动比为 1∶3，补偿绳为柔性不锈钢钢丝绳，工作荷重有 30kN、36kN 两种。

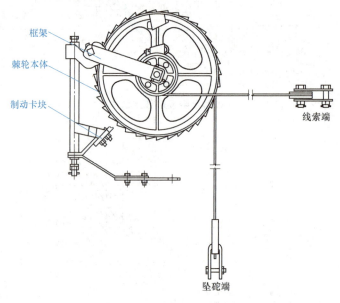

图 2-97 棘轮式补偿装置结构

(2) 工作原理　在正常状态下，由于补偿绳与坠砣串拉力相平衡，使补偿棘轮处于悬空状态。当接触网出现松弛时，补偿绳与坠砣可以自动调整。当接触线断线时，连接接触线线索的补偿绳失去对棘轮轴的拉力，此时由于坠砣串的重力将棘轮下拉，补偿棘轮就会在转动的瞬间被制动卡块卡住，避免接触网设备的大面积损坏。

图 2-98 为棘轮式补偿装置安装曲线，安装曲线下面标注的数字是中心锚结到补偿装置的距离，右侧数字从上到下是对应温度下坠砣的安装高度。安装曲线的安装温度是 -20~80℃。在气象条件中，最高温度采用 40℃，补偿坠砣安装曲线的最高温度为 80℃，这是考虑承力索和接触线在满电流负荷运行中，线索可能产生的温升。在极限条件下，承力索和接

触线伸长所形成的位移都不会让坠砣串的底部着地。

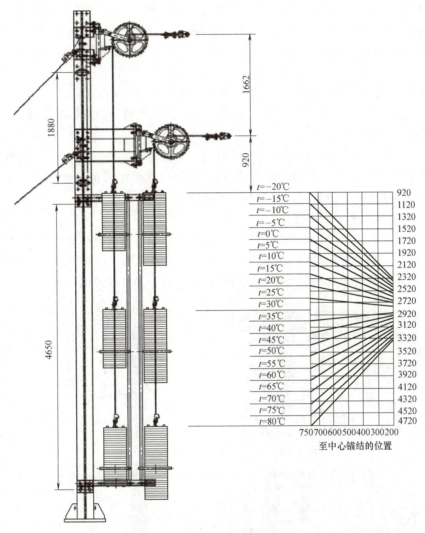

图 2-98 棘轮式补偿装置安装曲线

棘轮式补偿装置的安装曲线除了对坠砣的 a、b 值确定外，还包括补偿绳在棘轮上正确的缠绕圈数。理顺补偿绳与轮体之间的缠绕关系，并使其正确入槽，防止绳股之间交错、重叠，大、小轮绕绳圈数应遵循以下原则：大轮最少缠绕半圈，最多缠绕三圈半；小轮最少缠绕半圈，最多缠绕三圈半，缠绕时注意两边对称。

（3）技术标准

1）运行中 a、b 值应符合安装曲线的要求，允许误差为 ±100mm，但最低不得小于 200mm。

2）补偿绳不得有散股、断股和接头，不得与其他部件、线索相摩擦，不得卡在轮体上或者出现叠压。

3）补偿滑轮完整无损、转动灵活（人力用手托动坠砣能上下自由移动），没有卡滞现象。对需要加注润滑油的补偿滑轮，应按产品规定的期限加注润滑油，没有规定者至少 3 年加注一次。

4)各框架安装正确,受力良好,螺栓紧固有油,铁件无锈蚀;满足坠砣升降变化要求,限制坠砣的摆动,不妨碍升降;制动卡块与棘轮齿保持15~20mm的间隙,安全抱箍到补偿绳的距离为3mm;轮体必须垂直,如不垂直,通过螺栓轴和固定底座上的调节板调整轮体。

5)坠砣应完整,坠砣叠码整齐,其缺口相互错开180°。坠砣串的质量(包括坠砣杆的质量)符合规定,允许误差不超过2%。坠砣自上而下按块编号,并标明质量。

3. 鼓轮式补偿装置

鼓轮式补偿装置的核心部件为带滑轮的鼓轮,滑轮直径是鼓轮的4倍,如图2-99所示。其特点是接触线、承力索通过并联板一起下锚,鼓轮外缘采用阿基米德螺线变比补偿鼓轮。主要应用于日本铁路,曾在我国京秦线部分区段使用。

4. 弹簧式补偿装置

弹簧式补偿装置又分为接触悬挂用恒张力弹簧式补偿装置和软横跨弹簧式补偿装置,接触悬挂用恒张力弹簧式补偿装置,如图2-100所示,主要应用于短锚段接触线和承力索下锚补偿,隧道内不便于装设棘轮式补偿装置时,也可用此类弹簧式补偿装置。

图2-99 鼓轮式补偿装置

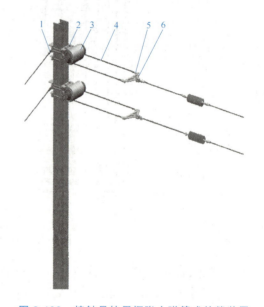

图2-100 接触悬挂用恒张力弹簧式补偿装置
1—承锚(线锚)角钢 2—固定销轴
3—弹簧式补偿装置(本体) 4—钢丝绳
5—双耳楔形线夹 6—平衡板

软横跨弹簧式补偿装置主要用于软横跨上下部固定绳的张力补偿,它的特点是在弹簧式补偿装置内部装有一个具有一定初始压缩力的弹簧,当软横跨上下部固定绳伸长时,弹簧被释放,工作杆收回,拉紧软横跨上下部固定绳;当上下部固定绳收缩时,弹簧被压缩,工作杆伸出,使软横跨上下部固定绳的张力保持在一定范围内。目前地铁用弹簧式补偿装置有0~3kN、3~6kN两种型号,弹簧式补偿装置结构简单,安装方便,价格低廉。软横跨弹簧式补偿装置结构和安装实景如图 2-101 和图 2-102 所示。

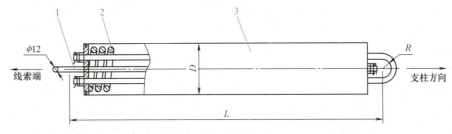

图 2-101 软横跨弹簧式补偿装置结构

1—拉杆 2—弹簧 3—外筒

2.8.3 补偿装置的检修与维护

1. 滑轮式补偿装置的检修与维护

（1）主要工具与材料 主要工具有作业车、3t 和 1.5t 手扳葫芦、楔形紧线器、钢丝套、大绳、断线钳、手锤、温度计、钢卷尺、个人工具、力矩扳手、安全用具、防护用具等。主要材料有 $\phi 1.6mm$ 钢线、$\phi 4.0mm$ 钢线、M12 钢线卡子、补偿绳、楔形线夹、坠砣、补偿滑轮等。

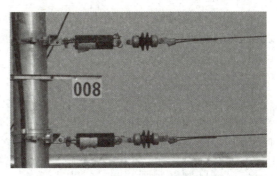

图 2-102 软横跨用弹簧式补偿装置安装实景图

（2）技术资料 技术资料有补偿装置设备安装说明书、补偿安装曲线等。

（3）作业程序

1）检查内容。

① 补偿绳有无断股、散股、损伤，是否磨双环杆、下锚拉线，动、定滑轮间距是否符合标准。

② 补偿滑轮状态是否良好，有无破损、裂纹、偏磨。

③ 坠砣升降是否灵活，有无卡滞现象。坠砣串重量是否符合张力要求，有无破损，摆放是否符合标准。

④ 根据当时气温，检查 a 值、b 值是否符合安装曲线要求。

⑤ 限制架状态是否良好。各部螺栓紧固力矩是否符合要求，零部件有无锈蚀。

2）更换补偿绳、补偿滑轮或调整动、定滑轮间距。

① 将相应的承力索或接触线的坠砣串用紧线工具固定在支柱上。

② 将卡线器安装在下锚杆环杆上（更换杆环杆时，安装在下锚绝缘子另一侧线索上），钢丝套安装在接触网支柱上。安装紧线工具紧线，将 3t 手扳葫芦连于紧线器和套子之间，紧起手扳葫芦使补偿装置卸载。

③ 拆除旧补偿绳，安装新补偿绳。更换补偿滑轮时，拆除旧补偿滑轮，安装新补偿滑轮。调整动、定滑轮间距时，可更换杆环杆或重新做终锚接头。

④ 确认补偿绳位于滑轮槽内后，两套紧线工具配合恢复补偿装置的工作状态，拆除工具，检查设备状态应良好。

3)补偿绳摩擦双环杆或拉线的处理。

① 将需要调整补偿绳的承力索或接触线的坠砣串用紧线工具固定在支柱上。

② 将紧线器安装在杵环杆上,钢丝套安装在接触网支柱上。安装紧线工具紧线,使补偿装置卸载。

③ 异侧下锚时调整定滑轮位置,必要时倒装补偿绳,使补偿绳与拉线间达到安全距离;同侧下锚时调整双环杆与承锚角钢的连接位置,必要时倒装补偿绳,使补偿绳与双环杆间达到安全距离。

④ 确认补偿绳位于滑轮槽内后,两套紧线工具配合恢复补偿装置的工作状态,拆除工具,检查设备状态应良好。

4)调整 a、b 值。

① 根据调整时的气温、补偿装置至相应锚段关节的距离,查承力索或接触线补偿装置安装曲线图,确定 b 值。测量补偿坠砣实际高度,根据以上确定的 b 值,找出补偿绳的新回头点位置并做标记。

② 在补偿绳和坠砣杆上分别安装紧线器,并采取必要的防滑措施。将手扳葫芦通过钢丝套连接到紧线器。

③ 收手扳葫芦将坠砣串调整至合适高度,取下补偿绳连接销钉,打开补偿绳上的旧回头部分及楔形线夹,按 b 值要求重新制作回头,如图 2-103 所示。

④ 将做好的回头与坠砣杆连接,松开紧线工具,复查 b 值,绑扎回头,拆除工具。

5)坠砣抱箍磨限制导管:调整限制导管或坠砣抱箍的位置,使坠砣抱箍能在限制导管中灵活移动,使坠砣串处于铅垂状态。

6)处理补偿滑轮偏磨。

① 承锚角钢不水平:调整承锚角钢至水平状态,内穿式下锚角钢更换为外包式承锚角钢并调整至水平状态。

② 动滑轮不铅垂:利用紧线工具使补偿装置卸载,转动动滑轮调整至铅垂状态,必要时进行更换。

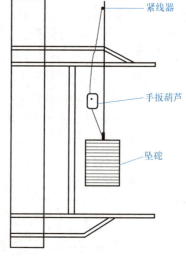

图 2-103 调整 a、b 值示意图

③ 补偿滑轮转动不灵活:清除补偿滑轮轴承里的污垢,重新加注润滑油,必要时更换补偿滑轮。

(4)注意事项

1)紧线时要采取必要的防滑措施;使用紧线工具不应用力过猛,防止损坏设备;紧线工具受力后要检查设备及紧线工具的受力状态。

2)操作人员不得站在坠砣串上,地面人员不得站在坠砣串下。

3)补偿装置作业要兼顾定位支撑装置偏移及中心锚结状态。

4)补偿装置被调整锚段因穿越股道涉及未停电设备时,应采取相应的监控措施,确保行车及供电安全。

5)安装楔形线夹时,应注意楔形线夹的受力面,不得装反。定滑轮处,补偿绳回头应符合标准,不得过短或过长,防止抽脱及张力变化时发生卡滞。

2. 棘轮式补偿装置的检修与维护

（1）主要工具与材料　主要工具有钢丝套子、紧线器、3t 手扳葫芦、1.5t 手扳葫芦、断线钳、管钳、手锤、钢卷尺、温度计、小绳、大绳、安全带、防护用具、作业车等。

主要材料包括双耳楔形线夹、锥套式终端线夹、$\phi 2.0$mm 钢线、补偿绳、$\phi 4.0$mm 钢线、$\phi 1.6$mm 钢线、销钉、开口销、黄油、垫片、坠砣等。

（2）技术资料　技术资料有棘轮式补偿装置设备安装说明书、温度安装曲线表。

（3）作业程序

1）测量检查。

① 测量 a、b 值是否符合标准：用钢卷尺测量 b 值和 a 值。如高处不能直接测量或读数不方便，用皮尺测量棘轮至地面的距离 d 和坠砣串的高度 c，计算 $a=d-b-c$。

② 检查补偿绳是否存在散股、断股，是否卡在轮体上或者叠压。

③ 检查棘轮转动是否灵活。

④ 检查限制架、棘轮补偿制动装置是否按规定涂油，螺栓力矩是否符合要求。

⑤ 检查制动卡块到棘轮齿的距离是否为 15~20mm；安全抱箍距补偿绳距离是否符合规定，一般为 3mm。

⑥ 检查坠砣是否破损、坠砣块数、叠码是否规范，坠砣上下移动是否灵活。

2）典型作业处理程序。

① 调整 a、b 值。

a. 操作人员攀登上支柱中部，系好安全带，在适当的高度打上多功能紧线器并在其下方安装一个钢线卡子，防止紧线器打滑。

b. 将另一装有钢丝套子的紧线器装在坠砣杆上，必要时可卸掉 1~3 块坠砣，挂上手扳葫芦。

c. 紧手扳葫芦，直到轮体脱离制动卡块，检查紧线器无滑动现象后卸开双耳楔形线夹，抽出补偿绳回头，根据实测值和计算值之比来放长或缩短补偿绳长度，重新做补偿绳回头。

d. 连接完毕后放开手扳葫芦，使补偿绳受力，检查无不良现象后卸下手扳葫芦，重新测量 b 值并与标准 b 值比较确定其是否符合标准。

e. 确定 b 值符合标准后卸下紧线器及钢线卡子，重新绑扎好回头，并将坠砣恢复原状。

f. 检查所有连接，并确认无误后，松开手扳葫芦，拆除紧线器和手扳葫芦。

g. 撤除各用具，复测 b 值。

② 更换补偿绳。

a. 利用手扳葫芦将既有补偿绳拆除，测量补偿绳的长度，标出切割点，用胶带绑扎切割点两边线，用砂轮锯或断线钳将补偿绳切断。

b. 用钳子把摆动杆固定住，保证轮体在摆动杆上能自由转动。将补偿绳的一端穿入轮径的大孔，然后再穿入集线器上的小孔。

c. 将补偿绳拉出，在集线器后面做一个 500mm 长的回头。再将单孔楔子插入做好的回头内，以确定回头的最大半径。将带单孔楔子的回头插入集线器中，用楔子用力拉紧回头，用橡皮锤敲打楔子，使其固定。

d. 在补偿绳距中心 500mm 处做出标记，把补偿绳拉直，不得扭绞。将绳的一端插入带凹槽的轮辐间并将补偿绳拉到标记处，将其放入此处的槽内，并固定在轮辐上。

e. 将补偿绳的两端插入左右轮毂的凹槽中，把补偿绳由内向外平行绕在轮毂上。转动轮体进行紧线，并固定好，以防回转。握住平衡轮，取出销钉，拔出开口销，从线夹中取出平衡轮，将补偿绳较长的一段绕在平衡轮上。

　　f. 把绕好补偿绳的平衡轮用双孔连接板与绝缘子串相连。

　　g. 检查各部螺栓力矩，复测 a、b 值是否符合要求，松开手扳葫芦。

　　（4）注意事项

　　1）使用作业车时，平台旋转要专人盯控，严防碰伤支柱。作业车要设置相应防倾倒措施。

　　2）操作前要检查受力工具状态，良好无损方准使用。

　　3）作业人员均应戴安全帽，以防工具、材料坠落伤人。

　　4）高处作业人员扎好安全带，选好站立方向，卸载时严禁脚踏或手握补偿绳和棘轮，严防挤伤和高空坠物。

　　5）拆除旧补偿绳时，要借助单滑轮绳传递，不得抛掷传递。

　　6）在调整、检修过程中要时刻注意支柱的受力情况，防止支柱受力过猛而发生变形或损坏。

　　7）对于线索卸载时，应注意不得损坏相邻设备。

　　8）更换补偿绳等使补偿卸载的操作时，为防止紧线器滑脱，必须采取防脱措施，可在紧线器下部加一个钢线卡子卡住。

2.9　绝缘子技术与检修

【学习目标】

　　1）掌握绝缘子的电气性能。
　　2）掌握绝缘子的分类、构造与特性。
　　3）掌握绝缘子检修与维护方法。

　　城市轨道交通中使用的绝缘元件主要包括架空接触网使用的绝缘子和接触轨使用的绝缘支座（架）以及用于不同电位的电气设备和导体间的电气绝缘装置。

　　绝缘子是接触网的重要组成部分，其作用是隔离具有不同电位的电气设备。绝缘子除了具有电气绝缘的作用，还有一定的机械强度，用以悬吊和支持接触悬挂。

2.9.1　绝缘子的电气性能

　　接触网绝缘子的工作环境一般是室外，表面容易破损、脏污、受潮，容易受到各种外力的作用。在正常工作时，绝缘子承受工作电压以及各种过电压。上述原因导致绝缘子的绝缘性能下降，沿其表面产生气体放电的现象，这种现象称为沿面放电。当这种放电现象发展到表层空气绝缘击穿时，则称为闪络。牵引变电所的继电保护装置会因绝缘子闪络而动作跳闸，中止供电。闪络发生后空气绝缘恢复，绝缘子瓷体并未被破坏，跳闸后一般会自动重合成功，恢复供电。但如果闪络发生后不进行处理，将使内部绝缘性能下降，会引起再一次闪络。所以，当绝缘子发生闪络后，应及时进行清扫与更换。

绝缘子的电气性能一般用干闪电压、湿闪电压、击穿电压及绝缘泄露距离表示。

1. 干闪电压

干闪电压是指当绝缘子处于干燥状态时，引起绝缘子发生闪络所需要的最低电压值。

2. 湿闪电压

降水方向与水平面成45°时，使淋湿的绝缘子发生闪络的电压最小值，称为湿闪电压。

3. 击穿电压

随着绝缘子的老化，当绝缘元件损坏，彻底失去绝缘性能时，称为绝缘子击穿。使绝缘子的绝缘元件被击穿而失去绝缘作用的最低电压，称为绝缘子的击穿电压。当绝缘子被击穿时，应立刻进行更换。

4. 绝缘泄露距离

绝缘泄露距离是指绝缘元件表面的曲线长度，即两个电极间绝缘表面的爬电距离，俗称"爬距"。泄露距离是反映绝缘子绝缘水平的重要参数，相同电压等级的绝缘子，其爬距越大，绝缘子性能越好。

绝缘子的绝缘强度会随着时间慢慢降低，这种现象称为绝缘老化。当绝缘子被击穿或者绝缘被破坏时，会丧失或部分丧失绝缘性能，此时绝缘子不能再使用。

绝缘子在接触网中一方面承担着电气绝缘的作用，另一方面承受着机械负荷。接触网中的绝缘子要承受来自接触悬挂的负荷，受到的机械力包括压缩、拉伸、振动、弯曲、扭转等。短路时，绝缘子还要承受电动力，所以绝缘子的机械破坏负荷应该留有裕度，通常安全系数按 2.5~3.0 选取。

2.9.2 绝缘子的构造与分类

1. 绝缘子的构造

绝缘子主要由钢连接件和绝缘部分两部分组成。为了方便和其他金具连接，钢连接件有球头、球窝、单耳、双耳、圆管等多种类型；绝缘部分采用最广泛的是电瓷、钢化玻璃和复合材料，它们通过水泥粘接或压接的形式和钢连接件相连。

2. 绝缘子的分类

（1）按结构分类　按结构可以将绝缘子分为棒式绝缘子、悬式绝缘子和针式绝缘子。

1）棒式绝缘子。棒式绝缘子主要应用在承受张力、压力以及弯矩的状态，具体应用场合包括斜腕臂、压管、平腕臂、隧道定位以及隧道悬挂等。

在城市轨道交通接触网中，常用的棒式绝缘子有 JA 型、JB 型和 SA 型。其中，JA 型用于腕臂的下底座处，JB 型用于腕臂的上底座处，SA 型用于刚柔过渡处。JA 型、JB 型如图 2-104 所示。

2）悬式绝缘子。悬式绝缘子由钢帽、杆头（耳环）、瓷体三部分组成，主要用于绝缘承受张力的场合，比如水平拉杆、隧道内悬挂、线索下锚、门形架定位索、锚段关节、并联线、馈线等处的对地绝缘。根据连接件的状态又可将悬式绝缘子分为杆头式和耳环式两种。杆头式悬式绝缘子如图 2-105 所示。

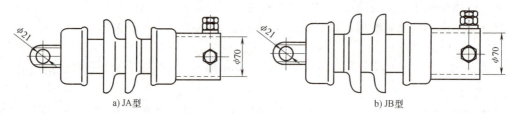

图 2-104 棒式绝缘子
a) JA型　　b) JB型

城市轨道交通接触网中，常见的悬式绝缘子为 XJ-1.5A 型。

3) 针式绝缘子。在刚性接触网中，针式绝缘子用在刚性定位点，用来支持、固定汇流排。同时，针式绝缘子也用在架空地线和跳线处，承受来自线索不同方向的负荷，将线索固定，并对地起绝缘作用。针式绝缘子如图 2-106 所示。

型号含义：以 P10-T/M 为例。P 表示针式绝缘子；10 表示额定电压（kV）；T/M 表示钢脚类型。

（2）按材料分类　按材料可以将绝缘子分为瓷绝缘子、钢化玻璃绝缘子和复合绝缘子。

图 2-105 杵头式悬式绝缘子

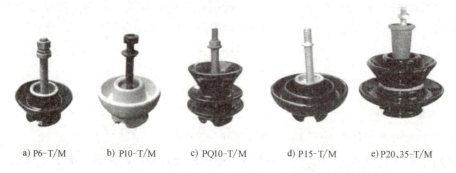

a) P6-T/M　　b) P10-T/M　　c) PQ10-T/M　　d) P15-T/M　　e) P20、35-T/M

图 2-106 针式绝缘子

1) 瓷绝缘子。瓷绝缘子的绝缘材料是电瓷，通过在瓷土中加入长石和石英烧制，表面涂上一层光滑的釉质，如图 2-107 所示。绝缘子的质地需紧密且均匀，在任何一个断面上不可以有气孔或者裂纹，表面涂釉后可防止水分的渗入。由于绝缘子同时要承受电气负荷与机械负荷，所以绝缘子的钢连接件和瓷体之间用强度等级不低于 52.5 级的硅酸盐水泥胶合剂粘接成一个整体，以增加其机械强度。

电瓷材料具有良好的化学稳定性和热稳定性，几乎永不变质老化，因此具有良好的电气性能和机械性能，是制造绝缘子的理想材料。

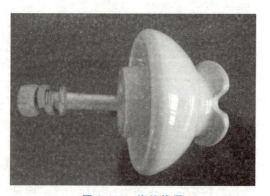

图 2-107 瓷绝缘子

瓷绝缘子具有价格便宜、生产成本低、绝缘性能好、耐热性好、运行经验丰富等特点,是普遍采用的绝缘子类型。瓷绝缘子的缺点是缺乏弹性,质量过重,防污能力和可靠性都需要提高。

2)钢化玻璃绝缘子。钢化玻璃绝缘子由钢帽、钢化玻璃绝缘件及钢脚组成,并用水泥胶合剂合为一体,如图 2-108 所示。其特点如下:

① 零值自破、便于检测。钢化玻璃绝缘子具有零值自破的特点,即当绝缘子失去绝缘性能或者机械过负荷时,伞裙就会自动破裂脱落,容易被发现,可及时进行更换,无须登杆逐片检测,降低了劳动强度。

② 耐电弧和耐振动性能好。在运行过程中,钢化玻璃绝缘子遭受雷电烧伤后的新表面仍是光滑的玻璃体,并有钢化内应力保护层,因此,它仍然保持了足够的绝缘性能和机械强度。

③ 自洁性好,不易老化。钢化玻璃绝缘子不易积污和易于清扫,人工清扫的周期比瓷绝缘子长,降低了维护费用。对典型地区线路上的钢化玻璃绝缘子定期取样测定运行后的机电性能,统计数据表明 35 年后的钢化玻璃绝缘子的机电性能能与刚出厂时基本一致,未出现老化现象。

因为钢化玻璃绝缘子的自爆率较高,为 0.02%~0.04%,影响到了接触网线路的安全运行,所以限制了它的推广。

3)复合绝缘子。复合绝缘子由芯棒和伞套构成,如图 2-109 所示。芯棒用玻璃纤维经树脂浸渍而成,抗拉强度很高。芯棒表面的护套和伞裙通常是由硅橡胶或者乙丙橡胶材料制成的,护套包裹在芯棒的外表面,不但保护芯棒不受大气的侵蚀,而且提供了良好的外绝缘性能。

图 2-108　钢化玻璃绝缘子

图 2-109　复合绝缘子

按使用方式的不同,复合绝缘子可以分为抗拉型的悬挂用和抗弯型的腕臂支撑用两种类型,分别称为复合棒形悬式绝缘子和复合棒形柱式绝缘子。

复合绝缘子的优点有:

① 绝缘性能好,硅橡胶是憎水性材料,特别是在严重污染和电气潮湿情况下的绝缘性能十分优异,从而减少防污清扫工作量。

② 机械强度大,抗弯、抗拉、耐受冲击性能好。

③ 自身质量较轻,只有瓷绝缘子质量的 1/10 左右,方便运输、安装。

限制复合绝缘子使用的原因主要有:

① 其价格较为昂贵。

② 缺乏简便有效的现场检测技术,大面积使用时矛盾特别突出。

接触网中的绝缘子的受力情况复杂，对芯棒、金具的要求较电力系统要高，在应用中要充分考虑抗弯、抗拉、抗剪等机械性能。要求复合绝缘子强度安全系数不小于5.0。

2.9.3 绝缘子的检修与维护

绝缘子运行过程中最大的问题是绝缘子的污秽闪络（简称污闪）所谓污秽闪络，是指积聚在绝缘子表面上的具有导电性能的污秽物质受潮后绝缘子的绝缘水平大大降低，运行情况下发生的闪络事故。污闪的发展过程如图2-110所示。因此，需要采用技术措施进行绝缘子防污。

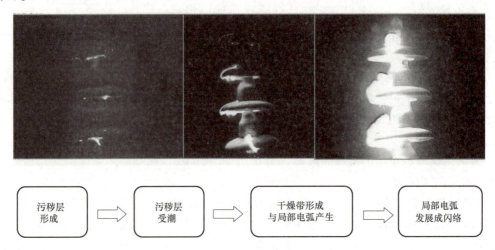

图2-110 污闪的发展过程

1. 绝缘子的防污

为了解决绝缘子污闪问题，可采取以下几种技术措施：

1) 采用防污绝缘子（图2-111），对减小绝缘子污闪事故效果显著。

防污绝缘子按其伞形结构分为双层伞形、钟罩形、草帽形三种。双层伞形耐污绝缘子爬电距离大，伞形开放，裙内外光滑无棱，积灰速率低，风雨自洁性能好；钟罩形耐污悬式绝缘子利用伞内受潮的不同期性及伞下高棱的抑制放电作用，防污性能较好；草帽形耐污悬式绝缘子盘径大，一般将其放在悬垂串的顶端，对防止鸟害及贯穿性结冰有较好的作用。

目前大量推广采用的XWP-60型防污绝缘子（又称为双伞绝缘子）和LXWP型钢化玻璃绝缘子都具有良好的防污闪性能。

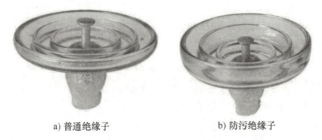

a) 普通绝缘子　　　　b) 防污绝缘子

图2-111 防污绝缘子

2）采用半导体釉绝缘子，如图 2-112 所示。电瓷表面施半导体釉后可使表面电阻率降低，一般为 106~108Ω·cm，可以改善电压分布和增加表面泄漏电流的发热效应，起到烘干污层效能，以防止污闪。

图 2-112　半导体釉绝缘子

3）采用新型复合绝缘子。新型复合绝缘子通过采用新材料，提高绝缘子伞裙表面抗污性能，有效减少污闪发生的频率。

2. 绝缘子的使用与检查

瓷质绝缘子瓷体易碎，安装、运输中应特别注意。绝缘子连接件不允许机械加工和热加工处理（如切割、电焊等）。绝缘子在安装使用前应严格检查，绝缘子瓷体与连接件间的水泥浇注物应无辐射状裂纹和开裂，绝缘子表面应清洁、光滑无脏污、完整无破损、无破碎性破纹，瓷釉剥落面积不大于 300mm²。

悬式绝缘子串的连接，要注意弹簧销子不能脱落，绝缘子串接后不准有严重的塌腰现象。棒式绝缘子在使用中应注意与配套部件的型号（腕臂型号）统一，且不准使棒式绝缘子承受弯曲力。

绝缘子本体线性良好，弯曲度不超过 1%。绝缘子表面无明显放电痕迹，无环状或贯通性裂纹。

为了保证绝缘子性能的稳定可靠，需要根据具体情况对绝缘子进行定期或者不定期的检查和清扫。特别是在雨、雪、雾、霜等天气时更应该经常观察绝缘子的状态，绝缘子脏污后需要进行清扫或用高压水枪冲洗。

2.10　分段绝缘器技术与检修

【学习目标】

1）掌握接触网电分段的形式。
2）掌握分段绝缘器的结构与要求。
3）了解常见分段绝缘器的型号。
4）掌握分段绝缘器的检修方法。

接触网是一种特殊形式的供电线路，为了确保供电的可靠性和灵活性，缩小停电事故发生的范围，需要对其进行电气分段。

被电分段的架空接触网是通过联络隔离开关进行联络的。当某段接触网需要检修或者发生故障时,通过打开对应区段的联络隔离开关,使检修停电范围或者故障范围缩小,不影响其他区段接触网的正常运行。

2.10.1 接触网电分段的形式

接触网电分段的实现方式主要有锚段关节形式与分段绝缘器形式。

锚段关节形式适用于速度高、空间足够大的地面以及高架线路,比如用于架空接触网的正线电气分段,如图 2-113 所示。在绝缘锚段关节电分段处,两个相邻供电分区的接触线平行重叠,因此可以基本消除列车受电弓通过时的拉弧现象,保证了列车的授流质量。

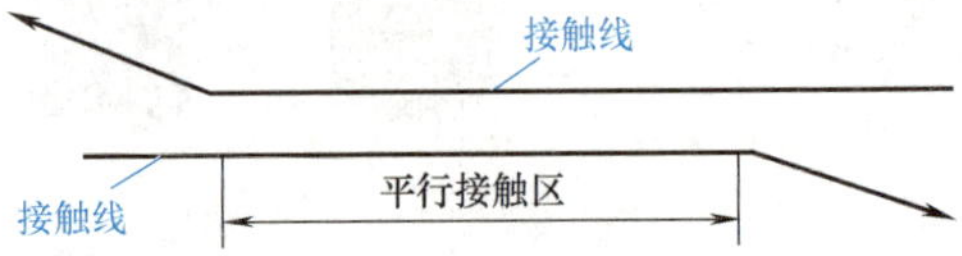

分段绝缘器形式大多应用于渡线和车场内有关线路的电气分段。列车受电弓滑过分段绝缘器时,接触线与分段绝缘器连接处存在受力"硬点",容易造成受电弓离线并出现较为明显的拉弧现象,从而影响到列车的授流质量,限制行车速度。

图 2-113 柔性悬挂锚段关节形式示意图

2.10.2 分段绝缘器的作用与结构

1. 分段绝缘器的作用

分段绝缘器又称为分区绝缘器,是接触网电气分段的重要设备,在正常情况下,电客车受电弓带电滑行通过。分段绝缘器往往和隔离开关配合使用,当某一侧接触网发生故障或因检修需要停电时,可打开分段绝缘器处的隔离开关,将该部分接触网断电,而其他部分接触网仍能正常供电,从而提高了接触网运行的可靠性和灵活性。分段绝缘器设置在因线路条件等因素制约、难以设置绝缘锚段关节的区段。分段绝缘器由于材质及结构均存在一定问题,为接触网的薄弱环节,受电弓通过分段绝缘器处易拉弧,应该合理使用,尽量少设。不应使分段绝缘器长时间处于对地耐压状态,尤其在雾、雨、雪等恶劣天气下,应尽量缩短其对地的耐压时间,即当作业结束后,应尽快合上隔离开关,恢复正常运行。

2. 分段绝缘器的安装原则

1)正线间渡线、折返线设电分段,电分段一般采用分段绝缘器。
2)停车场出入段线与正线间如受线路条件所限,可采用分段绝缘器。
3)停车场内各供电分区之间设电分段,采用分段绝缘器。
4)停车场洗车库内设电分段,采用分段绝缘器。
5)停车场内其他各库线入口处设电分段,采用分段绝缘器。

3. 分段绝缘器的性能要求

分段绝缘器的参数见表 2-6。

表 2-6 分段绝缘器的参数

序号	项目	单位	技术参数
1	额定电压	kV	1.5
2	系统最高运行电压	kV	1.8
3	工频干耐受电压不小于	kV	60

(续)

序号	项目	单位	技术参数
4	工频湿耐受电压不小于	kV	30
5	冲击耐受电压不小于	kV	125
6	污耐受电压不小于(盐密为 0.4mg/cm^2)	kV	10
7	最大短路电流	A	6000A/0.25s
8	泄漏距离不小于	mm	400
9	空气绝缘距离	mm	55~150
10	最小拉伸破坏荷重	kN	36
11	磨耗性能	弓架次	500000

4. 分段绝缘器的结构形式

分段绝缘器按照其结构可分为滑道式分段绝缘器和非滑道式分段绝缘器。滑道式分段绝缘器的绝缘元件全部或者部分同时作为滑道，运行时电客车受电弓与其直接接触。非滑道式分段绝缘器的绝缘元件不作为滑道，运行时电客车受电弓不与其直接接触。分段绝缘器多带有消弧间隙，具有消弧功能。

目前城市轨道交通接触网使用的分段绝缘器主要有瑞士 AF 公司的 AF 分段绝缘器和法国加朗公司的 JG 系列及其国产化产品。

（1）AF 分段绝缘器　AF 分段绝缘器对应的国产化产品为 XFFP-1.6，可以满足 200km/h 运行需要，其结构如图 2-114 所示。承力索处的绝缘采用长棒绝缘子（无伞裙），分段绝缘器吊弦上端固定在绝缘子上的滚柱上。为了减轻自重，绝缘器滑板采用多孔结构，滑板伸出接触线线夹前部有一定距离，减小了接触线线夹处的冲击。其滑道为开口结构，为了防止受电弓和开口处滑板发生冲击。分段绝缘器的绝缘材料采用两根带聚四氟乙烯（PTFE）护套的玻璃纤维树脂（GRP）杆。护套磨损到一定值或者露出 GPR 杆时，要更换绝缘杆。

（2）法国加朗 JG3181 型分段绝缘器　法国加朗 JG 3181 型分段绝缘器如图 2-115 所示。

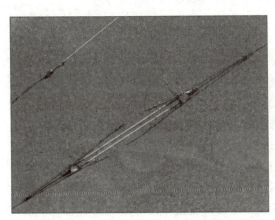

图 2-114　XFFP-1.6 型 AF 分段绝缘器

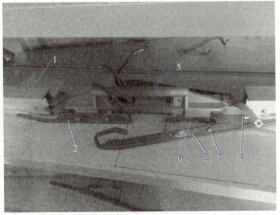

图 2-115　法国加朗 JG3181 型分段绝缘器
1—连接汇流排　2—短滑道　3—长滑道　4—扁铜带
5—主绝缘棒　6—固定连板　7—滑道调整定位

（3）浙江旺隆 G-FD-CWL 型分段绝缘器　浙江旺隆 G-FD-CWL 型分段绝缘器如图 2-116 所示。

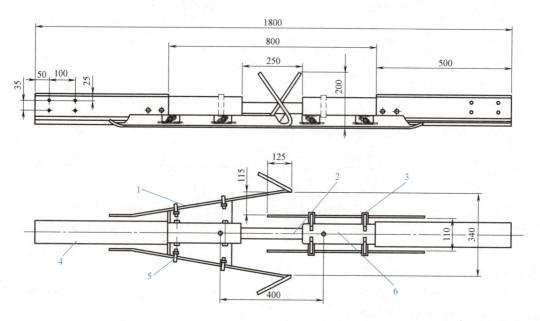

图 2-116　浙江旺隆 G-FD-CWL 型分段绝缘器
1—长滑道　2—绝缘子　3—短滑道　4—汇流排连接体　5—滑道上下调整定位板　6—主连接体

2.10.3　分段绝缘器的检修与故障处理

1. 分段绝缘器检修

分段绝缘器是接触网线路的薄弱环节，事故率较高，主要原因是分段绝缘器与轨面不平行，导致刮弓、碰弓事故；分段绝缘器的绝缘元件发生闪络击穿事故；分段绝缘器接头线夹处出现硬点，造成导线磨耗严重；接头线夹松动导致导线抽脱事故等。

分段绝缘器检修和调整的重点如下：

1）各部螺栓紧固力矩符合零部件规定值要求。

2）各绝缘子是否破损、脏污，瓷绝缘子表面破损面积超过 $300mm^2$ 时予以更换；长棒绝缘子表面应清洁、无烧伤、无裂纹，表面放电痕迹不应超过有效长度的 20%；绝缘棒直径为 20mm 的圆形棒，当磨损超过 2.5mm 后旋转使用，可以旋转 4~5 次，每面磨损小于 3.5mm。

3）滑板磨损大于 3mm 时，需要重新调整滑板的高度，以确保滑板与绝缘棒的间隙不小于 4mm，当磨损达到最大值（滑板剩余高度余 1~2mm）时，需要及时更换滑板。

4）分段绝缘器应与轨平面平行，处于受电弓中心位置，误差为±50mm，框架本体完好，无变形、扭曲、裂纹等现象；安装处承力索与接触线必须垂直，注意安装点的轨道超高和坡度对分段绝缘器安装的影响；分段绝缘器导线接头处应过渡平滑。

5）分段绝缘器的安装高度需要根据设计行车速度确定。根据通过分段绝缘器的设计行车速度，确定受电弓抬升力，按照抬升力大小，用弹簧秤在安装位置的中心向上提拉接触线，测出需要抬高的数值，确定分段绝缘器的安装高度，运行误差为±5mm。安装平面应平

第2章　架空柔性接触网技术与检修

行于轨面连线，最大误差不超过 10mm。

2. 分段绝缘器故障及处理方法

（1）分段绝缘器主要故障　分段绝缘器主要故障如下：

1）分段绝缘器由于主绝缘裂纹、破损、烧伤、磨损严重、老化、污秽等原因造成机械强度不够被拉断或绝缘强度、泄露距离不足闪络击穿。

2）部件、零件腐蚀或磨损失修被拉断。

3）四角吊索状态不良等原因造成分段绝缘器失去水平，引发弓网故障，造成分段绝缘器损坏。

4）分段绝缘器与接触线的接头线夹处于不良状态，形成硬点，致使受电弓打坏分段绝缘器，或者接触部位磨耗严重被拉断。

5）分段导流滑板出现折断及裂纹，需对导流滑板进行整体更换。

（2）分段绝缘器常见故障处理方法

1）调整分段绝缘器导流板，使其能够与受电弓平滑过渡，避免出现硬点。

2）整体调整分段绝缘器水平状态及弛度，最好使其处在负弛度的位置。

3）及时对分段绝缘器的主绝缘进行检查或更换，必要时对分段绝缘器进行整体更换。

由于分段绝缘器所处位置多为渡线和车场线区域，在运营过程中要贯彻"先通后复"的抢修原则。分段绝缘器出现故障时，可以对所处区域不重要的分段绝缘器采取机械加固，闭合隔离开关，临时送电停车，列车降弓通过，保证运营不受影响，后期再进行处理。

（3）分段绝缘器的局部和整体更换方法

1）分段绝缘器局部损坏不需整体更换时，可采用紧线器、手扳葫芦等工具对零部件进行更换。首先，将紧线器分别安放于分段绝缘器两端，手扳葫芦拉紧使分段绝缘器不受张力，并使用内六角、棘轮扳手、活动扳手等工器具对导流板、吊索、螺栓、主绝缘等局部材料进行更换，确认各部状态良好并慢慢卸载接触线张力，拆除工器具，使用激光测量仪测量各部数据，确认符合要求后结束作业。

2）需要对分段绝缘器整体更换时，作业前准备好紧线器、手扳葫芦、扳手、新分段绝缘器等工器具和材料。作业时将紧线器分别安放于分段绝缘器两端，手扳葫芦拉紧使分段绝缘器不受张力，待确认分段绝缘器充分卸载，紧线器受力良好，拆除旧分段绝缘器，装上新分段绝缘器。检查新分段绝缘器各部螺栓，确认状态良好并慢慢卸载接触线张力，拆除工器具，使用激光测量仪测量各部数据，确认符合要求后结束作业。

2.11　隔离开关和电连接技术与检修

【学习目标】

1）掌握隔离开关的结构及检修标准。

2）掌握电连接的作用和技术标准。

3）了解隔离开关和电连接的检修重点。

隔离开关是一种没有灭弧装置的开关设备，用来连接或者断开接触网电分段间的空载线路，增加供电的灵活性，以满足检修和不同供电方式运行的需要。

电连接的作用是将接触悬挂各电分段间的电路连接起来，保证电路的通畅，通过电连接可以实现并联供电，减少电能损耗，提高供电质量。

2.11.1 隔离开关

1. 隔离开关的作用

在分闸位置能够按照规定的要求提供电气隔离断口的机械开关装置统称为隔离开关。

接触网隔离开关是连通或切断接触网电分段间的主要电气设备，供接触网在空载情况下进行倒闸，实现电气隔离功能。其作用是增加供电灵活性，满足检修和供电方式的需要，一般安装在绝缘锚段关节、分段绝缘器旁和需要进行电气分段的地方。

隔离开关处于分闸状态时，可以看到明显的断口；处于合闸状态时，能可靠地通过正常工作电流和短路故障电流。

2. 隔离开关的用途

由于没有灭弧装置，隔离开关不能用于接通和断开负荷电流和短路电流，一般只在电路断开的情况下才能操作。它的用途主要有：

1) 在检修电气设备时用来隔离电压，使检修的设备与带电部分之间有明显可见的断口，以保证检修人员的安全。

2) 在改变设备状态（运行、备用、检修）时用来配合断路器协同完成倒闸操作。

3) 用来分、合小电流，可用来分、合电压互感器、避雷器和空载母线。

4) 隔离开关的接地刀闸可代替接地线，保证检修工作安全。

3. 隔离开关的分类

（1）按照极性分为单极隔离开关和双极隔离开关

1) 单极隔离开关：仅与主回路一条导电路径相连的隔离开关，最为常见。

2) 双极隔离开关：与主回路两条导电路径相连的隔离开关。

（2）按照操作机构分为手动隔离开关和电动隔离开关 手动隔离开关依靠操作人员就地操作，电动隔离开关可以实现就地操作和远动控制。

变电所附近的电动隔离开关可以采用控制电缆控制，线路上离变电所较远的隔离开关控制采用光纤通信远动控制。城市轨道交通接触网中，大多数的接触网隔离开关都是电动的，纳入远动控制，但是车辆段检修线路处仍应设置手动隔离开关。

（3）按照操作次数分为经常操作的隔离开关和不经常操作的隔离开关 经常操作的隔离开关安装在电动列车整备线和库线处，并选用带接地刀闸的隔离开关。开关打开的同时，接地刀闸将接通停电侧刀闸，以保证操作和检修人员的安全。不经常操作的隔离开关安装在绝缘锚段关节、分段绝缘器和馈线等处，采用不带接地刀闸的隔离开关。

（4）按照结构分为带接地刀闸的隔离开关和不带接地刀闸的隔离开关 为保证人身安全，经常操作的隔离开关一般采用带接地刀闸的隔离开关，安装在车辆段电客车整备线、停车库线上。不经常操作的隔离开关一般采用不带接地刀闸的隔离开关。带接地刀闸的隔离开关如图 2-117 所示，不带接地刀闸的隔离开关如图 2-118 所示。

（5）按照隔离开关容量可分为轻型隔离开关、重型隔离开关 轻型隔离开关的应用场合包括车辆段的库线、整备线和库线间的联络线等。重型隔离开关的应用场所包括牵引变电所出线端的接触网馈线开关、馈电开关间的联络开关等。

4. 隔离开关的型号及结构说明

城市轨道交通接触网使用的隔离开关通常是 GW 型 1500V 户外直流隔离开关，这是专

图2-117 带接地刀闸的隔离开关　　图2-118 不带接地刀闸的隔离开关

为城市轨道交通接触网设计的，配有CJW型电动操作机构，也可以手动操作。GWD-1.5D/1000型隔离开关中，各符号的意义：G代表隔离开关；W代表户外型；D代表地铁用；1.5D代表额定电压为1.5kV，带接地刀闸；1000代表额定电流为1000A。根据电流大小有1000、3000等多种规格。

隔离开关整体结构采用一字布置，结构紧凑、简单。开关本体主要由底架、支持绝缘子、主触刀部分和消弧部分组成，如图2-119和图2-120所示。

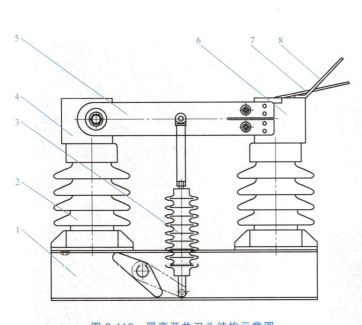 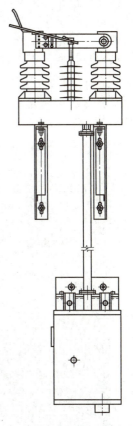

图2-119 隔离开关刀头结构示意图
1—底架　2—支持绝缘子　3—拉杆绝缘子　4—动触座　5—主触刀
6—静触座　7—消弧动触头　8—消弧静触头

图2-120 隔离开关整体外观图

其操作机构的输出轴转动约 120°，通过机构、传动轴、开关伞齿轮组、开关主轴、拉杆绝缘子使主触刀分合。在开关进行分闸操作时，主触刀先打开一定距离后，消弧动触头快速打开，然后和主触刀一同运动到位。在开关进行合闸操作时，消弧动触头与消弧静触头先接触，然后主触刀才和静触座接触，并且一同运动到位。

5. 隔离开关的设置

隔离开关通常设置在需要进行电分段的位置或牵引变电所内引出的馈线出口，其设置处所如下：

1) 牵引变电所出口处引至接触网的馈线上网点设电动隔离开关（常闭）。
2) 正线各供电分区之间设电动隔离开关。
3) 折返线、停车线与正线之间设手动（电动）隔离开关（常开）。
4) 车辆段出入线与正线分界点处设电动隔离开关（常开）。

轨道交通隔离开关主要分为上网隔离开关、越区隔离开关、车辆段（场）库外隔离开关、联络开关、库内手动隔离开关等几种类型。

上网隔离开关是通过牵引混合降压变电所母排引出馈线（即电缆）连接至隔离开关刀头的一端，另一端则通过上网电缆及电连接线夹连接至接触线（汇流排）上。由于其一段与馈电电缆直接相连，即与电源相连，故称为有源开关。

越区隔离开关是指将两个供电分区连通的开关，其两端电缆均直接连接至接触线（汇流排）上。区别于上网隔离开关，其主要起联络不同供电分区的作用，不直接与所内馈电电缆相连，即无源开关。

车辆段（场）库外隔离开关常设置为单台的形式，其现场安装如图 2-121 所示；正线高架段及地下段通常采用三台并列安装的形式，两侧为上网隔离开关，中间为越区隔离开关，此种安装形式可满足单边供电、双边供电、大双边供电等供电形式要求，其现场安装如图 2-122 所示。

图 2-121　单台隔离开关安装形式

图 2-122　三台隔离开关并列安装形式

联络开关一般设置在辅助线内，起到将正线供电分区与辅助线相连、为辅助线提供电能的作用，连接形式与越区隔离开关相同。

库内手动隔离开关通常使用带接地刀闸隔离开关，其接地刀闸设置于负荷侧，保证股道停电检修时，该股道接触线与钢轨短接，电位相等，从而保证检修人员的安全。其现场安装情况如图2-123所示。

6. 隔离开关的安装

为保证隔离开关的正常使用及安全可靠，对隔离开关的安装提出了一些要求，具体如下：

图2-123　带接地刀闸隔离开关现场安装

1）隔离开关的所有部件、附件应齐全，无损伤变形及锈蚀，瓷件应无裂纹及破损。

2）隔离开关型号及各部尺寸、绝缘性能等技术参数应符合设计要求。

3）隔离开关的操作机构安装位置应符合设计要求，安装方式应符合产品安装说明书规定。

4）隔离开关的导电部分应接触紧密，两侧的接触压力应均匀，符合产品技术规定。

5）隔离开关机械或电气的闭锁装置应准确可靠；带接地刀闸的隔离开关，接地刀闸与主触头间的机械或电气的闭锁装置应准确可靠。

6）隔离开关分闸时，刀闸分闸到位，触头间净距或拉开角度应符合产品技术规定，合闸后触头相对位置、备用行程应符合产品技术规定，当开关处于终点位置时，操作机构应有可靠的锁定装置。

7）开关引线应连接牢固，任何情况下应满足绝缘距离要求，并预留因温度变化引起的偏移量。

8）隧道内，隔离开关触头带电部分至顶部建筑物距离不应小于500mm；距隧道壁不应小于150mm，任何情况下安装均不能侵入设备限界。

9）电动隔离开关的电源和控制回路接线正确，接线端子接触良好，无松弛、脱落现象，在规定的电压波动范围内，能正确可靠动作。

10）隔离开关1500V电缆连接正确，不应采用金属铠装电缆。

11）隔离开关接地安装及接地电阻应符合设计规定。

12）电动隔离开关箱密封良好。

13）隔离开关触头表面应平整、清洁，并应涂油；载流部分的可挠连接无折损；载流部分表面无凹陷及锈蚀。

14）开关托架呈水平状；操作机构安装位置应便于操作，传动杆垂直，与操作机构轴线一致，连接牢固，机械传动部分传动平稳。

15）机构的分、合闸指示与开关实际位置一致。

16）手动操作机构安装距地宜为1.1～1.2m。

17）隔离开关基础、支架稳固。

7. 隔离开关的安全操作

在进行隔离开关倒闸作业时，先由操作人员向电力调度提出申请，经电调审查后发布倒闸作业命令，操作人员受令复诵，电力调度员确认无误后，方可给命令编号和批准时间。倒闸人员必须戴好安全帽和绝缘手套，接到倒闸命令后，要迅速准确地进行倒闸，一次开闭到位，中途不得停留和发生冲击。

2.11.2 隔离开关的检修与维护

1. 隔离开关的检调标准

隔离开关检调时，首先要确定编号及分合闸位置，检调后应恢复原状，经常操作的隔离开关，检修周期为3~6个月；不经常操作的隔离开关，检修周期为9~12个月。检调标准如下：

1）各部分零件连接牢固，铁件无锈蚀，操作机构灵活可靠。

2）开关瓷柱转动灵活，水平转角90°，误差为1°，合闸时，刀闸触头接触紧密良好，呈水平状态，两刀闸中心线为一条直线，止钉间隙为1~3mm。

3）触头入槽后用0.05mm×10mm的塞尺检查，当接触表面宽度为50mm以下时，不应超过4mm；当接触表面宽度为60mm及以上时，不应超过6mm。

4）绝缘瓷柱清洁，无裂纹和放电痕迹，破损面积不大于300mm^2。

5）开关引线与支持绝缘子和各带电部分、接地体的距离不得小于150mm，引线张力不大于500N，跨越承力索时，间距应大于400mm。

6）开关加锁、锁头无锈蚀，开闭方便。

7）隔离开关打开后，两触头间的距离为450~550mm，引线距托架之间的距离大于350mm。

2. 隔离开关的常见故障

1）隔离开关的支柱绝缘子破损或脏污造成绝缘子闪络击穿，使接触网对地短路，引起变电所馈线断路器跳闸。

2）隔离开关引线与设备线夹、接触网上线夹接触不良，烧断引线，烧坏线夹或接触网设备。

3）隔离开关引线弛度小或无弛度，在气温下降时，引线拉力过大，将引线拉断或将设备线夹拉折，支持绝缘子折断。

4）隔离开关引线弛度大，引线距接地体绝缘空气间隙不够放电或间隙击穿，造成接触网事故。

5）接触网有电，在接地刀闸闭合情况下强行合主刀闸，造成引线烧断或隔离开关主刀闸触头烧损。

2.11.3 电连接的作用与分类

1. 电连接的作用

电连接的作用是在接触网与电气设备之间、接触网的不同接触悬挂之间，用导线进行可靠的连接，保证电路畅通，使设备的功能充分发挥作用，避免出现烧损事故，满足各种供电条件和检修的需要。

电连接直接安装在接触线或者汇流排上,实现电气导通、连接,或起到平衡电位的作用。主要在非绝缘锚段关节处、道岔处、车辆段和停车场各股道之间刚柔过渡等位置设电连接。

2. 电连接的分类

根据用途和安装位置,电连接可以分为横向电连接、股道电连接、隔离开关电连接、道岔电连接、锚段关节电连接和避雷器电连接。

(1)横向电连接　横向电连接在隧道、地面和高架段较常见,一般间隔 60m 一组电连接将馈线、承力索、接触线间进行沟通。隧道内直接将馈线和接触线进行连接,一般使用 120mm² 电缆,地面和高架使用 TJR-120 铜绞线或 THJ-120 铜合金绞线作为电连接。

(2)股道电连接　股道电连接主要用在车辆段、股道较多并且在同一个供电区域内的情况。车辆段一般分 2~5 个供电区域,有的供电区域 4~8 股道,上网点只有一处开关,容易造成股道间的电压差和取流不均衡,可采用股道电连接在两组软横跨或横梁进行股道间的电气连通。股道电连接多采用电缆形式。

(3)隔离开关电连接　隔离开关电连接,即从隔离开关引到接触网上,隧道采用电缆进行连接,地面和高架根据情况使用铜绞线或电缆,也称为隔离开关引线,如图 2-124 所示。

图 2-124　隔离开关电连接

(4)道岔电连接　道岔电连接是在接触网线岔的位置进行两支接触线的电气连通以及下锚前两交叉接触线的电连接形式,如图 2-125 所示。其目的是防止线岔处两支汇交的接触线有电位差导致线岔处打火,避免引起烧坏限制管的现象。

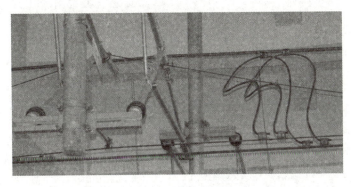

图 2-125　道岔电连接

(5)锚段关节电连接　锚段关节电连接是在非绝缘锚段关节处,对两锚段衔接处的两支接触悬挂进行电气连通。其目的是保证非绝缘锚段关节处接触悬挂的电流通畅,并可以防止锚段关节处两悬挂出现电位差导致打火烧坏受电弓的现象。锚段关节电连接较多采用铜绞线。

（6）避雷器电连接 避雷器电连接即从接触网上引到避雷器接线端，主要采用电缆方式，也称为避雷器引线，如图 2-126 所示。

图 2-126 避雷器电连接与横向电连接

3. 电连接的组成与材料

接触网电连接由电连接线、承力索电连接线夹、接触线电连接线夹组成。垂直型接触线电连接线夹如图 2-127 所示。方形承力索电连接线线夹如图 2-128 所示。

电连接线用导电性能好的材料制成，在铜和铜合金接触线区段采用 TRJ-95、TRJ-120、THJ-120，如图 2-129 所示。电连接线做成螺旋弹簧状的原因是：

1）增加了接触网的弹性，减少硬点。

2）在电连接一段烧损后，放开几圈可以继续使用，节约了材料。

图 2-127 垂直型接触线电连接线夹

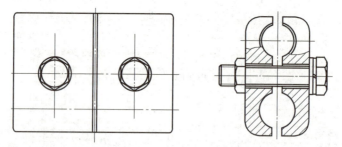

图 2-128 方形承力索电连接线线夹

2.11.4 电连接的检修与更换

1. 电连接检修重点

1）电连接应有一定的弛度，保证在温度变化时，不因电连接线或接触悬挂的伸缩导致电连接线夹处出现硬点。

2）电连接线不得有散股、断股和烧伤现象，除股道电连接外，不允许有接头。

3）各种电连接线夹与被连接线索连接时，出线口过渡均应做成圆滑状，连接处不应使线索损伤和折断。电连接线夹和线索导电接触面应涂电力复合脂，采用压接连接零件的应用防氧化腐蚀的导电油脂填充压接部位的内部空隙，线夹装设不得偏斜、开裂、塑性变形和滑移。

4）电连接线夹的载流量不应小于被连接线索的最大额定载流量，电连接线夹与线索连接处的温升不应该大于被连接线索的温升，可以用粘贴示温片或热成像仪检查。

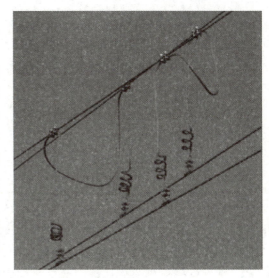

图 2-129　电连接

5）隔离开关电连接与不带电体之间的间距不得小于 150mm。引线跨带电导线的高度不小于 400mm。

6）方形电连接线夹处电缆露头 10~20mm，接触线电连接线夹离定位线夹 200mm 以上。

2. 电连接常见故障

电连接设备故障将直接影响供电质量，严重时会造成停电、刮弓、车辆车顶设备损坏等事故。

1）电连接线夹接触不良，引起局部发热，烧断电连接线、接触线和承力索。

2）因电连接线载流量不够或接触不良，使附近吊弦因分流被烧坏。

3）接触线电连接线夹的安装位置不正，造成导线偏磨或者出现刮弓事故。

4）因电连接线弹性较差造成硬点，使导线局部磨损严重。

5）电连接线预制长度不合理，在极限温度下，电连接线松弛和张紧，造成碰弓和刮弓事故。

2.12　软横跨技术与检修

【学习目标】

1）掌握软横跨的基本结构。

2）了解软横跨的常见故障。

3）熟悉软横跨的检修标准。

在车辆段、停车场中，接触网不能采用单线路腕臂的架设方式，否则站场中过多的支柱会影响列车工作人员的信号瞭望。另因股道间距较小，难以满足设立支柱的要求，所以在车辆段和停车场可采用软横跨或门形架的形式支撑接触悬挂。

2.12.1 软横跨的组成

多股道的接触悬挂借助于单根或数根横向线索悬挂在股道线路两侧的两根支柱上,这种装置称为软横跨。软横跨由横向承力索、上部固定绳、下部固定绳及连接零件组成。软横跨结构如图 2-130 所示。

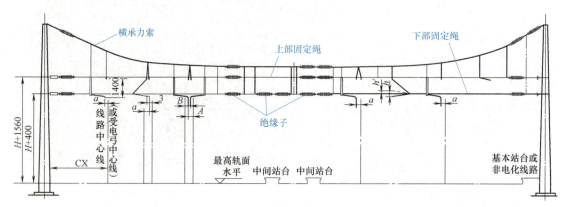

图 2-130 软横跨结构

2.12.2 软横跨各部件的作用

1. 横向承力索

横向承力索是软横跨的主要构件,承受链形悬挂的垂直负载。横向承力索有单根承力索组成的单横承力索和两根承力索组成的双横承力索。

除特殊要求外,一般悬挂 6 支以上接触悬挂时,无论跨越几股道,均采用双横承力索;悬挂 5 支及以下接触悬挂时,采用单横承力索。由于横向承力索承重较大,采用 GJ-70 镀锌钢绞线或 LXGJ-80 镀铝锌钢绞线。

2. 上部固定绳

上部固定绳的作用是固定各股道的纵向承力索,并将纵向承力索的水平负载传递给支柱。由于负载不大,上部固定绳采用 GJ-50 镀锌钢绞线或 LXGJ-80 镀铝锌钢绞线。

3. 下部固定绳

下部固定绳的作用是固定定位器,以便对接触线按技术要求定位,并将接触线水平负载传递给支柱,采用 GJ-50 镀锌钢绞线或 LXGJ-80 镀铝锌钢绞线。

4. 软横跨绝缘子

软横跨上不管是接地侧绝缘子还是上、下行股道间的横向电分段绝缘子,它们一方面起绝缘作用,另一方面起机械连接作用。

5. 吊弦

横向承力索和上部固定绳间,通过铜合金绞线做成的直吊弦连接起来;上、下部固定绳间,通过铜合金绞线做成的斜吊弦将鞍子或悬吊滑轮与定位环线夹连接起来。

我国多采用绝缘式软横跨,即横向承力索和上、下部固定绳均对支柱绝缘。

2.12.3 软横跨的故障

因为软横跨故障而影响供电的事故并不多见,但是一旦软横跨发生事故,其影响的范围会非常大,涉及站场上、下行多条轨道,恢复时间较长。因此,对软横跨容易发生故障的处所应经常检查。软横跨的故障可以分为以下几个方面:

1) 软横跨接地侧绝缘子串因污染严重发生闪络击穿或者被损,导致接触网发生接地故障。

2) 分段供电用的分段绝缘子串污染严重或损坏,当一部分接触网设备停电检修时,带电部分接触网设备因分段绝缘子串污染严重闪络或损坏而造成接触网的接地故障。

3) 下部固定绳距接触线的垂直距离太小,受电弓抬升接触网,造成受电弓刮坏下部固定绳,引发故障。

4) 接地侧或分段的绝缘子串中,杵头连接部分弹簧销脱落,杵头从绝缘子串中脱落,造成软横跨线索抽脱故障。

5) 下部固定绳松弛严重(正弛度严重),受电弓刮断下部固定绳,引发故障。

2.12.4 软横跨的检修

软横跨检修重点如下:

1) 软横跨横向承力索(双横承力索为其中心线)和上、下部固定绳应布置在同一垂直面内。双横承力索两条线的张力应相等,V形连接板应垂直于横向承力索。

2) 上部固定绳至横向承力索的吊弦应保持垂直状态,最短吊弦的长度为400mm,允许负误差为-200mm,正误差为50mm。

3) 横向承力索和上、下部固定绳绝缘子应对齐,上、下部固定绳不得有接头、断股和补强,其机械强度安全系数应该满足要求。

4) 上、下部固定绳应水平,允许有平缓负弛度,其数值5股道及以下不超过100mm,5股道以上不超过200mm,下部固定绳与工作支接触线的垂直距离不小于250mm。

5) 横向承力索和上、下部固定绳均不得有接头、断股和补强。

6) 软横跨柱向受力反向的倾斜标准:13m高的支柱为100~200mm,15m及以上高度的支柱为200~300mm,每组软横跨两支柱中心的连线应垂直于正线,其偏角不得大于3°。

7) 横向承力索和上、下部固定绳的分段绝缘子串应在同一垂直面内。

8) 软横跨横向承力索和上、下部固定绳调节螺栓的调整裕量不小于±50mm。下部固定绳与接触线间距一般为300~400mm,最小不得小于250mm。

2.13 避雷器和架空地线技术与检修

【学习目标】

1) 掌握避雷器的用途、分类、结构。
2) 掌握避雷器的检修。
3) 掌握架空地线的用途、材料。
4) 熟悉架空地线检修标准与方法。

架空接触网线路是一组架设在空中的裸导线网,极易受到雷击,必须装设避雷器。采用架空接触网的城市轨道交通线路,在隧道中所有埋入的杆件均需与地线相连,接触网中所有不带电的金属结构件必须与架空地线有良好的电气连接。

2.13.1 避雷器

1. 避雷器的原理

大气过电压是指接触网附近发生雷击或落雷时接触网产生过电压。峰值很大的过电压会造成绝缘子发生闪络、击穿,引发短路事故,造成接触网及其他设备的损坏。避雷器的安装能及时将雷电引入大地,从而限制接触网上电压的大小。

避雷器安装在接触网支柱上,与接触悬挂相连接,作为接触网大气过电压保护之用。当接触网电压升高达到避雷器规定的动作电压时,避雷器动作,释放电压负荷,将接触网电压升高的幅值限制在一定水平之下,从而保护设备绝缘所能承受的水平。

各种避雷器均有一个共同的特性,即在高电压作用下呈现低阻状态,而在低电压作用下呈现高阻状态。雷击的过电压非常大,雷电的放大电流通常为 10~40kA,在极大雷暴时,电流可达 430kA。在发生雷击时,当雷电波过电压沿线路传输到避雷器安装点后,作用于避雷器上的电压很高,避雷器动作,呈低阻状态,将过电压引起的大电流泄放入地,限制过电压,使与之并联的设备免遭过电压的损害。

城市轨道交通地面区段在采用架空接触网供电时,地上区段架空接触网应设置避雷器,其间距不应大于 300m。在满足条件时全线贯通的架空地线可兼作避雷线,可以有效地避免雷电波对轨道交通设施带来的危害。

2. 避雷器的分类

(1) 角隙避雷器 角隙避雷器又称为放电间隙,由角型间隙、支持绝缘子、支持钢管及底座组成。角型间隙由两个串在一起的火花间隙组成,其中一个靠边的角固定在防污型支持绝缘子上,用铜绞线或电缆连至接触网上;另一个角则通过支持绝缘子和地线接到钢轨或架空地线上。放电间隙结构与安装实景图如图2-131和图2-132所示。

(2) 氧化锌避雷器 氧化锌避雷器是具有良好保护性能的避雷器。利用氧化锌良好的

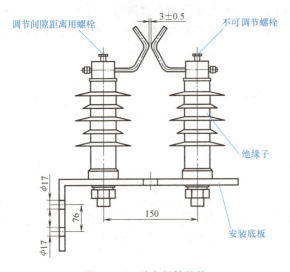

图2-131 放电间隙结构

图2-132 放电间隙安装实景图

非线性伏安特性,在正常工作电压时流过避雷器的电流极小(微安或毫安级);当过电压作用时,电阻急剧下降,泄放过电压的能量,达到保护的效果。

在轨道交通应用中,主要使用氧化锌避雷器,其结构如图2-133所示。避雷器脱离器常与避雷器串联使用,其目的是当避雷器出现异常故障时,利用工频短路电流让脱离器动作,使脱离器接地端自动脱开,避雷器退出运行,防止事故进一步扩大,并给出"故障避雷器已可见性脱离"标识,便于维护人员及时发现故障点并进行检查和更换。

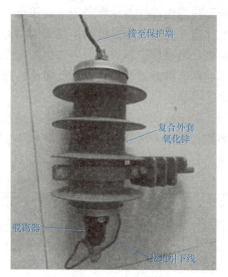

图 2-133　氧化锌避雷器结构

3. 避雷器的设置原则

1)柔性接触悬挂(简称"柔性悬挂"):隧外牵引变电所馈线连至接触网处设置避雷器。

2)刚性接触悬挂(简称"刚性悬挂"):在地下段隧道入口及出口处接触网上设置避雷器。

3)库外电分段及隔离开关处设置避雷器。

4)出入线、试车线约 200m 处设置避雷器。

5)正线每 300m 设置一个避雷器。

4. 避雷器维护涉及的试验

1)测量绝缘电阻和接地电阻。

2)测量直流 1mA 电压 U_{1mA}。

3)测量 $0.75U_{1mA}$ 下的漏电流。

2.13.2　避雷器的检修

1. 检修周期

根据接触网检修规程规定,避雷器检修周期为 1 年,运行中的避雷器每年在雷雨季节前做一次预防性试验。

2. 检修要点

1)引线截面与避雷器额定电流当量截面相适应,引线和螺栓紧固良好。

2)避雷器的聚合橡胶绝缘子(或瓷绝缘子)不得有裂纹、破损、老化和放电痕迹。

3)接地电缆、接地极状态良好、连接牢靠,其接地电阻应不大于 10Ω。

4)避雷器引线应与避雷器底座及其他接地部件保持 150mm 以上间距。

5)避雷器发生爆炸时,其引线不得造成接地短路或侵入受电弓动态包络线。

6)检修避雷器时应对避雷器做绝缘电阻测试和接地电阻测量。

2.13.3　架空地线

1. 架空地线的作用

架空地线在接触网系统中,沿接触网路径全线架设,设置于输电导线的上方,用于保护线路免遭雷击,为绝缘子闪络提供电气通路。

当架空地线连接的物体受到闪络冲击时,架空地线对保护线(或回流线)的电位升高,使剩余电流保护器放电,闪络电流经保护线(或回流线)流回牵引变电所,使继电保护装置动作,同时通过接地极对地短路,进一步提高继电保护的准确性,保证了接触网设施的安全、可靠。

架空地线由于不负担输送电流的功能,所以不要求具有与导线相同的电导率和导线截面面积,通常采用导电性能及耐腐蚀性能好的硬铜绞线 TJ-70、TJ-95、TJ-120。线材及规格要求见表 2-7。

表 2-7 架空地线性能参数

型号	计算截面面积/mm²	计算外径/mm	结构	单丝直径/mm	伸长率小于(%)	抗拉强度不小于/kN
TJ-70	65.81	10.5	1×19	2.10	0.7	27.45
TJ-95	93.27	12.5	1×19	2.50	0.8	38.54
TJ-120	116.99	14	1×19	2.80	0.9	48.01
TJ-150	148.07	15.8	1×19	3.15	1.0	60.21

2. 架空地线的安装形式

架空地线的安装形式主要分为接触悬挂接地安装、接触网设备接地安装及架空地线下锚等。

(1) 接触悬挂接地安装　接触悬挂接地安装的安装形式大致分为以下几类:

1) 接触悬挂直接接地安装。柔性悬挂架空接地线与接触悬挂同杆架设,通过接地线肩架和专用线夹架设在支柱田野侧;刚性悬挂架空接地线通过在悬吊槽钢一端的架空地线线夹与刚性支持装置相连,如图 2-134 所示。

图 2-134　接触悬挂架空地线安装示意图

2) 接触悬挂通过接地跳线接地安装,如图 2-135 所示,通过一个接线端子及铜绞线引至架空地线进行接地安装。

3) 零散底座接地安装,如图 2-136 所示。通常应用在单渡线或辅助线内,用于简化地线的布线,使线路更加美观。

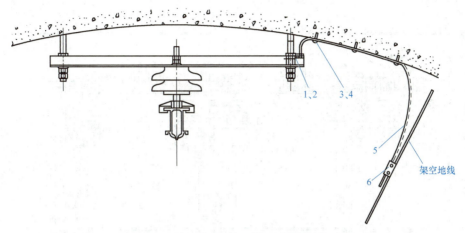

图 2-135 接触悬挂通过接地跳线接地安装示意图

1—铜接线端子 2—接线端子底座 3—地线卡子 4—后扩底锚栓 5—接地跳线 6—并沟线夹

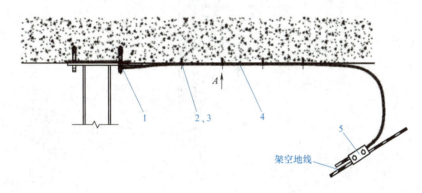

图 2-136 零散底座接地安装示意图

1—铜接线端子 2—绞线固定卡 3—后扩底锚栓 4—软铜绞线 5—并沟线夹

（2）接触网设备接地安装 接触网设备接地安装主要指隔离开关的接地安装，如图 2-137 所示。通过接线端子将隔离开关各部分底座与铜绞线相连，最终连接至架空地线上。

（3）架空地线下锚 由于隧道内净空条件的限制，架空地线下锚主要分为架空地线在吊柱处下锚及在隧道壁上直接下锚，如图 2-138 和图 2-139 所示。

刚性架空地线锚段长度通常不超过 2000m。由于线索中部弛度较大，以及考虑到对线索安全距离的要求，需在线索中部加装支持装置，通常每隔 16m 安装一处架空地线线夹托板，如图 2-140 所示。通常，架空地线锚段间的连接采用并接电连接线或电缆的形式，将两侧各自落锚的架空地线连接，形成连续的接地网络，如图 2-141 所示。

3. 架空地线的安装要求

通常情况下，对架空地线安装有以下几个要求：

1）一个架空地线锚段内不得出现接头，不得有两股以上的断股，如因特殊情况，一个锚段内断股补强数不超过 1 个。

2）架空地线张力和弛度应符合设计安装曲线。

3）架空地线安装线路应平缓顺畅，不能出现大的转角。

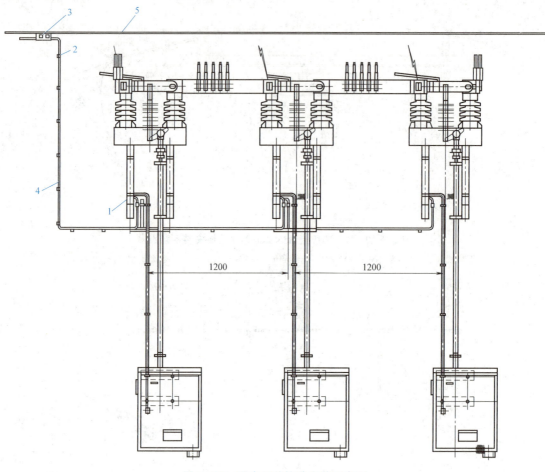

图 2-137　隔离开关接地安装示意图
1—地线接线端子　2—地线卡子　3—并沟线夹　4—软铜绞线　5—架空地线

4）必须保证架空地线在最大弛度时距接触网带电体不小于 150mm。

5）架空地线下锚处调整螺栓长度处于许可范围内，并有不少于 30mm 的调节裕量。

6）架空地线线夹安装端正，架空地线线夹的铜衬垫套（护线条）齐全、安放正确。

7）接触悬挂接地电阻要求不大于 10Ω，零散接地底座的接地电阻要求不大于 30Ω。

接地保护系统采用架空地线与变电所的接地母排连接，当接触网系统发生短路时，可使保护系统动作，从而对接触网设备进行可靠的保护。在绝缘子击穿、闪络或因严重老化的情况下，如果没有架空地线，泄漏电流经接地电阻较大的隧道壁入地，不能使牵引变电所保护跳闸，从而会产生长时间的异常放电，烧损悬挂的金属部件而造成大事故。同时泄漏电流经较大的接地电阻也会使接触网非带电部分对地产生高电压而危及人身安全。装设架空地线可使泄漏电流由地线直接回流变电所，从而降低接地电阻。泄漏电流增大使变电所保护跳闸而迅速切断泄漏电流，保护设备和人身安全。

2.13.4　架空地线的检修标准

架空地线检修按照以下几点标准进行：

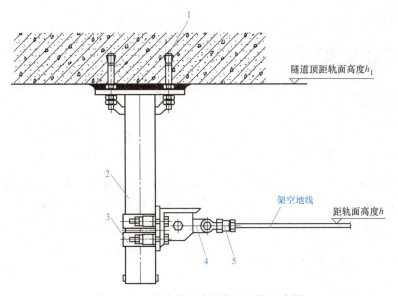

图 2-138　架空地线在吊柱处下锚示意图

1—后扩底锚栓　2—吊柱　3—地线卡子　4—D 型单耳连接器　5—地线终端锚固线夹

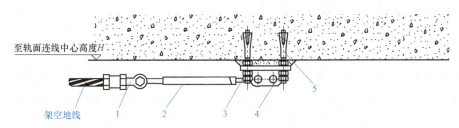

图 2-139　架空地线在隧道壁上直接下锚示意图

1—地线终端锚固线夹　2—调节螺栓　3—平垫片　4—地线下锚底座　5—后扩底锚栓

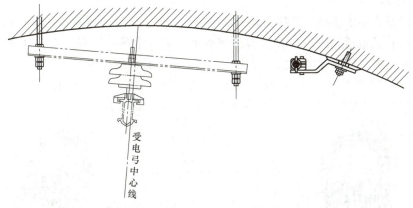

图 2-140　架空地线线夹托板

1）架空地线的安装位置，要求在任何情况下均应满足带电距离的要求，应不小于 150mm。

2）架空地线的张力和弛度要符合安装曲线。

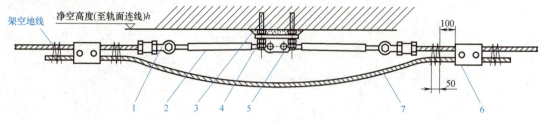

图 2-141　架空地线对向下锚

1—地线终端锚固线夹　2—调节螺栓　3—后扩底锚栓　4—平垫片　5—地线下锚底座　6—并沟线夹　7—接地跳线

3）架空地线断股 3 根以内、损伤面积不超过其截面积的 5% 时，可将断股处磨平，用同材质的铜线扎紧；当断股超过 3 根、损伤面积为其截面积的 5%～20% 时，要进行补强；当断股、损坏面积超过其截面积的 20% 时，须更换导线或切断做接头。

2.14　柔性接触网零件的种类与安装

【学习目标】

1）了解柔性接触网零件的用途。
2）掌握柔性接触网各种零件的安装要求。

接触网零件数量多、种类杂，即使同一类零件，其形式、材质、紧固方法也不同。根据用途大体上分为悬吊零件、定位零件、连接零件、锚固零件、支撑零件、电连接零件、抱箍零件、接地零件以及绝缘子等几大类。

2.14.1　柔性接触网零件的种类

1. 悬吊零件

悬吊零件是指用于悬吊、悬挂及起夹持作用的零件，除悬吊线索及杆件的零件外，还包含各类紧固件及其他通用件，如接触线吊弦线夹、承力索吊弦线夹、定位环线夹、悬吊滑轮、横承力索线夹、接触线中心锚结线夹、承力索中心锚结线夹等。

1）接触线吊弦线夹。用于吊弦线与接触线的连接，如图 2-142 所示。
2）承力索吊弦线夹。用于吊弦线与承力索的连接，如图 2-143 所示。

图 2-142　接触线吊弦线夹

图 2-143　承力索吊弦线夹

3）定位环线夹。用于软横跨处定位索与定位器之间的连接，如图 2-144 所示。

4）悬吊滑轮。用于软横跨定位索等处的承力索悬吊，如图 2-145 所示。

图 2-144　定位环线夹

图 2-145　悬吊滑轮

2. 定位零件

定位零件是指固定接触线位置的零件，把接触线和承力索固定在相对于轨面有一定高度、相对于线路中心有一定偏移或居中的位置上。定位零件包括定位线夹、支持器、长支持器、定位器、软定位器、特型定位器、特型软定位器、定位环、限制管、锚支定位卡子等。

1）定位线夹。用于定位器与接触线之间的连接，如图 2-146 所示。

2）长支持器。用于定位管、定位线夹之间的连接，如图 2-147 所示。

图 2-146　定位线夹

图 2-147　长支持器

3）定位器与定位线夹一起用于对接触线进行横向定位。如图 2-148 所示。

图 2-148　定位器

4）定位环。用于腕臂与定位管之间的连接，如图 2-149 所示。

3. 连接零件

连接零件是指起连接作用的零件。连接零件的作用是把机械装置连接或接续在一起，起整体连接及关节性的作用。连接零件包括双耳连接器、D 形单耳连接器、套管单耳、套管双耳、接触线及承力索接头线夹、双环杆、杵环杆等。

1）D 形单耳连接器，如图 2-150 所示。

2）套管双耳，如图 2-151 所示。

图 2-149　定位环

4. 锚固零件

锚固零件是指终端各线索锚固用的零件，是承受拉力的元件，其强度应大于被固定的接触线或承力索的抗拉强度。锚固零件包括双耳楔形线夹、接触线终端锚固线夹、承力索终端锚固线夹、UT 耐张线夹等。

115

图 2-150　D 形单耳连接器

图 2-151　套管双耳

1）接触线终端锚固线夹。用于接触线的下锚固定，如图 2-152 所示。
2）承力索终端锚固线夹。用于承力索下锚固定，如图 2-153 所示。

图 2-152　接触线终端锚固线夹

图 2-153　承力索终端锚固线夹

5. 支撑零件

支撑零件是指支撑装置用的零件，包括压管、旋转腕臂底座、特型旋转腕臂底座、拉杆底座、特型拉杆底座、钢柱拉杆底座、腕臂、腕臂支撑、定位管支撑、软横跨固定底座。

6. 电连接零件

电连接零件是指向接触网供电的电连接零件或线索之间的电连接线夹零件，主要是接触线电连接线夹、承力索电连接线夹。图 2-154 为承力索电连接线夹。

7. 抱箍零件

抱箍零件是用于柱体上实施固定悬挂零件的连接件或接续件的零件。抱箍零件包括 U 形卡箍、承锚抱箍、定位索抱箍、坠砣抱箍等。图 2-155 为定位索抱箍。

图 2-154　承力索电连接线夹

图 2-155　定位索抱箍

8. 接地零件

接地零件是指固定接地跳线、接地线或接地电缆的零件。接地零件包括架空地线线夹、接地线夹、地线卡子、并沟线夹等。图 2-156 为架空地线线夹。

2.14.2 柔性接触网零件的安装

为确保接触网零件的正确安装,安装时,必须遵守零件安装的一些规范性要求、必要的警告提示以及安装过程中的安全注意事项。

图 2-156 架空地线线夹

1. 紧固力矩与紧固顺序

零件安装过程中应严格遵照零件螺栓紧固力矩要求,用力矩扳手进行紧固。常见螺栓紧固力矩见表 2-8。

表 2-8 常见螺栓紧固力矩 （单位:N·m）

公称直径	Q235A 钢螺栓紧固力矩(4.6级)	允许紧固力矩误差范围	不锈钢螺栓紧固力矩(A2-70级)	允许紧固力矩误差范围
M8	7	7~9	13	13~16
M10	13	13~16	25	25~32
M12	25	25~30	44	44~56
M14	40	40~50	70	70~80
M16	60	60~70		
M18	80	80~90		
M20	120	120~135		
M22	160	160~180		
M24	200	200~220		

螺栓紧固中,应用力矩扳手交替循环按顺序均匀紧固连接螺栓,降低螺栓由于不平行受弯矩而咬死的风险。各种零件紧固顺序如图 2-157 所示。

a) 四螺栓同向紧固顺序

b) 两螺栓紧固顺序

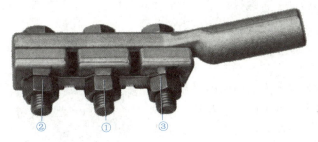

c) 三螺栓紧固顺序

图 2-157 紧固顺序

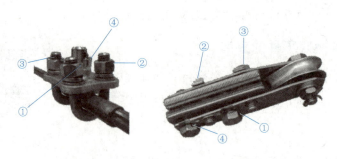

d) U形螺栓紧固顺序　　　　e) 四螺栓反向紧固顺序

图 2-157　紧固顺序（续）

2. 螺栓、销钉

腕臂及定位装置零件上的螺栓、销钉的穿向：水平穿向的螺栓、销钉均穿向来车方向。垂直穿向的螺栓、销钉均由上方穿向下方。

3. 开口销

开口销在零件中的主要作用是防止螺母脱落。零件安装后，开口销两肢掰开后应回头，开口销双向夹角不小于120°，以防止零件脱落，避免安全事故的发生，如图2-158所示。

a) 掰开角度不足　　　　b) 正确的掰法

图 2-158　开口销安装图

4. 止动垫圈

单孔止动垫圈安装时，先将止动垫圈的长肢弯折与零件本体侧面贴紧，防止紧固时止动垫圈随螺母一起转动，将螺母按紧固力矩要求紧固，然后将短肢弯折与螺母侧面贴紧。双孔或多孔止动垫圈安装时，弯折止动垫圈的止动肢，止动肢分别与螺母侧面贴紧，如图2-159所示。

由于后期精调等各方面的原因，在扳止动垫圈时，只将平腕臂上的套管双耳、支撑管卡子、承力座、斜腕臂上的支撑管卡子在预配时掰好，其余的在现场精调完成后再掰。

图 2-159　止动垫圈安装图

第2章 架空柔性接触网技术与检修

> 科技人文拓展

爱国铁路工程师——詹天佑

到过北京八达岭长城、游览过青龙桥京张铁路、瞻仰过詹天佑雕像的人，都会记住中国近代名震中外的铁路工程师、杰出的科技界先驱、伟大的爱国主义者詹天佑先生。周恩来同志曾称誉他是"中国人的光荣"。

詹天佑（1861年4月26日—1919年4月24日），男，汉族，字眷诚，号达朝。祖籍徽州婺源，生于广东省广州府南海县（现为佛山市南海区）。12岁留学美国，1878年考入耶鲁大学土木工程系，主修铁路工程。他是中国近代铁路工程专家，被誉为中国首位铁路总工程师。其负责修建了京张铁路等工程，有"中国铁路之父""中国近代工程之父"之称。

清同治十一年（1872年）留学美国，为中国所派首批留学生之一。清光绪七年（1881年）毕业于耶鲁大学，获土木工科学士学位。回国后在福建海军服役，参加中法马尾之役。曾任教于福州船政局、广东博学馆、广东水陆师学堂。清光绪十四年任中国铁路公司工程师，参与修筑津沽及关内外等铁路。清光绪三十一年作为总工程师主持修建京（北京）张（张家口）铁路，宣统元年（1909年）竣工，为中国第一条自建铁路，并培养了一批铁路建筑管理人才。先后被选为英国土木工程师学会和美国工程师学会会员，清廷也授予工科进士第一名。1913年任交通部技监，驻汉口专办路事。次年任汉粤川铁路督办。1917年任交通部铁路技术委员，主持拟订国有铁路标准。1919年奉派参加协约国西伯利亚铁路监管会，任技术部中国代表，旋病辞。先后当选为广东中华工程师会、中华工学会、中华工程师会的会长或名誉会长。著有《铁路名词表》《京张铁路工程纪略》等。

詹天佑出身于平民之家，他将终生奉献给中国交通事业。詹天佑是清末和民国前期最具国际知名度的中国人之一，至今仍是最具世界影响力的中国历史人物之一。他的成长史，他的家国情，无不映照着他生活的那个年代的多彩画卷。詹天佑领导修建京张铁路的卓越成就，为当时深受侮辱的中国人民争了一口气，表现了我国人民伟大的精神和智慧，昭示着我国人民伟大的将来。

詹天佑自力更生、发奋图强、不怕困难、艰苦奋斗的精神，是他对我国人民和古代科学家、工程师的伟大精神传统和创新才能的继承和发扬，也是他留给今天科学技术界的伟大精神遗产。

习　　题

一、填空题

1. 架空柔性接触网主要由_____、_____、_____、_____等部分组成。
2. 接触网支柱按照其使用材质的不同，可以分为_____和_____两大类。
3. 钢柱可以分为_____、_____、_____、异形钢柱、吊柱等。
4. 支柱按其在接触网中的用途可分为_____、_____、_____、_____、道岔柱、软横跨柱、硬横跨柱及门形架支柱等。
5. 门形架由_____、_____、_____、预埋地脚螺栓、_____和_____组成。
6. 根据腕臂与支柱之间的绝缘情况，腕臂可分为_____和_____。

7. 根据接触线位置及拉出值方向的不同，道岔柱有_____、_____、_____三种装配结构。
8. 接触悬挂根据是否有承力索分为_____和_____两大类。
9. 链形悬挂按悬挂链数的多少可分为_____、_____两种。
10. 单链形悬挂按照悬挂点处吊弦的类型可分为_____和_____两种。
11. 链形悬挂按照补偿方式分为_____、_____和_____三种。
12. 链形悬挂按照接触线和承力索的空间位置关系分为_____、_____、_____。
13. 整体吊弦有_____和_____两类。
14. 接触线断线，需要用_____线夹进行接续。
15. 定位装置由_____、_____、_____及其连接部件组成。
16. 定位装置的形式一般有_____、_____、_____及 ZC 定位几种。
17. 拉出值调整口诀为_____。
18. 单导单索接触网交叉线岔由两根_____、一根_____和两个_____等组成。
19. 定位线夹紧固扭矩为____N·m。
20. 长锚段的长度范围是_____，短锚段的长度范围是____，小锚段的长度范围是_____。
21. 三跨非绝缘锚段关节内，两转换柱间的两条接触线间的距离为____mm。
22. 四跨绝缘锚段关节内，中心柱处的两条接触线间的距离为____mm。
23. 中心锚结辅助绳一端与承力索用 3 个钢线卡子连接固定，钢线卡子间距为____mm。
24. 常用的补偿装置包括_____、_____及_____。
25. 棘轮式补偿装置由_____、_____、_____、补偿坠砣等部分组成。
26. 弹簧式补偿装置分为_____和_____两类。
27. 绝缘子的电气性能一般用_____、_____及_____表示。
28. 按结构可以将绝缘子分为_____和_____。
29. 按材料可以将绝缘子分为_____、_____和_____。
30. 绝缘子表面瓷釉剥落面积超过____mm² 时应更换。
31. 接触网隔离开关按照是否有接地刀闸分为_____和_____。
32. 接触网隔离开关按照容量和结构可分为_____、_____。
33. 软横跨由_____、_____、_____及连接零件组成。

二、是非题（对的画√，错的画×）

1. 中间柱是接触网上应用最普遍的一种支柱。（　　）
2. 目前地铁接触网钢柱的应用比例高于混凝土支柱。（　　）
3. 锚柱用作下锚时均应带下锚拉线。（　　）
4. 三跨非绝缘锚段关节没有中心柱。（　　）
5. 非绝缘腕臂结构笨重，安装维修困难，绝缘子容易脏污，已很少使用。（　　）
6. 四跨绝缘锚段关节没有中心柱。（　　）
7. 棒式绝缘子滴水孔应朝下。（　　）
8. 地铁车辆段的配线可采用带补偿的弹性简单悬挂。（　　）
9. 斜链悬挂中，接触线和承力索均布置成方向相反的"之"字形。（　　）
10. 当吊弦在极限温度下的偏移超过允许范围时，宜采用滑动吊弦。（　　）
11. 吊弦一般都是均匀布置在跨距中的，跨中吊弦一般规定为 8~12m。（　　）
12. 直线区段拉出值 a 和 m 值相同。（　　）
13. 定位线夹与接触线接触面应涂电力复合脂。（　　）
14. 线岔一端的非工作支导线抬高不够，容易造成受电弓钻弓事故。（　　）
15. 小锚段宜采用弹簧式补偿装置进行补偿。（　　）

16. 所有的锚段都必须装设中心锚结。 (   )
17. 中心锚结可以起到缩小事故范围的作用。 (   )
18. 中心锚结线夹两侧辅助绳长度相等，张力均匀，不出现弛度。 (   )
19. 补偿装置应灵活，补偿绳在装置内不得卡滞。 (   )
20. 安放坠砣时，坠砣开口相互错开180°整齐叠码。 (   )
21. 绝缘子的沿面放电现象就是闪络。 (   )
22. 隔离开关分、合闸要迅速，一次到位，中途不得停留和发生冲击。 (   )
23. 横向承力索和上、下部固定绳均不得有接头、断股和补强。 (   )

三、简答分析题

1. $H\dfrac{40}{8.6+2.7}$ 中各字母和数字表示的含义是什么？
2. 支柱型号 GHT240B/9 中各字母和数字表示的含义是什么？
3. 什么叫作导高？城市轨道交通接触网对导高是如何规定的？
4. 什么叫作结构高度？其取值范围是多少？
5. 什么叫作侧面限界？接触网的侧面限界是如何规定的？
6. 导线型号 CTHA120 中各字母和数字表示的含义是什么？
7. 某锚段接触线采用 CT110 型导线，测出导线平均残存高度为 10.02mm，补偿器的传动比为 1∶2，请在表 2-1 中查出磨耗面积是多少？导线此时的张力应调为多少？坠砣应如何调整？
8. 某简单链形悬挂，跨距为 55m，求一跨共需要几根吊弦？吊弦间距是多少？
9. 某支柱定位点接触线高度为 6000mm，所处曲线半径为 600m，轨距为 1440mm，设计拉出值为 350mm，外轨超高为 60mm，试：确定该定位点接触线距线路中心线的距离；若现场实测该定位点接触线投影在线路中心线距外轨间，且距线路中心线距离为 80mm，是否应该调整？
10. 什么叫作线岔的始触点？什么叫作始触区？始触点处两支接触线的高度是如何规定的？
11. 什么叫作锚段？什么叫作锚段关节？
12. 锚段关节的作用有哪些？
13. 绝缘子按照材料分为哪些类型？各自的优缺点是什么？
14. 什么是接触线磨耗？对磨耗有什么技术要求？
15. 什么叫作中心锚结？中心锚结有什么作用？
16. 中心锚结的设置原则有哪些？
17. 常见的承力索按照材质分为哪几种？比较其优缺点。
18. 定位装置的主要零件构成有哪些？
19. 常见的定位方式有哪几种？
20. 定位器的作用是什么？常见的定位器有哪几种？
21. 什么是接触线拉出值？有何技术要求？用什么字母表示？
22. 绝缘子防污采取的措施有哪些？
23. 说明锚段的作用。锚段长度的确定受到哪些因素影响？
24. 什么叫作补偿器的 a 值和 b 值？
25. 简述补偿器 b 值调整的步骤。
26. 线岔的作用是什么？交叉线岔由哪些零件组成？
27. 架空地线安装要求有哪些？

第 3 章

架空刚性接触网技术与检修

> 【知识点】
> 本章主要介绍架空刚性接触网主要组成部分的结构和功能，以及架空刚性接触网检修的技术要求、检修流程和方法。

3.1 刚性接触悬挂技术与检修

【学习目标】

1) 掌握汇流排、汇流排终端、接触线的结构和功能。
2) 掌握刚性接触悬挂检修的技术要求。
3) 熟悉刚性接触悬挂的检修流程与方法。

刚性接触网由刚性接触悬挂（包括汇流排和接触线）、支持定位装置、绝缘部件及架空地线等部分组成。与柔性接触网相比，具有结构简单、结构高度小、接触线无张力、没有断线之忧及运行维护较简单等特点。

3.1.1 汇流排

汇流排是在刚性接触网中用于夹持、固定接触线，承载和传输电能的铝排装置，如图3-1所示。铝合金汇流排既作为固定接触线的嵌体，同时又作为导电截面的一部分。这种悬挂方式根据线路通过能力及电流量的大小，又有单接触线式和双接触线式两种。根据铝合金汇流排截面的不同又分为 T 形与 Π 形，如图3-2所示。Π 形结构的刚性悬挂的特点是：其一，便于安装和架设，在架设接触线时，使用专用滑动式镶线车，利用 Π 形结构的弹性力可使接触线嵌入虎口槽内；其二，结构稳定，接触线是靠两侧夹持力固定的，因此运行稳定性好。单接触线汇流排目前有两种类型：一种为高 80mm 的 PAC80 型，另一种为高 110mm 的 PAC110 型。其中 PAC110 型的截面面积为 22130mm^2，每节长 12m。目前我国采用的主要是 PAC110 型汇流排。

汇流排之间用汇流排中间接头连接，构成刚性悬挂的一个锚段，汇流排中间接头既起机械连接作用，又起电气连接作用。汇流排中间接头有内包和外包两种形式，大多数位置都使用内包中间接头，如图3-3所示。外包中间接头适用于人防隔断门处的两段刚性悬挂汇流排之间的机械及电气连接，零件由左、右两个夹板组成，通过螺栓连接夹紧汇流排，将两段汇流排连接成为一个整体，如图3-4所示。

图3-1　铝合金Ⅱ形汇流排实物图

a) T形汇流排　　b) 单接触线Ⅱ形汇流排　　c) 双接触线Ⅱ形汇流排

图3-2　几种不同类型汇流排截面示意图

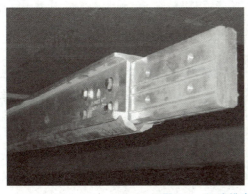 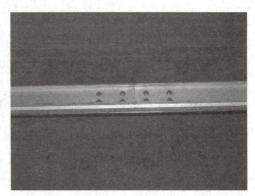

图3-3　汇流排内包中间接头实物图

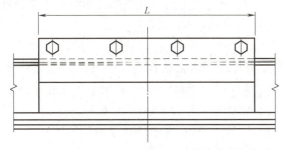 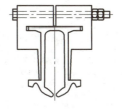

图3-4　汇流排外包中间接头示意图

3.1.2 汇流排终端

汇流排终端是由一端弯曲的 7500mm 汇流排制成的，其斜面长 1500mm，端部抬高 70mm，目的是满足最大斜度不超过 1/20。在弯头另一端钻有连接孔，可与普通汇流排相连，如图 3-5 和图 3-6 所示。汇流排终端安装在每段汇流排的端部，用于锚段关节、线岔、刚柔过渡处，弯曲斜面用于受电弓平滑过渡。

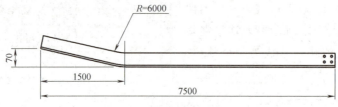

图 3-5 汇流排终端示意图

图 3-6 汇流排终端实物图

3.1.3 接触线

由于银铜合金的耐磨性、导电性能和耐腐蚀性能都较好，特别适应地铁牵引供电系统低电压、大电流的特点，已建成或在建的刚性接触网的接触线都选用银铜合金接触线，截面面积一般为 120mm²。

1. 接触线磨耗

接触线的磨耗因线路区段、车流密度、悬挂状态以及受电弓碳滑板的性能而异。柔性悬挂接触线磨耗不应超过 30%，而刚性悬挂由于不受张力限制，接触线允许磨耗可以到 50%。

2. 接触线拉出值

受到汇流排自身强度的影响，刚性接触网通常采用正弦波形式布置而不是柔性接触网的之字形布置，刚性接触网的拉出值一般为 ±(200~250)mm。

3. 接触线坡度

接触线坡度，即接触线相邻两悬挂点相对于轨面的高度不相等时，由高到低（或由低到高）的变化率。如果接触线的坡度较大，受电弓来不及追随接触线变化，就可能发生离线。为了使电客车在坡度区段内保持弓网之间应有的接触压力和良好授流，坡度值不能过大。在刚性接触网中，相邻的悬挂点相对高差一般不得超过所在跨距值的 0.5‰，设计变坡段不应超过 1‰。

3.1.4 刚性接触悬挂的检修

1. 刚性接触悬挂检修的工艺标准

1）汇流排表面不得有裂纹，不得扭曲变形，表面光洁无缺损、无毛刺、无污迹、无腐蚀。

2）汇流排沿线路按近似正弦波布置，无明显折角。汇流排的平面应与轨平面平行，即汇流排断面对称中轴线应垂直于该处轨面连线，偏斜角不应大于1°。

3）汇流排中间接头既起机械连接作用，又起电气连接作用。连接件的接触面清洁干净，两端汇流排在接头处应对接平直，当对接缝不能全封闭时，应保证下端密闭。接头紧固件齐全，螺栓朝向为一正一反交替布置。

4）汇流排中间接头避免处于或靠近跨中。中间接头连接缝至汇流排定位线夹的距离不小于200mm。采用外包接头时，则外包接头端头与汇流排定位处弹性线夹边缘距离不小于200mm。

5）接触线应可靠嵌入汇流排内。接触线与汇流排的接触面应均匀涂有电力复合脂，在锚段内无接头、硬弯。

6）接触线的安装高度和拉出值符合设计要求。接触线高度为4040mm，误差为±5mm，相邻的悬挂点相对高差一般不得超过所在跨距值的0.5‰，坡度变化率不得超过1‰，跨中弛度不得大于跨距值的1‰，且不应出现负弛度。拉出值一般为±200mm，允许误差为±10mm。

7）接触线磨耗均匀。其最大磨耗量控制在汇流排不能直接与碳滑板摩擦。普遍磨耗量最大不超过50%（汇流排连同CTSH-120接触线原始高度为117.20mm，磨耗40%时残存高度为112.75mm，磨耗50%时残存高度为111.17mm），达到40%时应加强监控，达到50%时应整锚段换线。

8）汇流排终端用于线岔、线路终端等处汇流排的末端，其末端向上弯高70mm，以利于受电弓平滑过渡。接触线装入汇流排终端后，外露长度150~200mm，沿汇流排终端方向顺延，向外凸出部分应向上弯，汇流排端部的夹紧螺栓齐全。

9）汇流排终端距相邻悬挂点的距离为1800mm，允许误差为-100~200mm。对接地体的距离≥150mm，困难情况下≥115mm。

10）在有水滴、露水或污染物入侵部分的汇流排上，或隧道口的刚柔过渡本体上，需安装汇流排防护罩。防护罩安装牢靠、稳定，无变形和严重老化现象。

2. 刚性接触悬挂的检修步骤

1）检查汇流排外观及状态。

2）检查接触线嵌入汇流排状态，并涂电力复合脂。

3）检查接触线有无偏磨及异常磨耗情况。

4）检查各零部件状态。

5）测量接触线普遍磨耗、带电体对地距离等各项参数。

6）检查各部螺栓是否齐全，紧固是否良好无松动，中间接头处是否有塌落现象。

7）检查有无水滴或污物等侵入汇流排现象。

3. 处理方法

（1）调整接触线导高

1）定位点导高调整。通过升降定位点两边T形螺栓或化学锚栓与悬吊槽钢连接的上下部螺母，配合激光测量仪来调整定位点接触线导高至设计标准。

2）跨中导高调整。若跨中没有汇流排中间连接板，跨中导高变化或出现负弛度时，应先检查两端定位处汇流排与定位线夹是否卡滞从而造成汇流排不能纵向自由伸缩产生变形。此时应松开两端定位线夹螺栓，晃动汇流排将卡滞的力充分释放，让汇流排自由伸缩至平顺后紧固定位线夹，复测跨中导高，如变化还是很大，则汇流排已永久变形，应更换整根汇流排。若跨中有汇流排中间连接板，应调整连接板处的导高，将汇流排中间连接板处 M10 的紧固螺栓稍松卸，用木方条顶在汇流排连接处，通过稍微抬升或压低汇流排配合激光测量仪来调整跨中接触线导高至设计标准，紧固汇流排中间连接板处的螺栓，紧固力矩为 16N·m。

（2）调整定位点处接触线拉出值

1）松开针式绝缘子与悬吊槽钢连接螺栓，通过横向移动定位点位置，配合激光测量仪调整拉出值至设计标准后紧固各连接螺栓。

2）松开 C 型汇流排定位线夹与绝缘横撑连接螺栓，通过横向移动定位点位置，配合激光测量仪调整拉出值至设计标准后紧固各连接螺栓。

3）松开 T 形螺栓与底座槽钢连接螺栓，通过横向移动定位点位置，配合激光测量仪调整拉出值至设计标准后紧固各连接螺栓。

（3）检查接触线的磨耗情况

1）若接触线有偏磨，应调整悬吊槽钢或绝缘横撑水平位置，使汇流排横断面中轴线垂直于所处的轨道平面。

2）若接触线局部磨耗较大，应调整邻近定位点及跨中导高、坡度符合设计规定。

3）若最大磨耗量使汇流排接近直接与碳滑板摩擦，要根据刚性接触网局部换线方案进行换线。

（4）检查接触线线面状态 使用放线小车撑开汇流排夹口卡槽将跳线和有硬弯区段的接触线放线至下垂状，清洁汇流排夹口处及接触线沟槽内的杂物、碳酸钙等污垢，将接触线重新放回汇流排卡槽内后拆卸放线小车。

（5）检查汇流排表面状态 若汇流排扭曲变形，应检查邻近定位处汇流排与定位线夹是否卡滞，若有卡滞则消除扭曲变形；若汇流排有明显转折角，应测量邻近定位点拉出值是否符合设计规定，若有变化则调整拉出值消除转折角；若隧道漏水滴到汇流排上，应及时安装汇流排防护罩以减少对汇流排的腐蚀；若汇流排表面有裂纹、永久变形或隧道漏水造成汇流排夹口处卡槽严重腐蚀破损，应根据刚性接触网局部更换汇流排方案进行更换。

（6）检查汇流排连接缝状态 松开汇流排中间连接板处紧固螺栓，重新对接汇流排连接缝调整至符合技术标准，按力矩设计要求紧固螺栓，紧固力矩为 16N·m。

（7）检查汇流排中间连接板螺栓状态 螺栓松动滑牙时，应更换新的 M10 螺栓并按力矩设计要求紧固螺栓。若汇流排中间连接板螺孔滑牙，则更换新的汇流排中间连接板。先用放线小车将接触线从汇流排连接处一端往另一端放线至合适位置，拆除汇流排中间连接板螺栓，从汇流排卡槽将连接板拨向一侧汇流排至连接缝能左右完全错开，取出连接板后插入新的连接板，对齐连接缝将新的连接板回拨至所有孔位对齐，安装垫片及螺栓，将所有螺栓全部装入螺孔后先不完全紧固，待对接缝调整至符合技术标准后，再按力矩设计要求紧固螺栓，最后将接触线重新放回汇流排卡槽。

4. 注意事项

1）应仔细检查接触线与汇流排间铜铝过渡处有无烧伤、腐蚀等异常情况。

2）拉出值一般情况下可不调整，必须调整时，根据现场支持定位装置类型采取不同方案进行调整。

3）在紧固中间接头螺栓时，为了确保中间接头处不发生汇流排塌落的现象，要将汇流排接头部位向上稍稍扛起再紧固，紧固完以后缓慢放下。

3.2 刚性支持定位装置技术与检修

【学习目标】

1）掌握刚性支持定位装置的结构和功能。
2）掌握刚性支持定位装置检修的技术要求。
3）熟悉刚性支持定位装置的检修流程与方法。

刚性支持定位装置的作用是通过绝缘子把铝合金汇流排、接触线等接触悬挂固定在隧道顶位置上。架空刚性接触网的支持定位装置主要包括定位槽钢、定位螺栓、绝缘子、定位线夹等。支持定位装置的结构根据其安装位置不同主要有腕臂结构、门形结构和低净空结构三种形式。

3.2.1 腕臂结构

腕臂结构支持定位装置如图 3-7 和图 3-8 所示，主要由可调节式绝缘腕臂、汇流排线

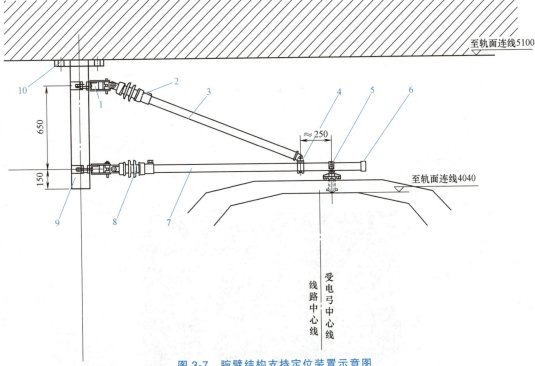

图 3-7 腕臂结构支持定位装置示意图
1—腕臂底座 2、8—绝缘子 3—斜腕臂 4—套管双耳 5—汇流排定位线夹
6—管帽 7—平腕臂 9—吊柱 10—化学锚栓

夹、腕臂底座、倒立柱或支柱等组成，其特点是调节灵活、外形美观，但结构复杂，成本高。此种结构主要用于隧道净空较高区段或地面线路。

图 3-8　腕臂结构支持定位装置实物图

3.2.2　门形结构

门形结构支持定位装置如图 3-9 和图 3-10 所示，主要由螺杆锚栓、T 形螺栓、垂直悬吊安装底座、悬吊槽钢、绝缘子及汇流排线夹等组成。其特点是结构简单、可靠，大量用于隧道内。

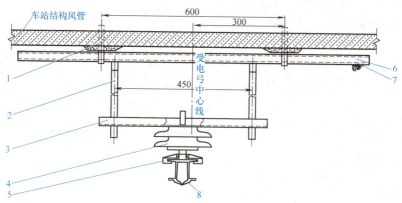

图 3-9　门形结构支持定位装置示意图

1—螺杆锚栓　2—T 形螺栓　3—B 型单支悬吊槽钢　4—刚性悬挂用针式绝缘子
5—汇流排线夹　6—A 型垂直悬吊安装底座　7—架空地线线夹　8—汇流排

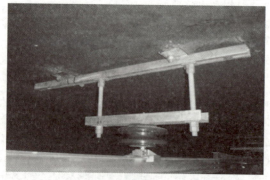

图 3-10　门形结构支持定位装置实物图

3.2.3 低净空结构

低净空结构支持定位装置如图3-11和图3-12所示,由螺杆锚栓、绝缘横撑及定位线夹等组成,应用于净空小于4400mm的隧道。其特点是安装空间小、结构简单、可靠。

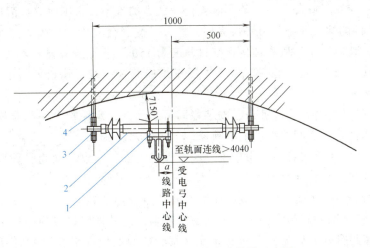

图3-11 低净空结构支持定位装置示意图
1—C型汇流排定位线夹 2—绝缘横撑 3—20型平垫圈 4—M20型化学锚栓

3.2.4 绝缘部件

刚性支持定位装置绝缘部件一般采用泄漏距离不小于250mm的表面上釉的瓷质绝缘子。刚性悬挂定位点处绝缘子下部为内胶装的M16内螺纹式不锈钢附件,上部为内胶装的M16外露螺杆,外露螺纹有效长度为55mm,螺杆材质为不锈钢,如图3-13所示。

图3-12 低净空结构支持定位装置实物图

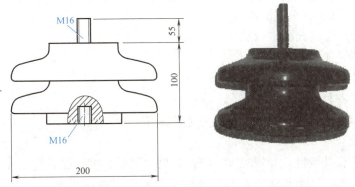

图3-13 刚性支持定位装置绝缘部件示意图和实物图

3.2.5 刚性支持定位装置的检修

1. 刚性支持定位装置检修的工艺标准

1）化学锚栓混凝土强度等级应不低于C30，填充密实，表面坚固、密实、平整，不应有起砂、起壳、蜂窝、麻面、油污等影响锚栓承载力的现象，否则应进行清理加固。

2）埋入杆件的螺纹完好，镀锌层完好，螺纹外露部分应涂油防腐。底座填充密实，表面光洁平整，无裂缝。车站风道结构板基材厚度为150mm，锚栓外露不小于69mm、螺纹部分不小于50mm；区间隧道、除过风管下方的车站内其余区段，锚栓外露不小于89mm、螺纹部分不小于80mm。

3）支持定位装置各紧固件齐全，安装稳固可靠，浇注水泥部分不得有松动和辐射性裂纹。汇流排与弹性线夹之间的滑动平滑顺畅，金属件无锈蚀。

4）槽钢底座应水平安装，悬吊槽钢、绝缘横撑与安装地点的轨道平面应平行；平坡线路上悬垂吊柱及T形螺栓应垂直，倾斜度误差一般均不应大于1°，位于坡道上的悬垂吊柱及T形螺栓顺线路方向垂直度误差应以保证汇流排伸缩为原则。

5）减震道床区间和车站结构风管等低净空处采用的硅橡胶绝缘横撑的金属连接件与芯棒连接可靠，密封良好，硅橡胶伞裙完整无破损，C型汇流排定位线夹的U形螺栓距接地体、接地线不得小于115mm。

6）隧道吊柱应保持垂直状态，其倾斜角不得大于1°。吊柱中心距相邻线路受电弓中心的距离为1200mm。隧道吊柱构件无变形，镀锌层完整。

7）支持结构的带电体距混凝土及金属结构的固定接地体的绝缘距离，静态最小值为150mm。

8）汇流排悬挂弹性线夹材质、规格、尺寸符合设计要求。表面无裂纹、无缺损，紧固件、内衬尼龙垫齐全，无松动。可旋转部件无卡滞，满足温度变化汇流排正常位移。

9）槽钢底座、悬吊槽钢、绝缘横撑、悬垂吊柱、T形螺栓等构件无变形，镀锌层完整，应有不少于15mm的调节裕量（净空限制地段除外），所有外露螺栓长度应保证电气绝缘距离。

10）绝缘子安装端正，绝缘子瓷釉表面光滑、清洁，无裂纹、缺釉、斑点、气泡等缺陷，瓷釉剥落总面积不大于300mm^2。

11）槽钢底座与混凝土的接触面上应涂隧道内防腐漆。T形螺栓的头部长边应基本垂直于安装槽道方向，螺纹部分应涂油防腐。

2. 刚性支持定位装置的检修步骤

1）检查支撑定位装置状态。
2）检查化学锚栓状态。
3）检查各零部件状态。
4）检查各部螺栓紧固是否齐全及受力是否良好。

3. 处理方法

1）对支持定位装置进行外观检查，应无裂痕或变形，镀锌层完好；浇注水泥部分应无松动和辐射性裂纹。支持定位装置如有裂痕、变形或锈蚀的现象，应及时处理或更换零部件。

① 支持定位装置有锈蚀现象，应用砂纸打磨，涂钙基脂防腐。

② 遇有裂痕或变形以及锈蚀严重的，应及时更换。

2) 用水平尺测量检查悬垂吊柱及 T 形螺栓是否倾斜，是否导致 B 型汇流排线夹顺线路方向水平倾斜卡滞住汇流排，使其不能在线夹内自由伸缩，若遇此种情况，处理如下：

① 检查支持定位装置各紧固件、锚栓是否安装稳固可靠，是否有松动而导致线夹倾斜。

② 抬升 T 形螺栓螺母，使悬吊槽钢不受卡滞的力，然后整正。

③ 检查定位线夹紧固螺栓是否有松动，用安装锤左右敲打整正定位线夹。

3) 检查 T 形螺栓的 T 头是否垂直安装于槽钢底座的槽道内，螺纹部分应涂油防腐。若有歪斜，应卸松、整正。

4) 检查悬挂点与轨面的相对位置：用接触网测量仪测量悬吊槽钢或绝缘横撑垂直线路方向，两端头高度是否相等（即是否与安装地点处的轨道平面平行）。若有不平行，应以悬挂点的设计导高为调整依据，调整悬吊槽钢或绝缘横撑的倾斜度。

5) 用白棉布清扫并检查绝缘部件；检查硅橡胶绝缘横撑、针式绝缘子的外观：硅橡胶绝缘横撑金属连接件与芯棒连接可靠，密封良好，伞裙完整无破损；针式绝缘子应无裂痕，瓷釉表面光滑，瓷釉剥落总面积不大于 $300mm^2$，且应无击穿和闪络现象，如有破损、裂痕或被击穿等现象，应及时更换。

6) 检查绝缘子安装是否端正，如有歪斜，予以整正。

7) 检查 C 型汇流排定位线夹的 U 形螺栓距接地体的距离，不得小于 150mm，困难情况下不小于 115mm，如不满足，处理如下：

① 以检规为标准，通过调整定位处导高或相邻导高，来满足绝缘距离。

② 遇有无法调整或定位前后点调整后仍不符规定的，现场应以保证行车供电安全为原则进行调整，并将此处向上级反映、备案。

8) 检查 C 型或 B 型汇流排线夹，应与汇流排连接紧固，应不能出现松动以及顺线路方向左右偏移的现象。若有偏斜，用安装锤敲打整正。

9) 检查汇流排线夹表面有无裂纹及缺损。内衬尼龙垫是否齐全、无松动、可旋转部位无阻滞现象。若有缺陷，立即更换。

10) 检查支持定位处是否有漏水以及附近有无水滴到接触网上，如有水漏到汇流排上，应加装防护罩并及时通报桥隧堵漏部门进行处理。

11) 检查架空地线线夹的外观，检查是否安装端正，零部件应齐全，无锈蚀，与接触网支持结构及设备底座的连接紧固良好。

4. 紧固力矩

刚性支持定位装置螺栓紧固力矩要求见表 3-1。

表 3-1 A2-70 不锈钢紧固螺栓的紧固力矩

公称直径	紧固力矩/N·m	允许紧固力矩误差/N·m	备注
M5	12	10~15	
M8	16	14~20	
M10	32	25~40	
M12	56	40~70	
M16	60	50~80	8.8级螺母
M20	120	100~140	10.9级大六角螺母

3.3 刚性中心锚结和锚段关节技术与检修

【学习目标】

1) 掌握刚性中心锚结和锚段关节的结构和功能。
2) 掌握刚性中心锚结和锚段关节检修的技术要求。
3) 熟悉刚性中心锚结和锚段关节的检修流程与方法。

刚性接触悬挂与柔性接触悬挂一样，出于缩小事故范围、灵活供电等考虑沿线路划分成若干锚段，刚性接触悬挂锚段长度一般为200~250m。每个锚段两端安装汇流排终端，每个锚段中间安装中心锚结，两个相邻锚段通过锚段关节来实现受电弓平稳过渡。

3.3.1 刚性中心锚结

刚性中心锚结是在锚段中部对刚性接触悬挂进行固定的装置，与柔性接触悬挂类似，其作用是防止刚性接触悬挂在热胀冷缩过程中向一侧偏移或者在受电弓的冲击作用下向受电弓的运行方向发生窜动，如图3-14和图3-15所示。刚性中心锚结主要由调节螺栓、中心锚结绝缘子、中心锚结线夹、连接件组成。中心锚结线夹主要包括线夹本体、线夹夹板、线夹连板、轴套、销轴等零件，如图3-16所示。直线区段，中心锚结底座中心线位于汇流排中心线正上方；曲线区段，中心锚结底座中心线位于中心锚结锚固点处汇流排中心线的延长线的正上方。

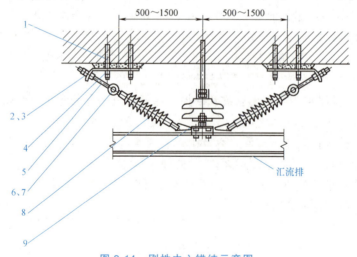

图3-14 刚性中心锚结示意图
1—锚栓 2、3—调节螺栓平垫片 4—下锚底座 5—调节螺杆 6、7—销钉、开口销
8—中心锚结绝缘子 9—中心锚结线夹

3.3.2 刚性中心锚结的检修

1. 刚性中心锚结检修的工艺标准

1) 中心锚结应处于汇流排中心线的正上方，基座中心偏离汇流排中心不大于±30mm。

2）中心锚结绝缘子表面应无损伤，一般情况下接地端至带电体距离不应小于150mm；困难情况下不应小于115mm。中心锚结线夹处接触线应平顺无负弛度。

3）中心锚结绝缘子及拉杆受力均衡适度，与汇流排的夹角不大于45°，中心锚结与汇流排固定牢固，螺栓紧固力矩符合设计要求，调节螺栓处于可调状态。

图 3-15　刚性中心锚结实物图

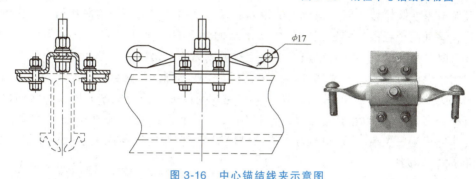

图 3-16　中心锚结线夹示意图

2. 刚性中心锚结的检修步骤

1）检查底座及吊柱状态。
2）检查化学锚栓状态。
3）检查汇流排中心锚结线夹及各零部件状态。
4）检查两端拉杆受力是否均匀，测量中心锚结线夹处接触线是否有负弛度。
5）检查各部螺栓是否齐全，紧固是否良好无松动，受力是否良好。

3. 处理方法

1）导高与负弛度处理。用激光测量仪测量中心锚结处接触线及两相邻跨中的导高，检查中心锚结处有无负弛度；若有负弛度，具体调整步骤如下：

① 通过调整中心锚结处支持装置的高度，以调整中心锚结定位点处的导高。

② 以中心锚结定位处的标准导高为基准，通过调松或旋紧一侧的调节螺杆，使其符合检规要求。

③ 调整时，应注意因附近定位线夹卡滞，导致导高不符合标准的现象出现。遇有此种情况，应先检查相邻定位线夹有无卡滞，然后再晃动附近的汇流排，使卡滞的伸缩量得以释放。

④ 通过挪动中心锚结线夹夹持在汇流排上的位置，来调整中心锚结处的导高。

⑤ 复测调整后的中心锚结处定位点的导高，查看是否符合检规规定。

2）检查销钉安装是否牢固，受力不应偏向开口销一侧，对不符合要求的用安装锤敲至销钉冒侧受力。

3）检查中心锚结线夹安装是否牢固端正，若有不正者，应卸松紧固螺栓予以敲正；所有紧固件应齐全，安装状态良好。

4）检查中心锚结两侧调节螺杆是否仍有调整裕量，是否存在受力不均匀现象。具体调整步骤参照负弛度调整。

5）检查中心锚结绝缘子与汇流排的夹角不得大于45°。用钢卷尺测量带电体与"地"的距离是否符合检规规定。若有不符，进行调整。

6）检查中心锚结绝缘子硅橡胶表面应整洁，无破损。若中心锚结绝缘子有损伤，应及时更换。更换前应使用绝缘电阻测试仪（额定检测电压2500V）对新绝缘子进行绝缘检测后方可安装。

3.3.3 刚性锚段关节

锚段关节是实现锚段之间平稳过渡的设施，即一个锚段与另一个锚段相衔接的接触网悬挂结构。在该处两个锚段的接触线有一段是水平的，且有一段（或一点）等高。要求当电客车运行时，能使受电弓从一个锚段平滑地过渡到另一个锚段。

为了缩小停电范围，方便故障查找，灵活安排作业，刚性接触悬挂设有非绝缘锚段关节和绝缘锚段关节，如图3-17和图3-18所示。非绝缘锚段关节用于机械分段，绝缘锚段关节除用于机械分段外，主要用于电分段。刚性锚段关节重叠长度一般为6.6m，水平间距为200mm（非绝缘锚段关节）或300mm（绝缘锚段关节）。非绝缘锚段关节处应安装4~5组（8~10根）电连接线。

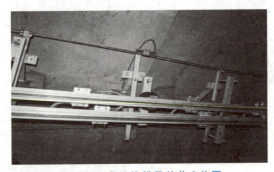

图3-17 非绝缘锚段关节实物图

图3-18 绝缘锚段关节实物图

3.3.4 刚性锚段关节的检修

1. 刚性锚段关节检修的工艺标准

1）锚段关节处的两支接触线在关节中间悬挂点处应等高，转换悬挂点处非工作支不得低于工作支，可以比工作支高出0~7mm，且受电弓在双向通过时应平滑无撞击和拉弧现象。

2）汇流排终端到相邻悬挂点的距离为1800mm，允许误差为-100~200mm。

3）非绝缘锚段关节两支悬挂的拉出值一般分别为±100mm，中心线之间的距离为200mm，允许误差为±20mm。

4）绝缘锚段关节两支悬挂的拉出值一般分别为±150mm，中心线之间的距离为300mm，允许误差为±20mm。

5）锚段关节的检修周期为12个月，每次检修周期内应对锚段关节悬挂点处接触线的高度、水平距离及电连接进行全面的检查测量。

2. 刚性锚段关节的检修步骤

1）利用激光测量仪测量锚段关节各定位点的导高及拉出值，得出每个定位点的高差及两线间距。

2）用钢卷尺测量汇流排末端到相邻定位点中心的距离。

3）检查刚性锚段关节电连接处是否有放电和腐蚀现象。

4）检查刚性锚段关节处非工作支与工作支接触线的水平过渡处是否有拉弧打火痕迹。

5）检查刚性锚段关节绝缘部件及锚固件是否完好。

3. 处理方法

1）若测得工作支或非工作支导高和拉出值有误差，调整工作支或非工作支定位点两侧悬挂槽钢高度直至符合标准。若测得两线间距不符合要求，调整两侧定位间距。

2）电连接线夹拆装时应在汇流排连接面涂电力复合脂，电连接与线夹连接处也须涂电力复合脂。若检查发现电连接有放电现象，拆除重新预制作安装。若检查电连接线夹松动，对锚段关节各螺栓螺母紧固。

3）若检查发现线面有打火痕迹，首先对工作支与非工支导高测量，根据数据调整导高。对拉弧烧伤线面的地方进行打磨处理。

4）非绝缘锚段关节处电连接应连接牢固，电连接线夹螺杆紧固力矩应符合要求，检修时用力矩扳手检查和校核电连接线夹是否紧固。

5）检查完毕清扫绝缘部件，紧固螺钉，并画线做标记。

4. 注意事项

1）在刚性锚段关节检修的过程中，要遵循地铁接触网安全工作规程的有关规定，办理相关的作业手续，将作业地点两端接触网接地并封锁线路后，方可进行作业。

2）在刚性锚段关节检修的过程中，要合理调配人力、物力，提高工作效率。作业组人员必须带好个人工具，穿好荧光服、戴好安全帽、扎好安全带。

3）参加作业人员要听从指挥、服从安排，在刚性锚段关节检修的过程中，要注意人身安全，并注意不要损伤其他接触网设备。

4）若因更换设备不当造成其他设备损坏，应立即恢复损坏的设备，然后再更换，并遵循"先通后复"的原则，确保接触网的技术状态良好。

5）在完成检修后，要做好工清场清。所使用的机具、材料等收集完毕，确认不危及行车及供电安全，方可消除作业令。切勿将材料、机具遗留在隧道内。

3.4 刚性线岔和刚柔过渡技术与检修

【学习目标】

1）掌握刚性线岔和刚柔过渡的结构和功能。

2）掌握刚性线岔和刚柔过渡检修的技术要求。

3）熟悉刚性线岔和刚柔过渡的检修流程与方法。

地铁线路的大部分区段都位于地下隧道中，用于地铁列车存放、修理和整备的车辆段位于地面露天场所，隧道内接触网一般采用刚性接触悬挂，而隧道外接触网常采用柔性接触悬挂。在车辆段与隧道衔接的位置，需要采用刚柔过渡来实现柔性接触悬挂与刚性接触悬挂的衔接。另外，在线路道岔处，刚性接触网需要采用线岔来达到线路转换的目的。

3.4.1 刚性无交叉线岔的分类与结构

刚性线岔的作用是当列车运行到两股道交叉处，能够由一股道平滑无撞击地过渡到另一股道运行。为保证道岔区电气和机械的连续性，刚性接触网的线岔需采用无交叉线岔的方式。刚性无交叉线岔分为两种形式，分别是单开道岔形成的线岔和交叉渡线形成的线岔。

单开道岔形成的线岔结构如图3-19所示，直线上刚性接触网架设没有中断，岔道上的汇流排末端与直线上汇流排分开成平行间隙，间距为200mm，平行段长度为2000mm，岔线端部向上弯曲70mm，整体是一个很短的气隙分段装置。渡线或侧线上汇流排末端稍微抬起以避免当直道上有列车行驶时产生碰撞，当受电弓由正线转入渡线或侧线时，可以逐渐地过渡到另一段刚性接触网上。如果两段汇流排电气上是连通的，应在两个铝排上部安装电连接。

交叉渡线形成的线岔结构如图3-20所示，由两根在水平方向弯曲成一定弧度的刚性接触悬挂构成。交叉渡线形成的线岔在交叉渡线处两线路中心的交叉点处，两支接触悬挂的汇流排中心线分别距交叉点100mm，两支接触悬挂间距为200mm，允许误差为±20mm。

图3-19 刚性无交叉线岔（单开道岔）实物图　　图3-20 刚性无交叉线岔（交叉渡线）实物图

3.4.2 刚性无交叉线岔的检修与调整

1. 刚性无交叉线岔检修的工艺标准

1）线岔处在受电弓同时接触的两支接触线范围内的两支接触线应与轨面等高；在受电弓始触点处，渡线接触线应比正线接触线高出0~7mm；在受电弓双向通过时应平滑无撞击，不应出现明显拉弧点。

2）单开线岔侧线悬挂点的拉出值距正线汇流排中心线一般为200mm，允许误差为±20mm。

3）交叉渡线处的线岔，在两线路中心线的交叉点处，两支接触悬挂的汇流排中心线分别距交叉点100mm，允许误差为±20mm。

4）绝缘部件不得有裂纹、破损、烧伤，瓷绝缘部件的瓷釉剥落面积不大于300mm^2。绝缘部件与接地体间的距离应符合规定。

5）线岔处电连接线、接地线应完整无遗漏，安装牢固，安装位置符合线岔安装图要求；电连接线与铜铝过渡线夹、汇流排电连接线夹与铜铝过渡线夹均应接触良好。

6) 对接触线和汇流排表面拉弧点进行打磨处理，使接触线和汇流排表面光滑。

2. 刚性无交叉线岔的检修步骤

1) 测量两汇流排间距 500mm 处导高是否符合要求。
2) 检查受电弓过渡是否平滑。
3) 检查电连接线、接地线是否完好无遗漏、无烧伤。
4) 检查各部螺栓是否紧固。

3. 处理方法

1) 测量线岔处在受电弓接触两支接触线始触点范围内的导高及拉出值。始触点导高不符合要求时，调整该处定位点槽钢使导高与侧线导高符合标准。始触点拉出值不符合要求时，调整该处定位点 T 形螺栓或绝缘子使拉出值符合标准。

2) 测量线岔两支悬挂点的汇流排中心线间距是否符合标准，如不符合标准，调整该处定位点拉出值，满足要求即可。

3) 检查交叉渡线道岔处的线岔，在交叉渡线处两线路中心的交叉点，两支接触悬挂的汇流排中心线交叉点处导高应等高，不等高进行调整。

4) 检查线岔处定位绝缘子破损情况以及绝缘部件与接地体距离，绝缘子破损或瓷釉剥落面积大于 300mm² 进行更换，距离不足进行调整。

5) 检查线岔处电连接是否完整无遗漏、端子是否腐蚀、连接是否牢固，若端子有腐蚀现象，更换端子并对连接端子紧固即可。

6) 检查线岔处各定位 T 形螺栓、后扩底螺栓是否紧固。

7) 检查接触线及汇流排表面是否有拉弧、打火或磨损严重现象。汇流排有拉弧、打火时轻微用砂纸打磨，斑点大的可用锉刀打磨处理。接触线磨损严重时，直接磨到汇流排影响受电弓运行，应对接触线局部或整锚进行更换处理。

8) 使用水平尺模拟受电弓通过是否平滑，观察有无明显撞击现象，若检查发现模拟受电弓通过有撞击现象，应调整工作支与非工作支高差。

9) 检查发现电连接接线端子断裂，按要求更换。更换方法为：拆除断裂电连接端子，重新定制好电连接长度，压接新的铜铝过渡接线端子。电连接线与接线端子压接应良好，力矩符合要求。清洁电连接线夹与接线端子连接处后用螺栓连接紧固，电连接线夹与电连接接触良好，线夹安装应端正牢固，螺栓紧固力矩应符合要求。

4. 注意事项

1) 电气连接满足要求且对地距离符合规定。
2) 在调整和巡线检查过程中，均要仔细检查正线和渡线接触线高度，以保证受电弓平稳过渡。
3) 螺栓紧固力矩见表 3-1。

3.4.3 刚柔过渡的结构与工作原理

车辆段出入段线隧道内的刚性悬挂与隧道外的柔性悬挂之间须设置刚柔过渡段，以保证车辆受电弓的平滑过渡。根据设计要求不同，刚柔过渡方式主要有两种：关节式刚柔过渡方式和贯通式刚柔过渡方式。刚柔过渡区段应设在直线平坡区段，不宜设在曲线区段和坡度区段。刚柔过渡段接触线高度应等高，不宜在刚柔过渡段中进行导高坡度变化的布置。

关节式刚柔过渡方式是分别安装柔性悬挂和刚性悬挂，形成平行的锚段关节，实现受电弓的平滑过渡，如图 3-21 所示。刚柔过渡部分的间距不宜大于 200mm，且应靠近受电弓中心，两边均匀布置。过渡端刚性悬挂起始定位点处接触线的高度，应比同处柔性悬挂的接触线抬高 20~30mm，锚段关节处两支接触线同时与受电弓接触。关节式刚柔过渡方式对消除硬点较为有利，但由于关节式刚柔过渡方式要求平行锚段关节处的柔性悬挂和刚性悬挂必须确保水平，安装和调整难度较大。

贯通式刚柔过渡方式是将隧道外的柔性悬挂的承力索直接在隧道洞口下锚，而接触线则嵌入切槽式汇流排后在隧道内下锚。在刚性悬挂的开始段，由刚性递次减小的切槽式汇流排吸收来自柔性悬挂接触线的振动，避免接触线的疲劳破坏，实现受电弓的平滑过渡，其安装和调整较为简便，结构如图 3-22 所示，安装效果如图 3-23 所示。如

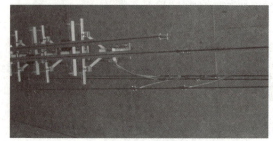

图 3-21　关节式刚柔过渡实物图

果柔性悬挂为双承双导结构，双接触线中的另一条接触线等高进入刚柔过渡段一定距离（符合设计要求）后逐渐抬高，并成为非工作支进行下锚。刚柔过渡装置由铝排加工制造，顶面加工成不同深度的切槽，以逐步减小惯量和增加末端的弹性，安装在刚性接触网和柔性接触网的过渡处，避免产生硬点，并安装螺栓来保证夹口夹持力。底部设计成缺口结构用来放置接触线接头线夹，防止因柔性接触网张力而使接触线在铝排内滑动。

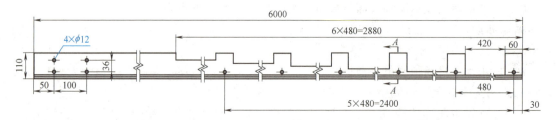

图 3-22　贯通式刚柔过渡示意图

图 3-23　贯通式刚柔过渡安装效果图

3.4.4　刚柔过渡的检修与调整

1. 刚柔过渡检调的工艺标准

1) 刚柔过渡段应布置成直线，导高及拉出值符合要求。

2) 刚柔过渡处架空刚性汇流排夹持的接触线应可靠嵌入汇流排内，接触线与汇流排夹持面应均匀涂有薄层电力复合脂，在刚柔过渡处接触线无接头，无硬弯，且不出现接触线偏磨现象。

3) 过渡关节处两支悬挂点间距应符合设计要求。

4) 汇流排横断面中轴线应垂直于所处的轨道平面，偏斜不应大于1°。

5) 汇流排终端到相邻悬挂点的距离为1800mm，允许误差为-100~200mm。

6) 接触线与汇流排的连接应平顺，不应对汇流排产生附加压力或拉力。

7) 柔性接触线接入刚柔过渡本体后，其张力由刚柔过渡本体上的接触线线夹予以承担，该线夹螺钉的紧固力矩为50N·m。

8) 防止接触线发生扭线，刚柔过渡本体上设有防扭装置，防扭装置固定螺钉的紧固力矩为40N·m。

9) 刚柔过渡本体与柔性接触悬挂系统相连的一侧端部设有馈线线夹，为柔性悬挂的承力索的馈线电缆提供电连接点，馈线线夹的紧固螺母力矩为70N·m。

10) 柔性悬挂升高下锚处绝缘子边缘距受电弓包络线不得小于75mm，刚性悬挂带电体距柔性悬挂下锚底座、下锚支悬挂等接地体不应小于150mm。受电弓距柔性悬挂下锚底座、下锚支悬挂等接地体不应小于100mm。

11) 电连接线及线夹所用型号、材质、数量应符合要求，并预留因温度变化使接触悬挂产生伸缩而需要的长度；电连接线的安装位置允许误差为±200mm，在任何情况下均应满足带电距离要求；电连接线与接线端子压接应良好，握紧力不小于6.9kN。电连接线夹与电连接线接触良好，接触面涂电力复合脂，线夹安装应端正牢固，螺栓紧固力矩应符合要求。

2. 刚柔过渡的检调步骤

1) 测量检查刚柔过渡段接触线高度。
2) 检查刚柔过渡段状态。
3) 检查电连接线是否有断股、散股，电连接线夹是否有锈蚀、烧伤。
4) 检查受电弓过渡是否平滑。
5) 检查各部螺栓是否齐全、紧固。

3. 处理方法

1) 使用激光测量仪测量定位点导高、拉出值及两支悬挂点间距，与标准值进行比较，超出误差范围应进行调整。

① 调整定位点导高。松开腕臂底座与吊柱连接的U形螺栓，通过升降腕臂底座，配合激光测量仪来调整定位点接触线导高至设计标准后紧固U形螺栓。

② 调整定位点拉出值及两支悬挂点间距。松开定位点C型汇流排定位线夹与腕臂连接螺栓，通过横向移动定位点位置，配合激光测量仪调整拉出值及两支悬挂点间距至设计标准后紧固C型汇流排定位线夹。调整柔性悬挂支的拉出值，注意悬挂的受力方向。

2) 使用水平尺测量汇流排横断面中轴线，应垂直于所处的轨道平面，偏斜不应大于1°。若不符合要求应进行调整。调整相邻两端定位点的腕臂或悬吊槽钢，应平行于所处轨道平面，并确保定位点导高符合设计要求。

3) 测量汇流排终端到相邻悬挂点的距离是否符合检修技术标准。若不符合，应进行调整。若C型汇流排定位线夹与汇流排卡滞使得汇流排无法纵向自由伸缩窜动，从而造成悬挂定位点偏移，应松开邻近悬挂点C型汇流排定位线夹螺栓，调整相邻悬挂点的距离至符合检修技术标准后紧固螺栓。

4）测量刚性悬挂带电体距柔性悬挂下锚底座、下锚支悬挂等接地体的距离是否符合检修技术标准。若不符合，应进行调整。调整过渡关节处的两支悬挂点间距，以使刚性悬挂带电体距柔性悬挂下锚底座、下锚支悬挂等接地体的距离符合检修技术标准。

5）刚柔过渡本体不得有扭曲变形，应无明显转折角，表面光洁、无缺损、无腐蚀，切槽式汇流排应富有弹性。使用力矩扳手对刚柔过渡本体上的接触线连接线夹、防扭装置、馈线线夹及过渡本体切槽处的6个螺栓进行紧固，所有力矩符合检修技术标准。若有扭曲变形、腐蚀严重现象，应对本体进行整体更换处理。拆除刚柔过渡本体上各连接部件螺栓，用放线小车将接触线从刚柔过渡本体放出，卸下刚柔过渡本体，安装新的刚柔过渡本体并将接触线放入本体后连接各部件螺栓，按力矩设计要求紧固螺栓，以上所有螺栓紧固后重新画线做好标记。

6）检查刚柔过渡处绝缘部件是否良好，有无破损。若绝缘部件有烧伤和破损，应及时更换。

① 隧道用棒式绝缘子破损，使用手扳葫芦、拉力带等工器具将棒式绝缘子卸力，拆除破损的棒式绝缘子，更换合格的棒式绝缘子后松动手扳葫芦恢复线索原有张力。

② 刚柔过渡处的下锚悬式绝缘子破损，使用手扳葫芦、拉力带（或钢丝绳套子）、紧线器等工器具紧线将下锚悬式绝缘子卸力，更换合格的下锚悬式绝缘子后松动手扳葫芦恢复线索原有张力。

7）测量刚柔过渡关节处的两支接触线在过渡中间悬挂点处是否等高，转换悬挂点处非工作支不得低于工作支，可以比工作支高出2~4mm，且受电弓在双向通过时应平滑无撞击和拉弧现象。若不符合要求应进行调整。参照调整导高的方法调整过渡处两悬挂定位点导高以实现受电弓在双向通过时应平滑无撞击。对打火拉弧烧伤的接触线，要用锉刀或砂纸进行打磨处理。

8）检查刚柔过渡处的电连接线应完整无遗漏，安装牢固，电连接线是否有断股或散股，电连接电缆接线端子有无破损断裂现象。若有以上现象应进行处理。

① 电连接线如有断股或散股，要进行补强或绑扎处理，严重者要更换电连接。

② 若电连接电缆接线端子破损断裂，应拆除连接电连接线夹处断裂的电缆接线端子，用液压剪线钳将连接电缆处断裂的接线端子齐端口切除，将电缆绝缘层剥开70mm，露出铜线后插入新的铜铝过渡接线端子中，用压接钳对新的铜铝过渡接线端子压接牢固后对裸露的铜线部分用防水绝缘胶带进行包裹。清洁电连接线夹与接线端子连接处后用螺栓连接紧固。

4. 注意事项

1）切槽式汇流排各部螺栓必须按标准力矩紧固，严防接触线脱槽，紧固力矩见表3-1。

2）刚柔过渡本体切槽部分应安装防护罩予以保护。

3）刚柔过渡安装位置线路有坡道时，须仔细调好该处导高，柔性接触悬挂系统的接触线应由下向上约2‰坡度沿刚柔过渡本体纵向接入。

4）不得松动汇流排下锚绳，导致刚性悬挂承受张力。

3.5 刚性分段绝缘器与电连接技术与检修

【学习目标】

1) 掌握刚性分段绝缘器和电连接的结构和功能。
2) 掌握刚性分段绝缘器和电连接检修的技术要求。
3) 熟悉刚性分段绝缘器和电连接的检修流程与方法。

出于灵活供电、检修方便和缩小事故范围等需要,在车站、渡线等位置进行电气分段而机械不分段,这就需要通过在汇流排上安装分段绝缘器来实现。在非绝缘锚段关节、刚柔过渡等位置,为了使刚性悬挂电流更加畅通,需要安装电连接。

3.5.1 刚性分段绝缘器

接触网的电分段,就是在纵向或者横向将接触网从电气连接上互相分开的装置。为了使接触网的供电更安全、可靠和灵活,需要站在站场和区间之间、各牵引供电分区或线群之间以及一些特殊线路的始端(如电客车上部设备检查等)加设电分段装置。电分段通常可分为纵向电分段和横向电分段两种,沿线路方向所进行的分段(如牵引供电分区之间的分段)为纵向电分段;线路之间的分段(如车辆段或停车场线群之间的分段)为横向电分段。不管是纵向电分段还是横向电分段,都需要在分段处设联络隔离开关,需要断电时将隔离开关打开,需要带电时将隔离开关闭合。电分段常用绝缘锚段关节和刚性分段绝缘器来实现。纵向电分段多用绝缘锚段关节,横向电分段一般用刚性分段绝缘器。

刚性分段绝缘器采用嵌入汇流排和接触线的安装方式,安装后可和刚性悬挂整体移动。刚性分段绝缘器包括分段绝缘器本体及其与接触线和汇流排连接的配套零件,其结构如图 3-24 所示,安装效果图如图 3-25 所示。它的特点是保证受电弓滑动的机械连续性,可以在正常供电情况下,闭合隔离开关,保证受电弓从一端滑行到另一端时没有电气中断;停电检修或发生事故抢修时,打开隔离开关,可以使一端有电,另一端停电。此时禁止列车驶入刚性分段绝缘器区域,以防受电弓将电压引入停电区段产生误送电。

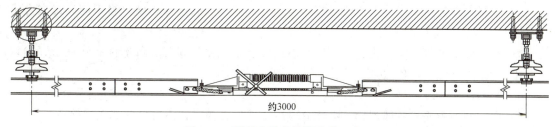

图 3-24 刚性分段绝缘器安装示意图

3.5.2 刚性分段绝缘器的检修与调整

1. 刚性分段绝缘器检调的工艺标准

1) 刚性分段绝缘器安装位置应符合设计要求,安装方式和绝缘性能符合产品安装使用说明书要求。

2)刚性分段绝缘器主绝缘表面清洁,无裂纹、烧伤、破损和积碳,主绝缘爬距为1600mm。刚性分段绝缘器安装在直线处,不应受任何曲线力影响。刚性分段绝缘器上的两极靴之间的距离为100mm,允许误差为 0 ~ 5mm。刚性分段绝缘器应位于受电弓中心,偏离受电弓中心不应大于50mm。

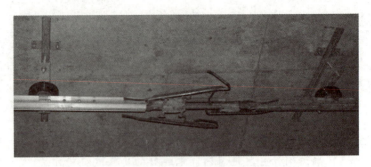

图 3-25　刚性分段绝缘器安装效果图

3)刚性分段绝缘器紧固件应齐全,连接牢固可靠,整体不扭曲,锚固螺母与螺杆紧固力矩符合标准。刚性分段绝缘器与接触线接头处应平滑,金属滑道无烧损,与受电弓接触部分应平行轨面连线,保证受电弓平滑通过。

4)刚性分段绝缘器带电体距接地体或不同供电分区带电体、不同供电分区运行车辆受电弓的距离符合设计要求,静态应大于150mm,动态应大于115mm。

5)刚性分段绝缘器两侧导流板磨耗均匀,当导流板磨耗值达5mm时,应及时给予更换。

6)刚性分段绝缘器纵向、横向应水平,表面应清洁美观。

2. 刚性分段绝缘器的检调步骤

1)检查各部件组装是否正确,有无损伤。
2)检查绝缘部件状态。
3)检调刚性分段绝缘器工作面与轨面连线平行。
4)检调刚性分段绝缘器各连接处接触面的过渡平滑。
5)检查各部螺栓紧固力矩。

3. 处理方法

1)过渡不平滑、运行不平稳。用水平尺模拟受电弓在各连接区域来回滑动,有无碰撞或跳跃感。处理连接处不平滑、高差超标,调整刚性分段绝缘器工作面与轨面连线的平行。

2)金属滑道烧损。用砂布或锉刀打磨至不见痕迹,确认损伤程度,当不能满足安全运行要求时须更换。金属滑道烧伤处须打磨平整。

3)刚性分段绝缘器框架扭曲,先检查连接安装方式是否正确、各部件有无变形,确认无上述现象后,略松动相应的连接螺栓进行调整。

4. 注意事项

1)用标准力矩检查各部螺栓,刚性分段绝缘器若无异常,不得松开连接螺栓。
2)处理故障时,不得锤击刚性分段绝缘器。

3.5.3　刚性电连接

刚性电连接的作用是将各分段供电间的电路连接起来,保证电路畅通。刚性电连接由汇流排电连接线夹、铜铝过渡接线端子、连接件和电连接线组成,如图 3-26 和图 3-27 所示。

汇流排电连接线夹上设有至少4个连接孔，用来与铜铝过渡接线端子相连。铜铝过渡接线端子的作用是消除铜电连接线与铝合金电连接线夹之间的电腐蚀，一端通过连接件与汇流排电连接线夹连接，另一端与电连接线压接。

刚性电连接主要安装在隔离开关馈线与汇流排连接处、刚性悬挂非绝缘锚段关节处、道岔处、刚柔过渡处以及联络和维护用隔离开关与汇流排电气连接等处。

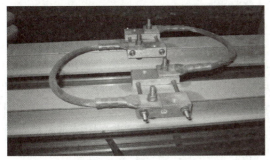

图 3-26　非绝缘锚段关节电连接安装效果图

图 3-27　隔离开关馈线上网电连接安装效果图

3.5.4　刚性电连接的检修

1. 刚性电连接检修的工艺标准

1）刚柔过渡处的电连接线、接地线应完整无遗漏，无散股、断股，安装牢固，刚柔过渡电连接的安装应符合设计，电连接线在柔性悬挂承力索上除需用线夹连接外，还需在线夹两端用直径为 1.5mm 的铜线进行绑扎。绑扎应紧密，绑扎长度为 90~100mm。

2）电连接线及线夹所用型号、材质、数量应符合要求，并预留因温度变化使接触悬挂产生伸缩而需要的长度。

3）电连接线的安装位置允许误差为 ±200mm，在任何情况下均应满足带电距离要求。

4）150mm^2 电缆绝缘层剥开长度为 70mm；400mm^2 电缆绝缘层剥开长度为 90mm。电缆导体不得被损伤。

5）电连接线与接线端子压接应良好，握紧力不小于 6.9kN。电连接线夹与电连接线接触良好，接触面均匀涂抹薄层电力复合脂，线夹安装应端正牢固，螺栓紧固力矩应符合要求。

6）刚柔过渡电连接线的长度应满足接触悬挂伸缩的需要。

2. 刚性电连接的检修步骤

1）检查电连接线夹螺栓螺母。

2）检查铜铝过渡线夹本体铜铝交接处缝隙的深度。

3）线夹本体被泥浆、胶水等侵蚀时进行清理或更换线夹本体。

4）上网电缆有被隧道漏水侵蚀时须查明漏水点及影响范围。

5）检查电连接线是否有烧伤、断股、散股情况。

6）电连接线应有一定的弛度。

7）检查各部件组装是否正确牢固，电连接线夹必须正确安装，连接牢固可靠。

3. 处理方法

1）若检查发现非绝缘锚段关节、线岔等处电连接接线端子断裂，应按要求进行更换，方法为：

① 拆除断裂电连接接线端子，重新定制好电连接长度。

② 压接新的铜铝过渡接线端子，电连接线与接线端子压接应良好，压接力符合要求。

③ 清洁电连接线夹与接线端子连接处后用螺栓连接紧固，电连接线夹与电连接线接触良好。

④ 线夹安装应端正牢固，螺栓紧固力矩应符合要求。

2）检查刚柔过渡处的电连接线应完整无遗漏，安装牢固，电连接线是否有断股或散股，电连接电缆接线端子有无破损、断裂现象。若有以上现象，应进行处理，方法为：

① 电连接线如有断股或散股，要进行补强或绑扎处理，严重者要更换电连接。

② 若电连接电缆接线端子破损、断裂，拆除连接电连接线夹处断裂的电缆接线端子，用液压剪线钳将连接电缆处断裂的接线端子齐端口切除，将电缆绝缘层剥开70mm，露出铜线后插入新的铜铝过渡接线端子中，用压接钳对新的铜铝过渡接线端子进行压接牢固后对裸露的铜线部分用防水绝缘胶带进行包裹。清洁电连接线夹与接线端子连接处后用螺栓连接紧固。

4. 注意事项

1）禁止利用金属物体或铁锤敲打电连接设备及其零部件。

2）禁止对电连接线施加较大的外力造成电连接线断股、散股等缺陷。

3）禁止用开口扳手随意紧固螺栓，须利用力矩扳手紧固，螺栓紧固力矩见表3-1。

科技人文拓展

中国电气化铁路奠基人曹建猷

中国第一条电气化铁路——宝成铁路，于1952年7月1日从成都端动工，1958年1月1日正式通车，全线采用蒸汽机车牵引。从1958年6月开始，宝成铁路进行了电气化改造工程，1960年6月建成宝鸡至凤州段工程，并在1967年开始进行剩余部分改造，至1975年7月1日全线完成电气化改造，成为我国第一条电气化铁路。这期间，我国铁道牵引电气化与自动化学科的创始人曹建猷教授立下了汗马功劳。

曹建猷于1917年出生在湖南长沙，上小学时，受爱国主义思想的影响，参加过多次抵制日货的运动与游行。在初中时通过姑母为他订阅的《生活周刊》更加深了爱国意识，邹韬奋先生的《小言论》对他影响很大，自此他立志学习科学，实现科学救国。1936—1940年，他在上海交通大学电机工程系学习。1945年11月—1950年9月，在美国波士顿麻省理工学院当研究生，主要方向是电力系统及自动化。1950年获得博士学位。

在去美国的途中，以及随后在美国的几年中，曹建猷目睹了中国人在国外受人排挤的现象，盼望祖国有一天能强大起来。1949年，中国人民解放军的伟大胜利使他深受鼓舞，他曾写道："忽然看到祖国的光明，那种从死灰中复苏的心理是无法形容的。"1951年，他毅然放弃在美国的优越生活条件，克服签证等方面的重重困难，与夫人带着小孩全家回国。回国后立即投身到我国建设培养技术人才的工作中。1951年8月，曹建猷开始在唐山工学院（唐山工学院在1952年改名为唐山铁道学院，1971年迁往四川后，改名为西南交通大学）担任教授。

第3章 架空刚性接触网技术与检修

1952年，曹建猷担任唐山铁道学院电机系系主任。他认识到我国铁道电气化事业必将发展，着手开办"电气化运输"专业。在师资和设备等条件十分困难的情况下，曹建猷带领一批教师，以身作则，边学边教，艰苦创业，1956年培养出了第一届学生。他们正好赶上我国第一条电气化铁路——宝成铁路宝鸡至凤州区段建设的需要，成为我国铁路电气化的开路先锋和后来的技术骨干及领导。从1959年开始，为了适应我国铁道电气化事业发展的需要，在他的主持下，"电气化运输"专业先是在高年级分为两个方向，后来分为"电客车"及"电力铁道供电"两个专业，奠定了我国铁道电气化教育的基础，为我国铁道电气化事业培养了大量的工程技术人员。

1956年，曹建猷在《人民日报》上发表文章，对当时国内外争论不下的"交流制"和"直流制"提出了肯定的论据和建议，认定我国应选择工频交流电压制，他的建议后被铁道部采用，使我国电气化铁道从一开始就以世界先进技术水平在发展。

曹建猷教授还担任了中国科学院学院部委员，国务院学科评议组成员，全国人大代表，中国电机工程学会、中国铁道学会、中国电工技术学会的理事等重要职务。1985年，他被授予"四川省劳动模范""铁道部优秀教师""四川省优秀教师"等光荣称号。在1987年，70周岁的曹建猷加入了中国共产党。

习　题

一、填空题

1. 刚性接触网由＿＿＿＿、＿＿＿＿、＿＿＿＿、＿＿＿＿及＿＿＿＿等部分组成。
2. 刚性接触网与传统的柔性接触网相比，具有＿＿＿＿、＿＿＿＿、＿＿＿＿及＿＿＿＿等特点。
3. ＿＿＿＿是在刚性接触网中用于夹持、固定接触线，承载和传输电能的铝排装置。
4. 支持定位装置的结构根据其安装位置的情况不同主要有＿＿＿＿、＿＿＿＿和＿＿＿＿三种形式。
5. 刚性锚段关节重叠长度一般为＿＿＿＿，非绝缘锚段关节水平间距为＿＿＿＿，绝缘锚段关节水平间距为＿＿＿＿。

二、是非题（对的画√，错的画×）

1. 汇流排终端由一端弯曲的7.5m汇流排制成，端部抬高70mm。　　　　　　　　　（　）
2. 刚性悬挂接触线平均磨耗达到35%时，需要整个锚段更换接触线。　　　　　　（　）
3. 中心锚结绝缘子及拉杆受力均衡适度，与汇流排的夹角不小于45°。　　　　　（　）
4. 刚性接触网的线岔需采用无交叉线岔的方式。　　　　　　　　　　　　　　　　（　）
5. 刚柔过渡不能安装在曲线区段。　　　　　　　　　　　　　　　　　　　　　　（　）

三、简答分析题

1. 对汇流排中间接头有哪些技术要求？
2. 刚性接触网的支持定位装置的结构有哪几种？各由什么组成？
3. 刚性接触网中心锚结处如果有负弛度，应该如何调整？
4. 检查发现刚性电连接电缆接线端子破损、断裂，该如何处理？
5. 刚性接触悬挂与柔性接触悬挂相比有哪些优缺点？

第 4 章

接触轨技术与检修

> 【知识点】
>
> 本章主要介绍接触轨的基本组成、主要结构形式、布置原则，各零部件的安装技术参数、安装方法和检修要点。

4.1 接触轨系统简介

【学习目标】

1）掌握接触轨系统的供电原理。
2）掌握接触轨的安装形式。
3）了解接触轨在不同情况下的布置及相对于钢轨的安装位置。

4.1.1 接触轨系统及供电原理

接触轨式接触网是沿走行轨道并且与之平行敷设的牵引供电线路。因接触轨敷设在钢轨旁边，且形状与钢轨类似，故又称为第三轨。其功能与架空式接触网一样，通过它将电能输送给电动车组。不同点在于，接触轨是敷设在铁轨旁具有高电导率由特殊软钢制成的钢轨（或钢铝复合轨）。

接触轨供电系统以接触轨为正极，走行轨为负极，并分别通过上网电缆和回流电缆与牵引变电所连接。

接触轨式接触网的供电电压为直流 750V 和直流 1500V。因为第三轨供电占用空间小、施工安装方便、结构简单、供电可靠、维护方便、景观效果好，在城市轨道交通中得到较广泛使用。

接触轨零部件主要包括钢铝复合轨、中间接头、膨胀接头、端部弯头、绝缘支座（架）、防护罩及支撑件，如图 4-1 所示。

在接触轨供电系统上运行的电客车，车辆下部旁边设有集电靴（也称为受电靴）。列车通过集电靴与导电轨滑动接触而取得电能，如图 4-2 所示。

集电靴的设置要求：

第4章 接触轨技术与检修

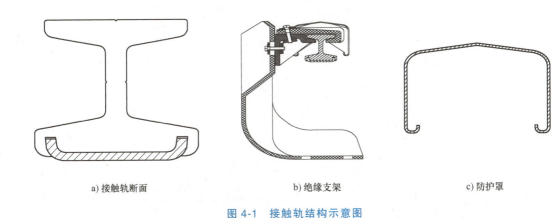

a) 接触轨断面　　　　　　　　b) 绝缘支架　　　　　　　　c) 防护罩

图 4-1　接触轨结构示意图

图 4-2　车辆集电靴实物图

1）集电靴的设置要使电客车在通过第三轨断电区时不发生瞬时断电现象，即两电气连通的集电靴间的最小距离要大于第三轨断电区的长度。

2）由于第三轨在道岔和车站站台处需换边布置，因此要求车辆的两侧都要设置集电靴。

4.1.2　接触轨的安装形式

接触轨的安装形式可分为上磨式（上接触式）、下磨式（下接触式）和侧磨式（侧面接触式）三种。

1. 上磨式

上磨式接触轨安装在专用绝缘子上，授流面朝上，电客车受电靴通过下压力取流，如图 4-3 所示。

上磨式接触轨的接触压力不由受流器（集电靴）的质量和磨耗情况决定，而只受弹簧支座特性控制，保证足够的接触压力，确保授流平稳。

上磨式接触轨因钢铝复合轨接触面朝上，安装方便，便于对接触轨摩擦面进行检修和调整。但上磨式接触轨系统只能从顶部和线路外侧对接触轨进行防护，因此防护不够严密，安全性稍差，接触轨表面容易附着杂物、粉尘、冰雪等，对列车取流会产生一定的影响。

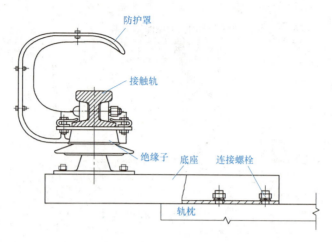

图 4-3 上磨式接触轨结构

2. 下磨式

下磨式接触轨底朝上,紧固在绝缘子上,并且由固定在轨枕上的弓形肩架予以支持(或直接安装在绝缘支架上),如图 4-4 所示。

下磨式接触轨的授流面朝下,电客车受电靴通过上抬力取流。下磨式接触轨因防护罩可以从顶部和内、外侧对接触轨进行防护,紧密地罩住接触轨,使接触轨不易附着杂物、粉尘及冰雪等物质,防护更加严密,可防止人员无意识地触及接触轨带电部分,安全性更高。

下磨式接触轨的缺点是结构略微复杂,安装难度大。另外,其授流面朝下,不便于对摩擦面进行检修和维护。

3. 侧磨式

侧磨式接触轨是将接触轨底部侧面通过绝缘子安装在固定支架上(或直接安装在绝缘支架上),集电靴自侧面接触取流。其结构如图 4-5 所示。其主要特点与下磨式接触轨授流方式基本相同,但侧磨式安装方式复杂,造价高,在世界各国地铁中应用并不多见。日本地铁部分线路与北京地铁磁悬浮线路采用了侧磨式安装。

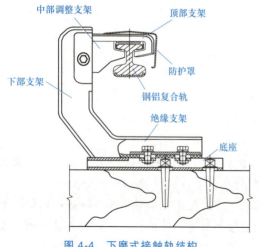

图 4-4 下磨式接触轨结构

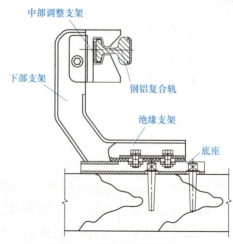

图 4-5 侧磨式接触轨结构

4.1.3 接触轨的布置

1. 接触轨的布置原则

（1）高架区段接触轨布置　在地铁高架区段，接触轨宜安装于列车行进方向的右侧，即双线正线线路的外侧，如图 4-6 所示。

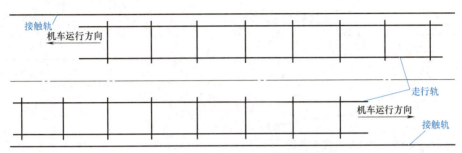

图 4-6　高架区段接触轨布置

（2）地下区段接触轨布置　在轨道交通地下区段，接触轨宜安装于列车行进方向的左侧，即双线正线线路的内侧，如图 4-7 所示。

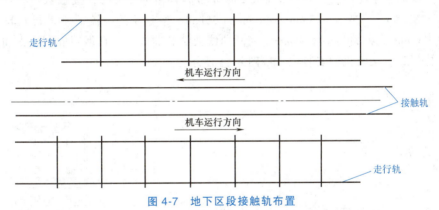

图 4-7　地下区段接触轨布置

（3）车站内接触轨布置　轨道交通车站内接触轨宜布置在站台的对侧，使得接触轨远离旅客，避免旅客跌落在线路上而发生电击事故。岛式车站接触轨布置如图 4-8 所示。

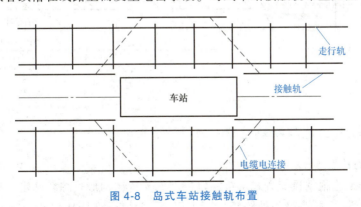

图 4-8　岛式车站接触轨布置

（4）道岔处接触轨布置　道岔区段接触轨的布置与接触轨的安装位置、车辆的外轮廓尺寸（集电靴处）和道岔的型号、转辙机的位置等有关。道岔区段接触轨的布置应满足列车正常、安全行驶的要求，以保证列车在正线行驶时，集电靴不碰触岔线接触轨；列车由正线驶入岔线或由岔线驶入正线时，不碰触正线敷设的接触轨。另外，在道岔转辙机500mm范围内不敷设接触轨。

图 4-9 为 9#道岔接触轨布置示意图，图 4-10 为 12#道岔接触轨布置示意图。

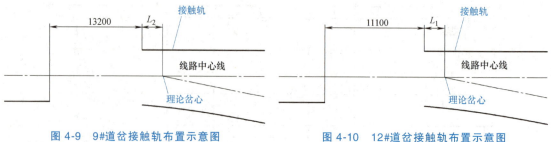

图 4-9　9#道岔接触轨布置示意图　　　图 4-10　12#道岔接触轨布置示意图

2. 接触轨的安装位置

接触轨的安装位置因车辆的类型、集电靴的型号不同而有不同的安装距离。接触轨中心至线路中心线的水平距离为 2200mm（或 1444mm/1470 mm）±5mm，接触轨中心距离相邻钢轨内侧为 1482.5mm（或 726.5mm/752.5mm）±5mm，接触轨的授流面距走行轨轨顶面的垂直距离为 170mm（或 200mm）±5mm。在圆曲线及缓和曲线上，接触轨安装根据曲线情况与走行轨保持一致。接触轨的安装位置如图 4-11 所示。

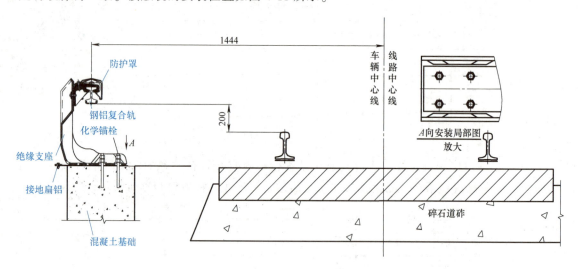

图 4-11　接触轨的安装位置

4.1.4　接触轨的跨距与断轨设置

1. 接触轨的跨距

接触轨的跨距应根据授流方式、接触轨挠度、支持结构形式综合确定。钢铝复合轨的跨距一般不宜大于 5m，膨胀接头处跨距以不大于 3m 为宜，在膨胀接头、端部弯头、道岔及曲线处间距应相应减小。

2. 断轨设置

接触轨系统通过断轨的设置可对接触轨进行机械分段和电分段。机械分段主要设置在道岔、地下车站人防门、防淹门、车站换边等处。断轨采用接触轨自然断开方式,两断轨间用电缆进行电气连接,断口大小根据具体情况确定。

电分段主要设置在正线有牵引变电所车站的进站端,正线间的渡线、折返线、停车线与正线间。电分段处断轨采用接触轨自然断开方式,两断轨间电气不直接连接而是通过隔离开关进行连接,接触轨断口长度不大于 27m,保证电客车在正常通过断口时,不发生停电现象。

无论是机械分段还是电分段,断轨处接触轨端部均应设置端部弯头,以便电客车能平滑驶入接触轨区段进行取流。

4.2 钢铝复合轨的结构、安装与检修

【学习目标】

1)掌握钢铝复合轨的结构类型和技术参数。
2)掌握钢铝复合轨的安装与检修方法。
3)掌握钢铝复合轨的检修内容与方法。
4)了解钢铝复合轨的检修技术参数。

4.2.1 钢铝复合轨的结构

钢铝复合轨的接触面有效宽度为 65mm,高度为 105mm,结构如图 4-12 所示,横断面如图 4-13 所示,技术参数见表 4-1。其主要优点如下:

1)电阻率低,导电性能好,载流量大(3000~4500A),可以增加供电臂长度,减少变电所数量,节约资金。
2)耐磨性好,电损失小,抗腐蚀和氧化性能好,使用寿命长,大修周期长,维修费用低。
3)钢铝复合轨质量轻(相对低碳钢),跨距可适当加大,从而减少支架数量及维修量。

图 4-12 钢铝复合轨的结构

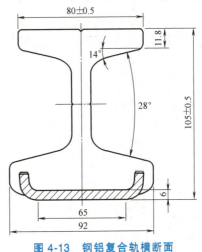

图 4-13 钢铝复合轨横断面

表 4-1 钢铝复合轨技术参数

名称		钢铝复合轨
轨高/mm		105
轨底宽/mm		80
接触面宽/mm		65
总宽/mm		92
重量/(kg/m)		14.58
标准长度/m		15
20℃时的单位电阻/(Ω/km)		≤0.0083
弯曲半径	当曲线半径≥100m时	在施工现场直接打弯
	当曲线半径<100m时	在工厂加工预弯

钢铝复合轨的接触面为不锈钢材料，耐磨性能好。对不锈钢层进行磨耗试验显示，年平均磨耗量为 0.049mm。如果钢铝复合轨的 6mm 磨耗层能全部利用，那么其使用寿命将大于 100 年。

4.2.2 钢铝复合轨的安装

1. 安装前的测量工作

（1）劳动组织　接触轨安装施工测量作业按照表 4-2 组织施工作业组，按照表 4-3 准备测量工具与材料。

表 4-2 接触轨安装测量人员组织

序号	人员	单位	数量	备注
1	技术员	人	1	技术全面负责
2	工长	人	1	施工指挥
3	安全防护员	人	2	轨行区安全防护
4	施工员	人	3	具体操作

表 4-3 接触轨安装测量工具与材料准备

序号	名称	规格	单位	数量	备注
1	钢卷尺	100m	把	1	整体拉链
2	钢卷尺	5m	把	1	辅助测量
3	线坠	0.5磅	个	1	辅助测量
4	水平尺	500mm	把	1	辅助测量
5	孔位模具	—	个	1	钻孔点定位
6	综合测量仪	—	个	1	自制(控制轨道横向垂直)
7	安全警戒灯	—	个	2	间隙红闪
8	记号笔	—	支	2	
9	油漆	0.5kg	桶	1	白色(轨腰标记)
10	油漆	0.5kg	桶	1	红色(孔位标记)
11	排笔	—	把	1	—

(2) 纵向测量操作步骤

1) 以车站中心标、道岔岔心标或设计图标明的测量起点开始测量。

2) 根据起测点里程和施工图定位点里程,定测出第一个定位点的位置,用记号笔在钢轨轨腹上做好标记,并注明锚段编号和绝缘定位点号及相关说明。

3) 按施工图上的跨距数据,沿钢轨依次测量并标记各支架定位位置,曲线上沿曲线外侧钢轨进行测量,跨距测量长度适当增加。

4) 一个整锚段测量完后,对此锚段全长进行复核,无误后继续进行测量。

5) 测量出各定位点位置后,进行正式测量。用白油漆在钢轨轨腰处做清晰明显的标记,并标注定位点号及锚段编号等数据。

(3) 横向测量操作步骤

1) 将接触轨综合测量仪中心线对齐钢轨上的纵向测量标记,并将其垂直于轨道中心线放置。

2) 用接触轨综合测量仪测出绝缘支持装置底座紧固螺栓孔位的中心位置,在道床上标记出该中心点,记为"×"。同时,在接触轨综合测量仪上读数,记录该处道床或轨枕平面距轨面的高度。

3) 在曲线区段利用综合测量仪、水平尺和钢卷尺测出轨道外轨超高,并记录该值。

4) 用专用测量模板定位标记出钻孔位置,如图4-14所示。

5) 用排笔将红油漆标记于孔位位置,并在道床上标明该定位的超高、型号等相关数据。

图4-14 横向定位测量

(4) 安装测量技术要求

1) 测量前应对起测点基桩进行复核,确保起测点的正确性。

2) 应使用钢卷尺进行测量,严禁使用皮卷尺。

3) 曲线上应沿曲线外轨进行测量,并适当增加跨距测量值。

4) 测量中定位点如遇到道床伸缩缝或其他障碍物时,可做适当调整,调整范围不大于0.3m,最大跨距不超过5m。

5) 膨胀元件处、端部弯头处绝缘支架定位点严格按纵向定位标记定测。

6）安装前应制作出各种模板，并标出中心线；定测时划出底座中心线位置，并套模确定出钻孔位置。

7）横向测量时，绝缘支撑的模板中心线应垂直线路中心线，孔距间的施工误差为±2mm。

2. 安装作业准备

接触轨安装前应进行外观检查，接触轨的运输单元为每12根轨一捆，采用单根防水、防潮包装后，装入钢制框架箱，加木制防护垫，经螺栓压紧，以防止各向窜动的包装形式，能够有效地保证接触轨运输、吊装。

在接触轨装卸作业中应遵守下列规定：

1）接触轨应采用长度大于1/3轨长的横梁配两根以上吊带进行吊运，如图4-15所示。

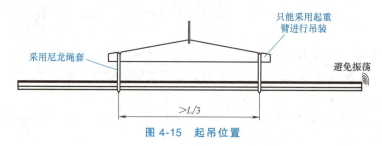

图4-15 起吊位置

2）吊带必须采用尼龙等柔性材料，禁止使用钢丝绳或钢带。

3）使用叉车吊运长度大于6m的接触轨时，必须采取有效措施以防因轨的端部发生摆动而引起的损坏。

4）接触轨堆放场地平整，堆垛应放在支垫物上，支撑点不得小于4个，多层叠放时各层支垫物位置在同一垂直线上，各层支撑点在同一平面上。

5）若接触轨成捆堆放，要每隔3层在与接触轨垂直的方向上放一层横梁，以提高堆放的稳定性，防止倾倒。

3. 预制接触轨

（1）接触轨切割、钻孔 接触轨安装时，需将15m标准接触轨加工制作成实际需要长度的接触轨。首先在接触轨专用制作平台上，使用接触轨切割机，根据实际所需接触轨长度，切割接触轨。接触轨切割机垂直于接触轨纵向中心线，切割后的接触轨切割面要保证与接触轨纵向中心线成90°直角，且整个截面切割平整，符合接触轨截面尺寸误差要求。切割完成并达标后，使用接触轨钻孔工具，进行钻孔。切割、钻孔后的余渣应清除干净，并用角磨机和锉刀将切割平面及孔洞周边的毛刺清除掉。预制完成并达到标准后，进行试对接，对接后接缝应密贴，无错位偏斜现象，满足接触轨安装设计要求及标准。

（2）接触轨预弯 依据设计要求，在线路的曲线半径小于或等于100m时，要对接触轨进行提前预弯。施工方应根据现场实际及设计图，将预弯接触轨数量、预弯半径角度及其将要安装的位置提供给接触轨厂家，由厂家在工厂对接触轨进行预弯。

4. 安装接触轨

安装接触轨时，先将复合轨安装在接触轨支架固定装置内，调整与相邻端部弯头或接触轨间连接间距，然后用鱼尾板进行连接。安装接触轨时的操作步骤如下：

（1）搬运接触轨 在正线安装接触轨，先将要安装的接触轨搬运到安装地点、接触轨座附近。安排 8 个人抬起接触轨,每两人使用一套专用抬轨工具(图 4-16),两个人在旁边协助(用手扶稳),安装前先认真观察接触轨的方向。也可用专用工具起吊接触轨,如图 4-17 所示。把接触轨轻轻抬起,轻轻推送到位,如图 4-18 所示。接触轨腰腹部应放置到支座的固定颚上。操作时要特别小心,将接触轨慢慢放下,与已安装到位的相邻接触轨相对接。两个人用卡爪零件卡住接触轨,如图 4-19 所示。调整卡爪位置,使接触轨位于正确的位置。

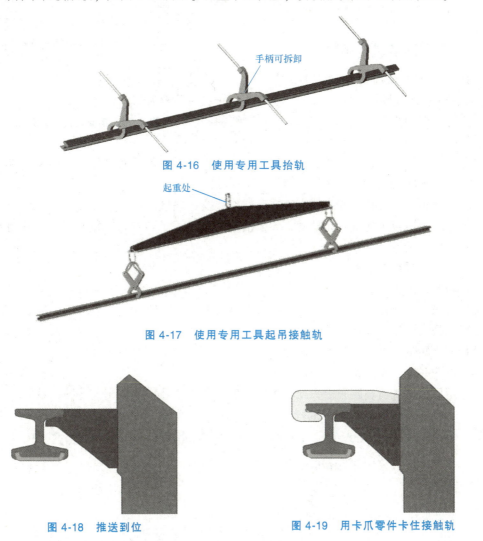

图 4-16 使用专用工具抬轨

图 4-17 使用专用工具起吊接触轨

图 4-18 推送到位　　　　图 4-19 用卡爪零件卡住接触轨

(2)安装前检查　检查接触轨连接是否对齐平滑,与相应走行轨接触表面的高度是否符合要求,对齐是否良好,要使接触表面在水平方向与走行轨平面平行。高度调整应采取置楔子的方法,即在绝缘支架的底板与混凝土平板或轨枕之间垫上合适的楔子。

(3)安装与调整　将接触轨安装到位,将螺栓依次穿过止动垫圈、方形垫片、卡爪、支座,拧入螺母,如图 4-20 所示。使用力矩扳手拧紧到 44N·m,待整个线路段调整完毕,将止动垫圈向上撬起,使其与螺栓的一个六方平面紧贴。

5. 接触轨安全注意事项

1)所有人员进入施工场地必须戴安全帽、穿防护服。

2) 安全防护员应及时到位并在可见范围内保证通信联络的畅通。

3) 施工完毕应清理现场，确认对行车无影响时人员方可离开。

4) 注意既有设施的成品保护，文明施工，做到工完料清。

4.2.3 钢铝复合轨的检修

钢铝复合轨检修周期为12个月。

1. 接触轨检修作业内容

1) 对接触轨及普通接头等进行全面详细的检查。

2) 检查、测量各绝缘支架点处的接触轨授流面至轨面的垂直高度、接触轨授流面中心线至轨面中心线的水平距离。

3) 检查钢铝复合轨、普通接头等有无烧伤、变色现象。

4) 检查普通接头连接有无松动，导电油脂涂层是否足够均匀，接头处钢带接触面过渡是否平滑。

5) 检查不锈钢带授流面的磨损是否均匀。

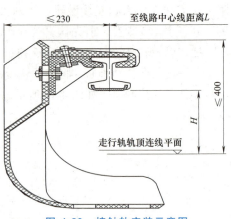

图 4-20 接触轨安装示意图

2. 接触轨清扫

1) 清洗并吹干接触轨和支架上因运行产生的白色粉状物。

2) 擦去膨胀接头铜板上的灰尘。

3) 清除轨腰处因氧化产生的污物，用压缩空气吹去轨腰处的铁屑。

4) 清洗并吹干支架处堆积的铁屑。

5) 用压缩空气清理膨胀接头处堆积的铁屑。

4.3 中间接头的分类、结构、安装与检修

【学习目标】

1) 掌握中间接头的分类与结构。
2) 掌握中间接头的安装方法与工艺。
3) 掌握中间接头的检修内容和检修方法。

4.3.1 中间接头的分类与结构

接触轨中间接头分为普通中间接头和电连接中间接头两种。

1. 普通中间接头

普通中间接头即相邻的两根接触轨的连接固定接头。普通中间接头由两片鱼尾板和连接螺栓组成，通过鱼尾板进行各段导电轨的连接，安装时要求接头与相邻支撑点的距离不小于600mm。每套普通中间接头配有紧固件4套，每套包括M16型螺栓、碟形弹垫各一个，螺

母、平垫各两个，采用双螺母防松，碟形弹垫和平垫为不锈钢材质。

普通中间接头本体上有四个 φ17mm 孔，且对称分布，如图 4-21 所示。普通中间接头安装完成后接头截面如图 4-22 所示。

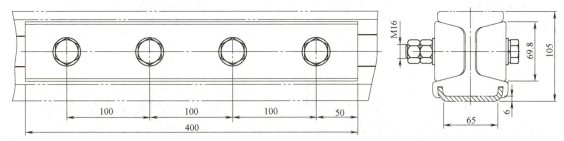

图 4-21 普通中间接头连接形式

2. 电连接中间接头

电连接中间接头由两块铝合金鱼尾板和一组连接螺栓组成，一块鱼尾板与普通中间接头本体相同，另一块在普通中间接头本体上焊有 3 个或 4 个电连接板，每个电连接板可以连接 2 条馈线电缆，最多可以连接 8 条电缆，可承载 3000~4500A 牵引电流。电连接中间接头除了可以实现普通中间接头的功能将接触轨连接起来外，还是实现由变电所连接供电电缆向接触轨供电的零件。另外，电连接中间接头还可以安装在一段接触轨的中部，仅用于向接触轨供电使用。

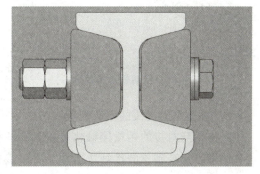

图 4-22 普通中间接头截面

电连接中间接头结构与实物如图 4-23 和图 4-24 所示。

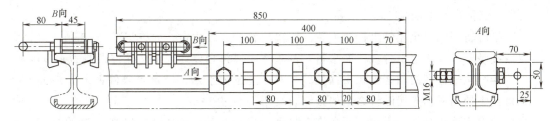

图 4-23 电连接中间接头结构

图 4-24 电连接中间接头实物

4.3.2 中间接头的安装

1. 普通中间接头的安装

普通中间接头用于连接固定相邻的两根接触轨并传导电流。安装效果如图 4-25 和图 4-26 所示。

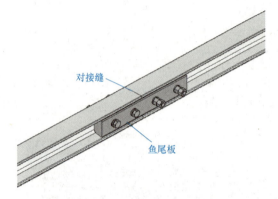

图 4-25　接触轨对接效果

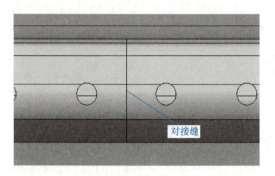

图 4-26　安装示意图

（1）普通中间接头的安装流程

1）将相互对接的两段接触轨首尾对齐、摆平，不允许有高低不平或扭转现象。

2）将已安装到位的接触轨末端与要对接的接触轨首端清理干净，并涂上导电油脂。

3）将所有配合表面用钢丝刷打磨，并在普通中间接头的连接表面处涂导电油脂。

4）用鱼尾板和 4 根螺栓将两根接触轨端头紧密连接起来。要确保接触轨的对接牢固可靠，螺栓紧固力矩为 70N·m。

5）检查接触表面，将接头处多余的导电油脂擦干净，并清理现场。

（2）普通中间接头的安装技术要求

1）接触轨中轴线至相邻走行轨内侧的距离应符合设计规定，允许误差为 ±5mm。

2）接触轨轨面应与走行轨轨面平行，其垂直距离符合设计规定，允许误差为 ±5mm。

3）接触轨轨面在两相邻绝缘支撑处的相对高差不大于 3mm，困难条件不大于 5mm。

4）接头处两根相连接触轨之间的接缝长度不得超过 2mm。

5）两根相连接触轨应平顺，不允许有高低不平或扭转，相邻接触轨接头处的高差不得大于 0.25mm。

2. 电连接中间接头的安装

1）使用打孔机在选定部位进行打孔，孔径为 ϕ17mm，间距为 100mm，共计 4 个孔。

2）将所有配合表面清理干净，放在干净的垫子上用中粒度磨料或钢丝刷打磨，并在电连接中间接头的表面涂上一层极薄的导电油脂。

3）将电连接中间接头安装到要连接的接触轨连接点的轨腹处，并将 4 根螺栓拧紧，要确保接线板在线路外侧。电连接在接触轨的连接点一般距接触轨端部弯头端部 3500mm。

4）拧紧螺栓，螺栓紧固力矩为 70N·m。

5）再次检查接触表面，将接头处多余的导电油脂擦干净，清理现场。

4.3.3 中间接头的检修

中间接头的检修周期为12个月。

1. 普通中间接头的检查

1)对普通中间接头进行全面详细的检查,对不符合要求的进行维护处理。

2)检查、测量各绝缘支架点处的接触轨授流面至轨面的垂直高度、接触轨授流面中心线至轨面中心线的水平距离。

3)检查普通中间接头有无烧伤、变色现象。

4)检查普通中间接头连接有无松动,导电油脂涂层是否足够均匀,接头处钢带接触面过渡是否平滑。

2. 电连接中间接头的检查

1)检查电连接中间接头周围区域是否有变色现象。

2)检查电缆的位置,因环境温度变化或者负载引起的接触轨的伸缩不应受到限制。

3)检查是否有断裂和剥落现象,检查接线端子是否紧固。

4)检查电连接中间接头带电部分与接地体之间的距离,最小距离应符合表4-4的规定。

表4-4 接触轨带电体与接地体之间的最小距离

标称电压/V	静态最小距离/mm	动态最小距离/mm	绝对最小动态距离/mm
750	25	25	25
1500	150	100	60

3. 中间接头维修方法

1)检查螺栓防松标记是否移动,如果移动,则擦除标记,再按规定力矩紧固后重新用油漆笔画上防松标记。

2)接触轨授流面过渡不平滑、有台阶时,应用砂轮机打磨接触轨,直至其两端接触轨过渡平滑。

3)中间接头与接触轨的接触面有烧伤时,应进行打磨,严重时更换中间接头。

4.4 端部弯头的结构、作用、安装与检修

【学习目标】

1)掌握端部弯头的结构与作用。
2)掌握端部弯头的安装工艺与方法。
3)掌握端部弯头的检修内容与方法。

4.4.1 端部弯头的结构与作用

端部弯头是安装在接触轨断口处与接触轨相连接,用于引导集电靴可靠过渡或平稳离开接触轨的授流面的部件。为了保证电客车的集电靴从一个锚段顺利过渡到另一个锚段,需在接触轨锚段两端各安装一段向上翘起的特制钢铝复合轨,这种特制钢铝复合轨就称为端部弯

头。端部弯头按安装使用场所分为正线用高速端部弯头和车场线用低速端部弯头两种，正线用高速端部弯头长度为5.2m，车场线用低速端部弯头长度为3.4m。端部弯头结构如图4-27所示，安装效果如图4-28所示。

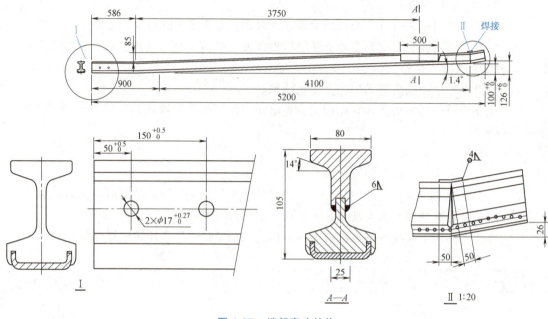

图 4-27 端部弯头结构

图 4-28 端部弯头安装效果

4.4.2 端部弯头的安装

安装接触轨时，首先从本段接触轨两端安装，即首先安装两端端部弯头，然后由两端端部弯头向中间逐根安装接触轨。端部弯头两端的高度差为126mm，端部弯头同接触轨之间采用普通中间接头连接，安装实景如图4-29所示。

1. 端部弯头安装步骤

1) 清理接触轨和端部弯头安装端面的

图 4-29 端部弯头安装实景

污物，修整端面上的毛刺，检查端面与轨面的垂直度（垂直度允许误差为±0.1°），最后在端面涂上一层极薄的导电油脂。

2）使用 C 形夹具和两块质地软硬适中的木板（板长 500mm、宽 90mm、厚 15mm，并且表面光滑平整），上下夹持住接触轨和端部弯头，使其两部分的对接保持在同一平面上，接头处无高低落差。

3）使用打孔机和专用固定夹具，在需要安装端部弯头的接触轨一端打孔，连同端部弯头上的孔共计 4 个，孔直径为 17mm，孔间距为 100mm。

4）将所有配件表面清理干净，放在干净的垫子上用中粒度磨料钢丝刷打磨，并在端部弯头的界面连接表面处涂上一层极薄的导电油脂。

5）3 个人将端部弯头抬起并慢慢地放在绝缘支架的接触轨托架上，另外 2 个人装上接触轨扣件，并用力矩扳手稍紧，然后调整端部弯头终端，使其距最近的绝缘支架的距离符合本锚段偏移预留量。然后上紧接触轨扣件，并用临时锚固夹具在绝缘支架处将接触轨端部弯头卡住，防止在接触轨安装过程中顺线路发生窜动。注意：接触轨扣件要放正；拧紧螺栓时要检查力矩扳手的力矩值是否满足设计要求。端部弯头要轻拿轻放、防止磕碰。

2. 端部弯头安装的技术要求

1）安装端部弯头时应检查弯头端部抬高侧至支架、支架到支架及支架到弯头端部连接侧的尺寸是否符合设计要求。

2）接触轨弯头位置正确，弯头端部与相邻走行轨顶平面的高度要符合规定值，误差为 −10~5mm。

4.4.3 端部弯头的检修

1. 端部弯头检修周期与检修范围

1）检修周期为 6 个月。

2）检修范围是对端部弯头进行全面详细的检查，对不符合要求的现象进行处理。

2. 端部弯头检修内容

1）检查授流面是否有电弧烧伤痕迹。

2）测量检查端部弯头上弯状态是否符合要求，对不符合要求的进行调整。

3）测量端部弯头末端、上弯始点绝缘支架处授流面与轨面的高度、与轨面中心线的水平距离，检查是否符合要求，对不符合要求的进行调整。

3. 端部弯头检修质量标准

1）端部弯头的断口与接触轨之间密贴，接头处缝隙小于 2mm。

2）端部弯头与接触轨接头处应平滑顺畅，不得高低不平，接头处高差不得大于 0.25mm。

3）端部弯头的抬升量应符合要求，5.2m 的高速端部弯头的坡度为 1∶41；3.4m 的低速端部弯头的坡度为 1∶22。

4. 端部弯头检修方法

1）用专用测量尺测量端部弯头的工作高度、偏移值，测量后填写测量记录。

2）对端部弯头工作高度、接触轨偏移值、接触轨授流面与轨平面平行度进行调整。

3）对端部弯头磨耗进行测量。

4）端部弯头授流面出现熔珠、麻点、毛刺等凹凸不平现象时，可根据其严重程度用砂纸、锉刀、打磨机进行处理，使其表面恢复平整、顺滑，必要时在处理后涂抹一层薄的导电油脂。

4.5 膨胀接头的结构、作用、安装与检修

【学习目标】

1）掌握膨胀接头的结构与作用。
2）掌握膨胀接头的安装工艺与方法。
3）掌握膨胀接头的检修内容与方法。

4.5.1 膨胀接头的分类、结构与作用

1. 膨胀接头的分类与结构

膨胀接头可以分为普通膨胀接头和绝缘膨胀接头。

（1）普通膨胀接头　普通膨胀接头由两根长轨（左右滑轨）、一根短轨、电流连接器和连接零件组成，如图4-30所示。长轨与短轨之间留有两个长度各为100mm的伸缩缝隙，整个膨胀接头的补偿量为200mm。为了保证集电靴顺利通过膨胀接头，长轨和短轨都要对角切掉15°（长短轨的接缝为斜角），这样可以使表面连续，间隙可以调整并且可以重合，以便使集电靴可以平滑地从一端过渡到另一端。左右滑轨的作用是让集电靴在膨胀点过渡时减小运行中产生的电弧。通过中间短轨使集电靴过渡更加平滑顺畅，并进一步减小电弧。

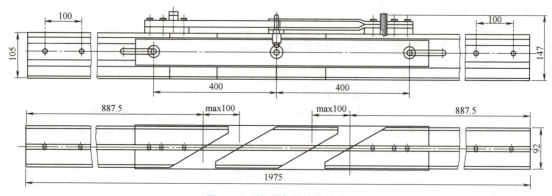

图4-30　普通膨胀接头结构

长轨和短轨的连接靠锚固夹板（特殊的长鱼尾板）通过三个螺栓安装在左右滑轨及中间轨的两侧实现，锚固夹板与短轨为固定连接，而两根长轨在连接锚固夹板的位置开有长孔，这种锚固夹板是一种特殊的夹板，与左右滑轨接触的面比中间低0.1~0.2mm，而且三个螺栓的紧固力矩也不相同，中间螺栓的紧固力矩为50N·m，两边为20N·m。锚固夹板两边在螺栓紧固力矩的作用下，发生弹性变形，使其与左右滑轨密切相接，锚固夹板与左右滑轨及中间轨的接触面涂有导电油脂，具有良好的导电性能；当锚固夹板两边紧固力矩为20N·m时，锚固夹板与左右滑轨的摩擦力为312N，小于接触轨的膨胀力，可以保证膨胀接

头的左右移动。为了弥补滑轨磨损造成紧固力下降,在滑轨外采用双蝶簧和双螺母的防松措施,保证了磨损后和振动的情况下,夹板与滑轨之间始终保持适当的压紧力。膨胀接头的结构可以在膨胀接头两侧的接触轨因热胀冷缩而产生长度变化时,使其左右伸缩自如得到补偿,又具有良好的导电性能。这样既保证电流续接良好,又使左右滑轨随温度变化伸缩导向准确。

电流连接器由主副两片导电滑片、U形螺栓及铜垫板组成,主片、副片采用紫铜材质,表面镀银,具有良好的导电性。U形螺栓上配有弹簧,弹簧压缩后弹力为480~500N,导电滑片之间的摩擦力为124~130N,这个力使主副导电滑片既紧密相贴,又能左右滑动。

普通膨胀接头的安装效果如图4-31所示。膨胀接头的总长为1775~1995mm,小于接触轨的支撑间距。膨胀接头可在接触轨两支架之间任意安装,但应距支撑点不小于600mm,膨胀接头的间隙根据安装曲线确定。

图4-31 普通膨胀接头的安装效果

(2) 绝缘膨胀接头 绝缘膨胀接头用榉木鱼尾板代替普通膨胀接头的金属鱼尾板,并去掉电流连接器,直接将两接触轨端头进行紧密连接。在两轨端头留有50mm的间隙,以空气为绝缘介质。绝缘膨胀接头不仅可以实现接触轨温度补偿,也可以起到电分段的作用,一般用于车辆段中的线路需要电分段处。

2. 膨胀接头的作用

接触轨暴露在空气中,环境温度的变化、电流引起的温升、日照等都会造成接触轨温度的变化,使接触轨因热胀冷缩而产生长度变化,因此需要在适当位置设置膨胀接头以补偿温度变化的影响。

3. 锚段与锚段长度

接触轨系统中的钢铝复合轨采用膨胀接头进行温度补偿。相邻两组膨胀接头之间的温度伸缩补偿段称为锚段。地面区段锚段长度为75m,地下隧道内锚段长度为90m,距洞口500m范围内的隧道中设置的锚段按地面段考虑。

4.5.2 膨胀接头的安装

1) 将要安装的新膨胀接头组件搬运到安装地点附近。伸缩段组件长约1975mm,搬运时务必小心,防止磕碰、损伤。

2) 在安装膨胀接头的接触轨端头处,放置两块木块,木块上放置一块平木板,总高度与已安装到位的复合轨下平面平齐,木块应有足够的强度且放置平稳。

3)由 3 个人抬起组件,把膨胀接头组件轻轻放稳在木板上,然后把膨胀接头轻轻推送到位。

4)检查膨胀接头组件与相邻走行轨之间接触面的高度及对齐情况,并按施工图进行调整。

5)用温度计测出安装接触轨时的温度。

6)调整间隙。用专用工具将膨胀接头装置两侧的滑轨小心地掰开,使间隙符合施工温度的间隙值。隧道内和隧道外不同温度下的安装间隙见表 4-5 和表 4-6。

7)预装配膨胀接头装置。应在锚固夹板两侧面均匀涂抹活动型导电油脂。紧固螺栓时,用力矩扳手交替拧紧,中间 M16 螺栓紧固力矩为 48~50N·m,两边 M16 螺栓紧固力矩为 20N·m;电流连接器与接触轨连接的 M10 螺栓紧固力矩为 25~30N·m。安装时应保证锚固夹板侧面与左右滑轨侧面紧密相贴,组成膨胀接头的三块轨的接触面应平齐。装配 U 形螺栓时,用扳手交替拧紧 U 形螺栓螺母,拧紧到弹簧长度为 14~16mm 即可,安装完毕后,用红油漆分别在 M16 U 形螺栓与螺母连接处做标记。

8)用 C 形夹具及 50mm×100mm 的木质楔进行固定,保证间隙维持不动,安装另一端的接触轨。

9)靠近膨胀接头处的防护罩要按实际需要切割。

10)膨胀接头应安装在两个支架装置的中心部位,膨胀接头的每一端距支架装置的距离应相等,且不小于 400mm。

4.5.3 膨胀接头的检修

1. 膨胀接头检修周期与检修范围

膨胀接头检修周期为 3~6 个月(曲线半径<500m 的膨胀接头为 3 个月)。应按照检修规程对膨胀接头进行全面详细的检查,对不符合要求的内容进行维护处理。

2. 膨胀接头检修内容

1)检查膨胀接头有无过热变色、烧伤现象。

2)检查膨胀接头的磨损是否均匀、补偿间隙过渡是否平滑。

3)检查膨胀接头所有紧固件是否松动、所有螺栓紧固力矩是否满足要求。

4)测量膨胀接头处授流面与轨面的高度及限界。

5)测量膨胀接头补偿间隙的大小,可参考安装间隙表,检查是否符合要求。

6)检查膨胀接头与接触轨的连接是否平顺。

7)检查膨胀接头的电气连接状况是否良好。

表 4-5 膨胀接头隧道外不同温度下的安装间隙

施工轨温/℃	-5	-4	-3	-2	-1	0	1	2	3	4	5
预留间隙 δ/mm	74	73	72.6	72	71	70	69	68	67.6	67	66
施工轨温/℃	6	7	8	9	10	11	12	13	14	15	16
预留间隙 δ/mm	65	64	63	62.7	62	61	60	59	58.6	58	57
施工轨温/℃	17	18	19	20	21	22	23	24	25	26	27
预留间隙 δ/mm	56	55	54	53.6	53	52	51	50	49	48.6	48

(续)

施工轨温/℃	28	29	30	31	32	33	34	35	36	37	38
预留间隙 δ/mm	47	46	45	44	43.7	43	42	41	40	39.6	39
施工轨温/℃	39	40	41	42	43	44	45	46	47	48	49
预留间隙 δ/mm	38	37	36	35	34.6	34	33	32	31	30.5	30
施工轨温/℃	50	51	52	53	54	55	56	57	58	59	60
预留间隙 δ/mm	29	28	27	26	25.5	25	24	23	22	21	20.6
施工轨温/℃	61	62	63	64	65	66	67	68	69	70	—
预留间隙 δ/mm	20	19	18	17	16	15.5	15	14	13	12	—

注：膨胀接头隧道外安装距离 75m，接触轨运行温度为 −5~85℃。

表 4-6　膨胀接头隧道内不同温度下的安装间隙

施工轨温/℃	10	11	12	13	14	15	16	17	18	19	20
预留间隙 δ/mm	74	73	72	71	70	69	68	67	66	65	64
施工轨温/℃	21	22	23	24	25	26	27	28	29	30	31
预留间隙 δ/mm	63	62	61	60	59	58	57	56	55	54	53
施工轨温/℃	32	33	34	35	36	37	38	39	40	41	42
预留间隙 δ/mm	52	51	50	49	48	47	46	45	44	43	42
施工轨温/℃	43	44	45	46	47	48	49	50	51	52	53
预留间隙 δ/mm	41	40	39	38	37	36	35	34	33	32	31
施工轨温/℃	54	55	56	57	58	59	60	61	62	63	64
预留间隙 δ/mm	30	29	28	27	26	25	24	23	22	21	20
施工轨温/℃	65	66	67	68	69	70	—	—	—	—	—
预留间隙 δ/mm	19	18	17	16	15	14	—	—	—	—	—

注：膨胀接头隧道内安装距离 90m，接触轨运行温度为 10~85℃。

3. 膨胀接头检修质量标准

1）膨胀接头的补偿间隙与安装间隙表中间隙值一致。

2）膨胀接头的各螺栓紧固力矩符合设计要求，锚固夹板三个螺栓的紧固力矩不相同，紧固螺栓时，用力矩扳手交替拧紧。中间螺栓的紧固力矩为 50N·m，两边的紧固力矩为 20N·m。电流连接器与接触轨连接的 M10 螺栓紧固力矩为 25~30N·m。

3）膨胀接头在温度变化的情况下能伸缩自如，无卡滞现象。

4. 膨胀接头检修方法

1）紧固件检查调整。首先检查各防松标记是否有变化，无变化时可不做调整；有变化时需把防松标记擦除，重新用力矩扳手按规定的力矩紧固，然后再用油漆做防松标记。

2）补偿间隙测量与调整。用专用工具或者直接测量膨胀接头的标记线，测量出补偿间隙值。用数字温度计测出已安装接触轨的温度，将温度感应点分别置于轨底、轨腹下部及钢带表面，记录读数并计算其平均值。对照膨胀接头安装曲线或安装间隙表，判断实际曲线是否符合设计规定。一般膨胀接头一经施工完毕就无法直接进行调整，当膨胀接头的补偿间隙值不正确会危及接触轨系统安全运行时，可对该锚段中的一段轨进行局部更换或者在中间接头处进行特殊长度处理,以保证温度补偿的正确性及安全性。

3)膨胀接头卡滞检修。膨胀接头卡滞时需检查卡滞是部件变形引起的,还是润滑不良引起的。如果是部件变形引起的,则可局部更换部件;如果是润滑不良引起的,则可把夹板拆卸下来,清洗干净后涂上一层薄的导电油脂,然后按规定力矩紧固。

4.6 绝缘支座的分类、结构、安装与检修

【学习目标】

1)掌握绝缘支座的分类与结构。
2)掌握绝缘支座的安装工艺与方法。
3)掌握绝缘支座的检修内容与方法。

4.6.1 绝缘支座的分类与结构

绝缘支座是接触轨系统中支撑接触轨并起绝缘作用的装置。绝缘支座一般有绝缘子式和整体绝缘支架式。

1. 绝缘子式绝缘支座

复合材料绝缘子是用玻璃纤维增强不饱和聚酯膜塑料经高温模压制成形,具有质量轻、绝缘好、强度高、吸水率低、变形小、耐候性良好等许多优点,易于根据线路使用要求进行结构设计,使绝缘支撑具备良好的受力性能,满足各种负荷受力要求。

绝缘子上部通过螺钉连接金属头和两个接触轨卡子将接触轨固定住;绝缘子下部通过带大垫圈的螺栓将下部绝缘子压盖固定在槽钢底座上,再将底座同道床或轨枕连接起来。绝缘子主体为圆柱形空心结构,带环状防污槽,下部为方形法兰盘;金属头嵌入绝缘体中,带防脱、防转动槽。

接触轨卡子左右各一件,鸭嘴结构,外侧带2条竖肋,螺钉通过中间开孔同金属头连接。绝缘子压盖是带有孔边加强结构的固定孔的盖状结构,绝缘体柱状主体与压盖一体成形。

750V上接触式接触轨系统复合材料绝缘子的主要性能为:污耐受电压为5kV,工频干耐受电压≥40kV,工频湿耐受电压≥20kV,爬电距离≥180mm,抗弯荷载≥20kN,抗压荷载≥30kN。绝缘子式绝缘支座如图4-32所示。

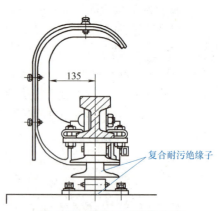

图4-32 绝缘子式绝缘支座

2. 整体绝缘支架式绝缘支座

整体绝缘支架由玻璃纤维增强材料(GFRP玻璃钢)采用SMC模压成形工艺制造。玻璃钢接触轨托架和绝缘支座设计通过各自接触面的齿槽啮合,经螺栓连接在一起。齿槽啮合起垂直限位的作用,同时安装接触轨时可进行上下微调;接触轨托架与接触轨扣件也经螺栓连接成一个整体,接触轨扣件可防止其沿接触轨铺设方向左右

摆动。绝缘支座的结构设计可使整体绝缘支架具有良好的受力性能，满足负荷可能出现的各种受力要求。绝缘支座的长孔可使整体绝缘支架在水平方向上有 30mm 的调整裕量，在垂直方向上有 40mm 的调整裕量，从而保证接触轨的相关安装距离。整体绝缘支架高度可根据安装要求设计。上接触式整体绝缘支架式绝缘支座如图 4-33 所示，下接触式整体绝缘支架式绝缘支座如图 4-34 所示。

下接触式接触轨的安装底座一般采用整体绝缘支架式绝缘支座，主要由支架本体、卡爪、托架三部分组成。整体底座一般安装在轨道整体道床或专用基础上，安装效果如图 4-35 所示。

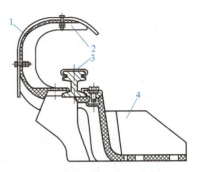

图 4-33 上接触式整体绝缘支架式绝缘支座

1—防护罩 2—防护罩支架 3—接触轨
4—整体绝缘支架

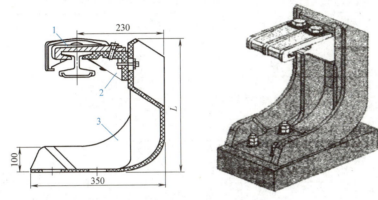

图 4-34 下接触式整体绝缘支架式绝缘支座

1—卡爪 2—托架 3—支架本体

图 4-35 下接触式整体绝缘支架安装效果

4.6.2 绝缘支座的安装

绝缘支座的安装是接触轨系统安装最重要的工作，钢铝复合轨、膨胀接头、端部弯头的安装均需要在绝缘支座安装完毕后进行。

1. 安装组织与准备

绝缘支座安装按照表 4-7 组织施工作业组，按照表 4-8 准备测量器材与工具，按照表 4-9 准备材料。

表 4-7　绝缘支座安装人员准备表

序号	人员	单位	数量	备注
1	技术员	人	1	技术全面负责
2	工长	人	1	现场指挥
3	安全防护员	人	2	现场安全防护
4	电工	人	1	电源接点
5	施工员	人	5	具体操作

表 4-8　绝缘支座安装器材与工具准备表

序号	名称	规格	单位	数量	备注
1	轨道车	—	台	1	配平板用于材料转运
2	冲击钻	TE-25	台	1	配专用钻头
3	吹尘器	—	个	1	—
4	综合测量仪	—	把	1	—
5	孔位模具	—	个	1	—
6	配电盘	3×2.5	个	1	—
7	发电机	—	台	1	备用（无临电处用）
8	专用敲击工具	—	套	1	—
9	手锤	4lb	把	1	—
10	钢卷尺	5m	把	1	—
11	清孔毛刷	—	把	1	—
12	力矩扳手	—	把	2	—
13	记号笔	—	支	1	—
14	电工工具	—	套	1	—
15	水平尺	500mm	把	1	—
16	水磨钻	—	台	1	定位点无法调整时打孔
17	安全警戒灯	—	个	2	间隙红闪

表 4-9　绝缘支座安装材料准备表

序号	名称	规格	单位	数量	备注
1	后扩底膨胀锚栓	FZA22×100M16/80	套	若干	用于直线
2	后扩底膨胀锚栓	FZA22×100M16/100	套	若干	用于曲线
3	绝缘支架底座	DZ	套	若干	用于直线
4	绝缘支架底座	DQN	套	若干	用于曲线
5	绝缘支架	528 型	套	若干	用于直线
6	绝缘支架	458 型	套	若干	用于曲线（端部弯头）

2. 钻孔

1) 施工班组检查核对各类数据无误后，准备好冲击钻、专用钻头和钻孔模板。

2) 以施工测量时标记在道床上的基准点（线），套用钻孔模板，核查钻孔孔位。使用钢筋探测仪探测钻孔范围内是否有钢筋，以便适当调整避开钢筋。

3) 先套模板，在孔位上钻出 3～5mm 的凹槽，取下模板，1 人持冲击钻开始钻孔，并保持钻头垂直于安装平面，1 人握吹尘器将尘屑吹向无人侧。

4) 后扩底膨胀锚栓采用专用钻头，达到钻孔深度后，钻头挡板即抵住道床或轨枕平面，以钻头加粗部分为支点进行环状旋转，对钻孔底部进行锥形扩削，形成柱锥钻孔。

5) 钻孔完成后，测量检查孔深、孔距等尺寸并做好钻孔记录。

3. 螺栓安装

1) 螺栓安装前先清孔，用清孔毛刷、清孔气囊彻底清除孔屑及孔内杂物。

2) 锚栓安装：将后扩底膨胀锚栓放入孔中，使用专用安装工具安装。将锚栓膨胀套管推至低于混凝土表面至 1～2mm，露出蓝色标记，即表示锚栓已安装到位，如图 4-36 所示。

图 4-36 锚栓预埋效果

4. 螺栓拉力测试

1) 在待测螺栓上安装好测试仪。

2) 逐渐加大拉力至规定测试值，并保持 3～5min，期间如无异常，即通过测试，做好测试记录。

3) 如螺栓被拉出，应分析找出原因，并对同一作业批次的螺栓全部进行测试。

5. 整体绝缘支架安装

1) 绝缘底座选型：根据测量记录的曲线外轨超高数据，选择相应类型的绝缘底座。安装前，对将要安装的各零部件进行检查，并依据图样核实型号。

2) 整体绝缘支架安装：施工安装班组将装配好的整体绝缘支架利用轨道作业车运至施工现场，逐点对号按设计要求及相关标准安装。要求整体绝缘支架安装正确、牢固，配件齐全。

3) 高度、平行度、侧面限界初调：采用接触轨综合测量仪、水平尺以及钢卷尺相结合，初步调整整体绝缘支架的铅垂中心线与轨面垂直，侧面限界初调至设计值，高度初调至设计值，如图 4-37 所示。

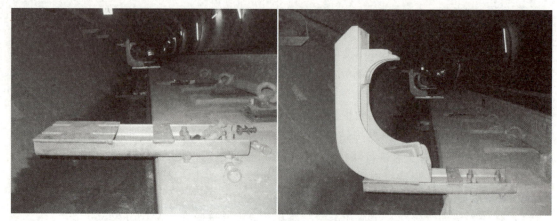

图 4-37 底座、绝缘支架安装效果

4.6.3 绝缘支座的检修

1. 绝缘支座检修周期与检修范围

绝缘支座检修周期为 12 个月。

绝缘支座检修范围包括对绝缘支架、支架底座进行全面详细的检查（如紧固螺栓、支架底座、绝缘支架及连接螺栓等），对松动、不符合要求的进行维护处理。

2. 绝缘支座检修内容

1）检查绝缘支架紧固螺栓是否紧固，有无松动。

2）检查绝缘支架有无变色、表层剥落、裂纹及其他异常现象。

3）检查绝缘支架底座有无镀锌层脱落、锈蚀现象。

4）检查绝缘支架与接触轨的对正情况。

3. 绝缘支座检修质量标准

1）整体绝缘支架无损伤变形等。紧固件齐全，安装牢固可靠，各连接螺栓的紧固力矩满足设计要求，卡爪及托架固定螺栓力矩均为 44N·m。

2）整体绝缘支架纵向轴线垂直于线路中心线，横向轴线平行于线路中心线。

3）整体绝缘支架以及接触轨托架的防滑齿完好，同时齿间正确咬合。

4）接触轨托架和卡爪完好无损坏，其横向轴线应平行于线路中心线，以满足接触轨能顺线路方向顺畅滑动。

5）各镀锌螺栓无变形，镀锌层和螺纹完好，预留调节裕量满足设计要求，螺栓外露部分要涂防腐油。

4. 绝缘支座检修方法

1）绝缘支架倾斜时，观察判断倾斜的原因，如属于中心锚结绝缘支架受力不均引起，宜把该锚段调顺，使中心锚结绝缘支架恢复正常；如属于接触轨伸缩时接触轨扣件卡滞引起，则调整接触轨扣件，把绝缘支架调正。

2）绝缘支架有裂纹影响使用时应更换。

3）按规定清扫绝缘支架。

4）紧固件检查调整。首先检查各防松标记是否有变化，无变化时可不做调整，有变化时需把防松标记擦除，重新用力矩扳手按规定的力矩紧固，然后再用油漆标记笔做防松标记。

5）锚固螺栓检查处理。底座螺栓基础出现异常，螺栓受力不能保证要求时，可按规定改移该支架。

4.7　防爬器的分类、结构、安装与检修

【学习目标】

1）掌握防爬器的分类与结构。
2）掌握防爬器的安装工艺与方法。
3）掌握防爬器的检修内容与方法。

4.7.1　防爬器的分类与结构

防爬器即中心锚结，它是防止接触轨因温度变化或其他原因而产生纵向爬行的一种固定装置。其类型有普通防爬器和大坡度防爬器两种。

1. 普通防爬器

普通防爬器的作用是将接触轨与绝缘支架进行固定，防止接触轨向两侧不均匀窜动。普通防爬器设置在锚段的中部，每处安装两套普通防爬器，分别位于绝缘支架的两侧，夹住绝缘支架，从而限制接触轨在顺线路方向上的滑动。每套普通防爬器由一对梯形截面铝块组成，用两套紧固件安装固定。普通防爬器结构如图 4-38 所示，普通防爬器组件如图 4-39 所示，安装效果如图 4-40 所示。

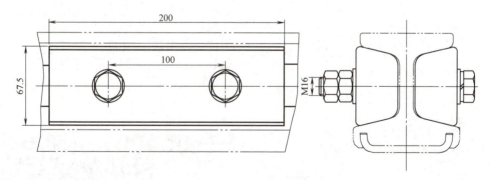

图 4-38　普通防爬器结构

2. 大坡度防爬器

大坡度防爬器除了将接触轨与绝缘支架进行固定外，还将接触轨与地面固定物进行固定，使其更可靠牢固。大坡度防爬器一般有斜拉绝缘子式和双组普通中心锚结式两种。大坡度防爬器一般安装在曲线处绝缘支架的两侧和大坡度接触轨线路两侧，用于加强下锚固定，斜拉绝缘子式大坡度防爬器的结构和组件如图 4-41 和图 4-42 所示。

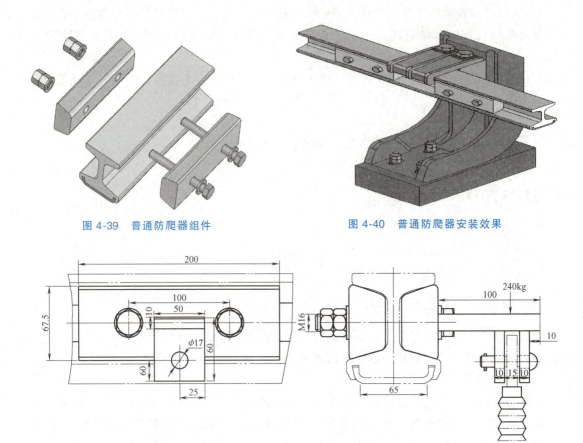

图 4-39 普通防爬器组件

图 4-40 普通防爬器安装效果

图 4-41 斜拉绝缘子式大坡度防爬器的结构

4.7.2 防爬器的安装

1. 普通防爬器安装

1) 使用打孔机在选定部位打孔,孔的直径为 17mm,间距为 100mm,共计 4 个孔,如图 4-43 所示。

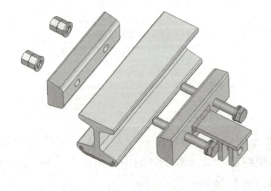

图 4-42 斜拉绝缘子式大坡度防爬器的组件

图 4-43 防爬器安装打孔

2）将所有配合表面清理干净，使用钢丝刷打磨，并在防爬器本体的界面连接表面处涂上一层极薄的导电油脂。

3）将防爬器用2根螺栓安装在接触轨的轨腹处，并将螺栓拧紧。螺栓紧固力矩为70N·m。

4）检查接触表面，将接头处多余的导电油脂擦干净，安装完成后清理现场。

2. 大坡度防爬器安装

1）接触轨调整到位后，按施工图中中心锚结位置，现场沿接触轨测定中心锚结防爬器位置。

2）使用打孔机在接触轨选定部位打孔，孔的直径为17mm，间距为100mm，共计4个孔。

3）用2根螺栓将中心锚结本体安装在接触轨的轨腹上。不锈钢弹垫及平垫齐全，螺栓要拧紧，紧固力矩为70N·m。

4）安装中心锚结"V"形斜拉绝缘子：在接触轨与防爬器的接触面均匀涂抹导电油脂，安装紧固防爬器，连接安装中心锚结"V"形斜拉绝缘子和调节螺栓。其安装效果如图4-44所示。

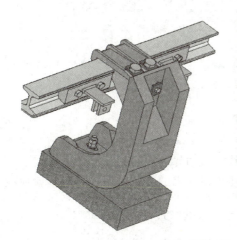

图4-44 大坡度防爬器安装效果

5）调整与斜拉绝缘子相连的调节螺栓，使其受力一致，如图4-45所示。

6）检查安装状况，将安装处的污物清理干净，并在安装完成后清理现场。

4.7.3 防爬器的检修

1. 防爬器检修周期与检修范围

防爬器检修周期为12个月。防爬器的检修范围包括对中心锚结进行全面详细检查，对不符合要求的内容进行维护处理。

2. 防爬器检修内容

1）检查防爬器与接触轨的连接状态，有无导电油脂，紧固螺栓有无松动。

2）检查防爬器及绝缘支架接触面有无损伤。

3）检查防爬器与绝缘支架的状态。

4）检查防爬器及防护罩的安装状态。

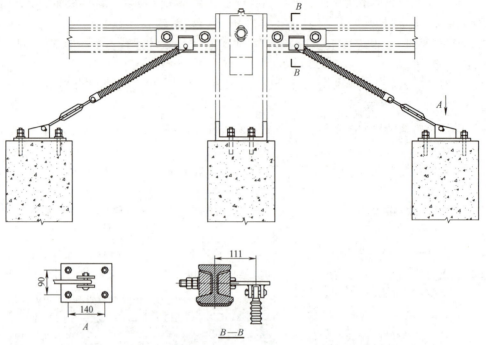

图 4-45 中心锚结状态调整

3. 防爬器检修质量标准

1）防爬器带电端至接地体的距离不允许小于 150mm。

2）防爬器和绝缘支架无变形或破坏。

3）防爬器螺栓间距为 100mm，内侧螺栓距离绝缘支架边缘为 50mm。

4）防爬器的卡块与绝缘支架的间隙应符合安装使用说明书的要求。两连接板接触面应清洁，并涂导电油脂，螺栓紧固力矩为 70N·m。

4. 防爬器检修方法

1）大坡度防爬器两侧斜拉绝缘子受力不均时，调整调节螺栓，使其受力均匀。

2）普通防爬器在两端受力不均时会导致绝缘支架倾斜，应调整该锚段，使防爬器绝缘支架端正，并核查该锚段有无绝缘支架卡滞现象，有则进行调整。

3）紧固件检查调整：首先检查各防松标记是否有变化，无变化时可不做调整，有变化时需把防松标记擦除，重新用力矩扳手按规定的力矩紧固，然后再用油漆标记笔做防松标记。

4）测量带电部分与接地体之间的最小净距及有无侵入限界，对不符合位置要求的进行调整。

4.8 防护罩的结构、安装与检修

【学习目标】

1）掌握防护罩的结构与作用。

2）掌握防护罩的安装工艺与方法。

3）掌握防护罩的检修内容与方法。

防护罩应用于整个接触轨系统，其作用是最大限度地遮盖接触轨的非授流面，防止人员或者杂物侵入接触轨发生触电危险或短路跳闸事故，同时也减少外界灰尘、雨、雪等对接触轨的影响，起到保护接触轨的作用。

4.8.1 防护罩的结构

防护罩按照接触轨形式可以分为上接触式防护罩和下接触式防护罩，按照用途可以分为端部弯头防护罩、绝缘支架防护罩、普通防护罩、膨胀接头防护罩和电缆接线板防护罩等多种类型。防护罩和防护罩支撑卡均采用玻璃纤维增强树脂材料，该材料具有绝缘、低烟、无卤、不生锈、不易燃烧等特性。其采用材质和制造工艺与整体绝缘支架基本相同。防护罩及支撑卡如图4-46所示。

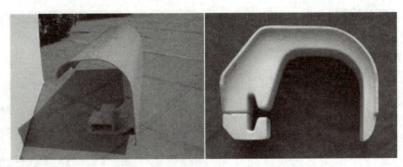

图4-46　上接触式防护罩与防护罩支撑卡

4.8.2 防护罩的安装

1. 防护罩安装

1) 防护罩支撑卡安装：防护罩支撑卡按设计间距均匀安装于接触轨上。
2) 防护罩加工：按接触轨实际跨距测量所需接触轨防护罩长度，切割加工防护罩。
3) 防护罩安装：先安装接触轨防护罩，然后安装端部弯头防护罩、电连接接头防护罩、绝缘支架防护罩、中心锚结防护罩和膨胀接头防护罩。
4) 检查：检查安装的防护罩和防护罩支撑卡是否安装匹配，防护罩有无损坏等。

防护罩安装效果如图4-47和图4-48所示。

2. 防护罩安装的技术要求

1) 防护罩选配应符合设计要求，安装应牢靠、平顺。
2) 防护罩支撑的间隔及固定应符合设计要求。
3) 防护罩搭接长度应符合设计规定，安装后的防护罩应连续无空隙。
4) 防护罩应将接触轨端部弯头罩住，外留长度符合设计要求。

4.8.3 防护罩的检修

1. 防护罩检修周期与检修范围

检修周期为12个月。检修范围是对防护罩支撑卡、防护罩（包括支架防护罩、电缆接线板防护罩、中心锚结防护罩）等进行全面详细检查。

图 4-47　下接触式防护罩安装效果

2. 防护罩检修内容

1）检查防护罩有无变色、表层剥落、裂纹及其他异常现象。

2）检查防护罩上警示标志是否清晰、有无脱落。

3）检查防护罩、支撑卡与接触轨的结合状态，特别是膨胀接头、中心锚结、电缆接线板处的防护罩，不阻碍接触轨的自由伸缩。

4）对不符合要求的防护罩进行更换。

3. 防护罩检修质量标准

图 4-48　上接触式防护罩安装效果

1）防护罩规格型号、各种电气性能和机械性能符合产品技术条件，防护罩合格，无损伤。

2）防护罩选型正确，安装规范、牢固可靠。

3）防护罩支撑卡布置合理，防护罩支撑卡每隔 500mm 布置一处，在特殊防护罩处严格按照设计要求布置，双中心锚结、三中心锚结之间必须布置至少一处支撑卡，防护罩支撑卡无损坏。

4）防护罩上的"高压危险"等警示标志齐全、明显。

4. 防护罩检修方法

1）防护罩搭接或安装不良凸起时，应重新搭接或安装，使防护罩紧扣在防护罩支撑卡上，必要时局部更换尺寸差异较大的防护罩，同时应检查防护罩搭接或安装不良是否由于接触轨部件异常所引起。

2）安全警示标志不明显时用红油漆、毛笔、自喷漆和标志模板重新描画喷涂。

3）清扫防护罩的积尘。

4）如有漏水直接滴在防护罩上，应报相关部门堵漏，并做好跟踪工作。

5）拆除破损和不合格的防护罩，将新的防护罩安装在支撑卡上，保证防护罩与支撑卡之间正常的卡合力，如出现防护罩之间卡合不紧需及时更换。

5. 防护罩常见故障及处理方法

防护罩的常见故障有松动、拱起、脱落。当发生这些故障时，可能侵限刮碰受电靴，严重时会出现靴轨故障。

（1）防护罩故障原因分析

1）搭扣不牢固。在正常情况下，防护罩是紧紧扣在防护罩支撑卡上或者搭扣在其他防护罩上的。由于在检修时需拆开防护罩检查接触轨，一旦没有恢复到位，如有外力如风、车振动的作用，就会出现防护罩松脱或拱起现象。

2）防护罩变形或破损。防护罩搭扣部位出现大的变形甚至破损时，无法固定在防护罩支撑卡上或者搭扣在其他防护罩上，此时如有外力如风、车振动的作用，就会造成防护罩松脱或拱起。

（2）防护罩故障处理方法

1）运营时段的处理方法。在运营时段没有侵限或侵限不严重的故障防护罩可暂不处理但需加强观察巡视，必要时可要求列车限速通过。如防护罩故障影响行车，故障处理人员应利用行车间隔停电抢修。在运营时段，把故障防护罩拆卸后即可恢复通车。同时应检查附近相关设备有无损坏并做相应的处理，力争把故障影响时间减少到最短。

2）非运营时段的处理方法。在非运营时段，可以申请作业令对接触轨防护罩进行集中整修。如防护罩没搭扣牢固，则把防护罩搭扣好即可；如防护罩变形或破损，则需更换新的防护罩。

4.9　电连接的设置、功能、安装与检修

【学习目标】

1）掌握电连接的设置与功能。
2）掌握电连接的安装工艺与方法。

4.9.1　电连接的设置与功能

接触轨的电连接是用供电电缆通过电连接用中间接头将两段接触轨进行良好的电气连接。接触轨同一供电分区相邻断轨之间设置电连接，采用电缆将固定在断口两端接触轨上的电连接板进行电气连接。

电连接用的中间接头与普通中间接头有所不同，它由两块铝合金零件组成，一块是普通中间接头本体，另一块在普通中间接头本体上焊有三个或者四个电连接板。它除了具有普通中间接头的作用外，还可通过电连接板连接电连接线或馈电电缆，保证牵引回路的电流畅通。为避免电缆线鼻子和铝连接板之间不同金属材料直接连接导致铝连接板加速氧化锈蚀，电连接板可采用铜铝过渡电连接板。

4.9.2　电连接的安装

1. 电连接电缆预制

1）根据现场两个电连接接头的距离计算连接电缆的长度。
2）裁剪软电缆，截面要整齐。
3）电连接电缆的型号、材质、数量应符合设计要求。
4）将软电缆穿入铜铝过渡电连接端子进行压接，压接应符合安装要求。

2. 电连接现场安装

按电连接装配图要求,将电缆用电缆固定卡固定好。注意相接触的接触面均匀涂抹导电油脂。电连接电缆布置美观、合理,弯曲满足相关要求,螺栓紧固力矩应符合设计要求。安装图如图 4-49 所示,安装效果如图 4-50 所示。

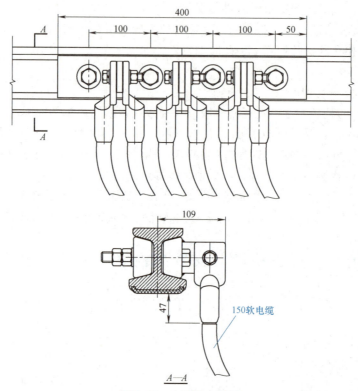

图 4-49 电连接安装图

3. 电连接安装技术要求

1)电缆接线板的位置至相邻绝缘支撑的距离应符合设计要求。

2)电缆在电缆接线板上固定时应采用铜铝过渡端子。

3)电缆安装时应预留因温度变化而产生的位移长度。

4)电连接所有安装接触面均应清洁、涂抹导电油脂。

图 4-50 电连接安装效果

5)电连接与接触轨连接牢固可靠,电缆排列整齐、固定牢固,标志牌字迹清晰、挂装牢靠。

4.9.3 电连接的检修

1. 电连接检修周期与检修范围

电连接检修周期不宜大于 12 个月。

电连接的检修范围是对接触轨的电连接及相关部件进行全面检查,对不符合要求的内容进行处理。

2. 电连接检修质量标准

1）电连接的规格、数量、裕度、接线应符合设计要求。

2）电缆应绝缘良好，无尖锐物体、重物挤压、无损伤、老化龟裂、过热变色、虫蚁鼠害等异常现象，弯曲半径应符合设计要求。

3）电缆接线端子应压接良好，电缆接线端子连接部位应采用绝缘热缩管套封。

4）电连接、电连接线板及接触轨之间应安装密贴、连接牢固可靠、电气接触良好、导流良好。

科技人文拓展

接触网工的杰出代表——巨晓林

巨晓林，男，汉族，1962年9月生，陕西岐山人，1987年3月参加工作，2008年9月加入中国共产党，高中学历，高级技师，全国创先争优优秀共产党员，全国劳动模范，全国五一劳动奖章获得者，北京市劳动模范，中华技能大奖获得者。

巨晓林现为中铁电气化局第一工程有限公司职工、中华全国总工会副主席（兼），先后参加了北同蒲线、鹰厦线、大秦线、京郑线、哈大线、迁曹线、京沪线等十几条国家重点电气化铁路工程的施工。

巨晓林坚守"农民工也要懂技术"的信念，克服常人难以想象的困难，坚持在工作中学习，在学习中工作，掌握了大量从事本职工作所需要的新知识和新技能。他熟练掌握了工程测量、机械制图、电力接触网软横跨的计算，能够解决电力接触网施工中的复杂问题，成为出类拔萃的能工巧匠。在中铁电气化局第一工程有限公司组织的电力接触网工技术比武中，巨晓林连续3次夺得个人全能第一名。

巨晓林身上总带着三件宝："图纸、工具书、笔记本"。有一年"中秋节"，工地放假半天，他和工友们出去逛街采购生活用品，同伴走着走着却不见了他踪影。大家一边喊他、一边找他，只见巨晓林正蹲在一个摩托车修理摊位前看人修车，向修车师傅请教汽油机的工作原理。跟他同住一个寝室的工友回忆起那时的情景，感慨万千："每天他比别人早一个钟头起床，晚一个钟头睡觉。不管多么辛苦，他一点都不放松。他的枕头下面藏着一个小闹钟，他恨不得一天当成两天用。"老巨淡然一笑："在那个年代，我一个农家子弟能找到这样的工作很不容易，所以，我非常珍惜和热爱这份来之不易的工作机会，从一开始就暗暗下决心要干好。"多年来，巨晓林就是凭借这股钻劲，攻破了一个个难题。他白天在施工中跟着师傅学，晚上放下饭碗又缠着师傅问，就连师傅喝茶聊天的时候，他也蹲在一旁，不厌其烦地问些接触网安装的技术要领。至今，他记了几十本读书笔记和施工日志，熟练掌握了接触网上下部施工技能，并具有解决接触网施工中的复杂问题和指导本工种高级工技能操作的能力。

巨晓林常说："当好工人，既要苦干实干，更要敢想敢干、巧干会干。"近几年，我国铁路电气化事业蓬勃发展，在他看来，随着铁路电气化技术快速发展，原有的工艺工法必须不断地加以改进，才能提高工作效率，保证安全质量。巨晓林以技术工人的身份，参加技术攻关组。他凭着深厚的知识功底和丰富的实践经验，与工程技术人员一起研制开发出了具有本企业自主知识产权的系列计算软件,用"施工程序化、预配工厂化、计算微机化、检测科学化"确保了接触网支柱结构安装、软横跨安装、整体吊弦悬挂调整和承力索导线架设"四个一次到位",大大提高了接触网施工的生产率。三十多年来巨晓林凭借着对党和国家的无限忠诚,对电气化事业的不懈追求,用实际行动,在平凡的岗位上干出了不平凡的事情。

多年的工作中,巨晓林整理了70多本、230多万字的笔记,创新施工方法43项,创造经济效益600多万元;他主编的《接触网施工经验和方法》,在中铁电气化集团作为职工技能教育教材被广泛使用,配发给数千名接触网工作者作为工具书。他自强不息,奋发进取,实现了从一名农民工到"专家职工"的跨越,并先后荣获中铁电气化局集团"京沪线建设功臣"、北京市"知识型职工先进个人"等荣誉称号和全国五一劳动奖章。2018年12月18日,党中央、国务院授予巨晓林同志改革先锋称号,颁授改革先锋奖章。

习　　题

一、填空题

1. 接触轨零部件主要包括_____、_____、_____、_____、_____、防护罩及支撑件。
2. 接触轨的安装形式可分为_____、_____和_____三种。
3. 钢铝复合轨的跨距一般不宜大于_____m,膨胀接头处跨距以不大于_____m为宜。
4. 接触轨制作的标准长度为_____m。
5. 在线路的曲线半径小于或等于_____m时,要对接触轨进行提前预弯。
6. 钢铝复合轨检修周期为_____个月。
7. 接触轨中间接头螺栓紧固力矩为_____ N·m。
8. 接触轨中间接头处两根相连接触轨之间的接缝长度不得超过_____ mm。
9. 接触轨正线用高速弯头长度为_____m。车场线用低速弯头长度为_____m。
10. 接触轨与端部弯头连接时,安装孔的直径为_____ mm,孔间距为_____ mm。
11. 接触轨膨胀接头的补偿量为_____ mm。
12. 膨胀接头中间螺栓的紧固力矩为_____ N·m,两边为_____ N·m。
13. 膨胀接头可在接触轨两支架之间任意安装,但应距支撑点不小于_____ mm。
14. 接触轨系统中地面区段锚段长度为_____m,地下隧道内锚段长度为_____m。
15. 整体绝缘支架卡爪及托架固定螺栓力矩均为_____ N·m。
16. 接触轨中心锚结又称为防爬器,有_____和_____两种。
17. 防护罩支撑卡布置合理,防护罩支撑卡每隔_____ mm布置一处。

二、是非题（对的画√,错的画×）

1. 地铁高架区段,接触轨宜安装在双线正线线路的内侧。　　　　　　　　　　（　　）
2. 轨道交通车站内接触轨宜布置在站台的对侧。　　　　　　　　　　　　　　（　　）
3. 在道岔转辙机500mm范围内不敷设接触轨。　　　　　　　　　　　　　　（　　）
4. 接触轨机械分段处采用自然断开方式,两断轨间用隔离开关进行连接。　　　（　　）
5. 两根相连接触轨应平顺,相邻接触轨接头处的高差不得大于2mm。　　　　（　　）
6. 端部弯头的检修周期为12个月。　　　　　　　　　　　　　　　　　　　　（　　）
7. 绝缘支座检修周期为12个月。　　　　　　　　　　　　　　　　　　　　　（　　）
8. 中心锚结拉线受力不均时调整拉线和螺栓,使其受力均匀。　　　　　　　　（　　）
9. 防护罩支撑卡布置合理,防护罩支撑卡每隔500mm布置一处。　　　　　　（　　）

10. 在运营时段没有侵限或侵限不严重的故障防护罩可暂不处理,但需加强观察巡视,必要时可要求列车限速通过。   (   )

11. 电连接检修周期不宜大于 12 个月。   (   )

三、简答分析题

1. 接触轨的定义及供电电压是什么?
2. 接触轨系统的供电原理是什么?
3. 接触轨相对于钢轨的安装位置是什么?
4. 接触轨的跨距和锚段长度有何规定?
5. 断轨、电连接、中心锚结如何设置?
6. 钢铝复合轨的结构及特点如何?
7. 接触轨式接触网的组成是什么?
8. 接触轨的三种安装形式分别有何特点?
9. 端部弯头、中间接头、防爬器的结构及作用如何?
10. 纵向测量的操作步骤是什么?
11. 施工测量的安全注意事项有哪些?
12. 绝缘底座安装操作步骤是什么?技术要求有哪些?
13. 接触轨的装卸作业及堆放有何要求?
14. 接触轨的安装包括哪些内容?
15. 接触轨普通接头安装的操作步骤是什么?
16. 电连接安装包括哪些内容?
17. 电连接用中间接头的安装操作步骤是什么?
18. 接触轨中间接头的维修方法是什么?
19. 防爬器分哪几种?安装操作步骤是什么?
20. 防护罩的作用及材质是什么?
21. 接地线的作用是什么?叙述安装技术要求。
22. 端部弯头的维修方法是什么?

第 5 章

接触网运营与检修管理

> **【知识点】**
>
> 本章主要介绍接触网运营与检修管理,包括接触网运营管理模式、接触网运行机构设置、人员配备与职责、接触网运行规章制度、接触网工具设备管理与工区资料管理、接触网检修方式、接触网作业分类、接触网检修制度等。

5.1 接触网运营管理

【学习目标】

1)掌握接触网运营管理模式。
2)掌握接触网运行机构设置人员配备与职责。
3)了解接触网运行规章制度。

接触网设备时刻处于摩擦、振动、电流输送等过程中,工作环境恶劣,状态也随运行时间发生变化,因此需要有效的运营管理手段来维护。

5.1.1 接触网运营管理模式

1. 接触网管理机构

城市轨道交通接触网的运行和检修工作实行统一领导、分级管理的原则,充分发挥各级组织的作用。地铁接触网设备实行供电机电部、供电中心、接触网工班三级管理,分别负责接触网系统的检修、维护、运行分析、事故恢复及改造施工。接触网大修、改造工程的审批归口运营公司安全技术部及公司技术委员会管理。

2. 管理机构职责

1)运营公司:制定接触网运行和检修工作规程与有关规章制度,审批由运营公司管理的有关接触网的科研、基建、大修改造计划,并组织验收和鉴定。

2)供电机电部:贯彻执行运营公司有关规章和命令,审批由维修中心管理的有关接触网的科研、维修、改造计划,并组织验收和鉴定。

3)供电中心:贯彻执行运营公司、供电机电部有关规章和命令,制定有关办法、制度和措施,编写大修改造计划,督促、检查接触网的运行和检修工作。供电中心接触网技术科(技术组)负责接触网设备的技术管理工作。

4)接触网工班:贯彻执行上级有关的各项规章和命令,编制接触网小修计划,完成接触网的运行和检修任务;排查临时性故障,完成故障抢修任务。

各接触网工班分区段负责设备的维护、检修。接触网工班实行工班长负责制,主要负责对所辖设备的日常巡视、检查、维护、维修和当值期间全线设备的事故抢修工作及班组内的日常管理活动。当值工班及备班共同负责事故抢修及恢复工作。

5.1.2 接触网运营机构设置、人员配备与职责

1. 接触网接管和运行

接触网工程竣工后,应按规定对工程认真进行检查,经验收合格后方可投入运行。在接触网工程交接的同时,运营公司和施工单位之间要交接图样、记录、说明书等开通时必需的竣工资料。

接触网投入运行前,接管部门要做好运行组织准备工作,配齐并训练运行、检修人员,组织学习有关规章制度,熟悉即将接管的设备;备齐维修和抢修用的工具、材料、零部件、交通工具及安全用具。

供电中心要在接触网投入运行时建立起正常的生产秩序,健全各项制度并具体落实,备齐技术文件,建立各项原始记录和报表,并按时填报。在接触网投入运行后陆续建立起台账和技术履历。

接触网工班要由本专业工作经验不少于3年的接触网工昼夜值班。值班人员要认真填写"接触网工班值班日志"及时传达和执行电力调度的命令。

2. 运转模式及人员配置

接触网工班是接触网运行维护的最小单位,工班实行四班两运转制,具体方案为:长白班人员早上上班时间为09:00,下午下班时间为17:00;倒班人员早上交接班时间为08:30,下午交接班时间为17:30。

接触网工班实行工长负责制,设置工长1名,另设材料员1名、技统员1名、安全员1名、综合员1名。共计4人上长白班,其余人员平均分到四个班组由4个带班工长负责,进行倒班,具体上班班次依据月度排班表执行。

3. 接触网工班岗位职责

(1)接触网工长岗位职责

1)落实各项规章制度及管理规定,负责班组人员考核、安全管理、资料管理等工作。

2)负责物资日常管理工作,做好各项台账管理。

3)负责及时汇总、上报班组管辖内设备各项数据。

4)依据生产任务上报作业计划、物料消耗计划,合理调配班组人员,落实接触网巡视、检修、保养工作,按时完成生产任务,发现问题及时上报。

5)强化员工安全意识教育,加强现场安全作业检查,确保员工严格执行各项规章制度,防止人身和设备事故发生。

6）负责接触网安全检查、隐患排查、故障及事故分析汇总，提出整改意见，落实整改措施。

7）服从供电中心统一指挥，做好各类故障突发事件的应急处置工作，协助组织事故演练，完成抢修任务。

8）负责组织班组员工技术业务学习，开展合理建议和技术攻关活动。

9）协助供电中心或其他中心班组完成需要配合的工作，及时完成领导交办的其他工作任务。

（2）接触网带班工长岗位职责

1）负责班组的各项管理工作，协助工长开展班组管理及班组建设工作以及带领班组人员及时完成生产任务。

2）严格执行公司、供电中心下发的各项规章制度，确保行车、设备、人身、消防等安全，搞好班组建设和安全文明生产。

3）及时将班组的各项生产任务进行分解，将工作任务布置给员工，对班组员工的工作质量和安全质量情况进行检查，每月组织运检分析。

4）根据班组的考核制度，对班组员工进行考勤、考核工作。

5）实行民主管理，搞好班组团结，组织员工进行政治与业务学习。

6）及时完成上级交办的任务，根据工作分工，负责本小组的生产组织和安全管理。

7）对员工发生的违章、违纪行为进行制止和教育。

8）完成工长交办的各项临时性工作。

（3）综合员岗位职责

1）负责上传、下达各类文件，接收文件后做好文件的传阅和处理。

2）协助工长开展班组生活、思想、宣传、工会等工作，接受工长和上级工会组织的双重领导和管理，做好企业文化建设工作。

3）负责作业区日常安全检查及综合检查，并对问题进行统计汇总工作。

4）积极组织班组员工参加分公司、中心工会开展的各项活动。

5）负责班组办公、清洁用品的领取发放等综合事务管理工作。

6）负责工班工资、绩效、生活补贴费用汇总统计上报工作。

7）负责岗位记录本、台账的发放及存放管理工作。

8）负责工班例会的组织，落实工班宣传、文化建设工作。

9）负责请销假管理、年休管理、考勤统计数据上报。

10）及时完成班组的各项临时性工作。

（4）安全员岗位职责

1）组织开展接触网工班各种安全活动，认真做好安全活动笔记，提出改进安全工作的建议或意见，协助工长开展班组安全管理工作，接受工长和接触网工程师的管理。

2）宣传、贯彻并组织落实公司、供电中心安全生产方面的文件、制度和措施，严格执行有关安全生产的各类规章制度，对违章作业有权制止，并及时报告。

3）负责班组的安全管理工作，落实防火、防汛安全检查制度，检查班组安全生产情况，登记汇总缺陷故障、危险源，及时汇报安全隐患。

4）收集班组安全信息并向上级汇报，细化公司下达的安全措施，并组织执行。发现安全隐患要立即制止,收集资料信息,加以纠正,并针对严重隐患事故组织反思并安排集中培训。

5)对班组员工进行安全教育工作,建立并完善班组安全培训资料。

6)协助上级进行安全调查和分析,总结经验教训,协助调查处理事故原因、经过。发生事故要及时了解情况,维护现场,及时向领导汇报并协助负责人把控现场秩序,防止造成二次事故。

7)做好班组劳保用品、安全工器具的日常管理工作,检查督促班组成员合理使用劳保用品和各类防护用品、消防器材。

8)负责班组安全管理台账的建立、完善,做好书面归档工作。

9)及时完成班组的各项临时性工作。

(5) 材料员岗位职责

1)根据预算接触网工班年度生产计划、物资需求情况,负责编制工班全年预算,使部门材料费用在可控状态。协助工长做好班组材料、计划统计管理工作,接受工长和接触网工程师的管理。

2)结合生产计划及预算目标,负责编制工班消耗性备品备件、日常消耗性材料、补充工器具、劳保用品、检修专用设备等物资需求计划和年度采购计划。

3)负责工班物资的领用、管理、发放工作,建立材料、物资、工器具出入库操作和登记记录等台账,督促、指导员工按照规定使用和保管各种材料、物资、工器具。

4)负责审查、汇总生产计划的物料消耗,检查实际工作消耗,对消耗性材料进行盘点,并撰写分析报表。

5)执行相关质量、安全、环保政策,对工班的固定资产和能源消耗实施有效的管理。

6)提报工班工器具报检、报修计划,并做好跟踪。参与由于材料、物资、工器具质量问题造成事故的调查、分析工作,并参与制定防范措施。及时向工班长及上级材料员反馈物资使用过程中存在的问题。

7)负责工班工具、材料库房管理,工具、物资摆放整齐并分类存放,定期检查库房的防水、防盗、防潮和防火情况,保障库房安全;定期打扫库房清洁卫生,保持库房干净整洁。

8)掌握材料设备的主要性能、质量、标准以及各类材料的名称、规格、型号、用途和生产地。建立健全工班物资管理台账,定期与车间材料管理人员对账、盘存,做到账物相符。

9)参与工班技术改造工作中的设备、材料选型审核上报,确保选型的正确与合理。

(6) 技统员岗位职责

1)协助工长做好班组技术、培训管理工作。

2)编制班组培训计划,组织班组日常培训,做好培训记录,及时向上级部门反馈员工业务培训情况。

3)组织班组员工进行岗位练兵活动,不断提高班组人员的技术业务水平。

4)协助做好班组技术资料收集、整理工作。

5)按照工班年度检修计划提报每周检修计划及日补充、临时计划。

6)审核外单位(外部门)的配合作业请求,将配合工联单、施工作业令及时存档。

7）建立、完善班组员工培训台账。

8）整理工班每周生产情况、每月生产情况，总结生产中发现的问题与缺陷，并写明整改方式，汇报给供电中心。

9）和安全员一起统计工班检修过程中发现的故障缺陷，安排检修计划进行整改。

10）每日检查工作票，检修台账，巡视台账等技术类台账。

(7) 接触网巡检工岗位职责

1）服从工班长工作安排，及时完成各项工作任务，严格履行与本岗位有关的质量、安全、环保职责。

2）严格遵守供电中心各项规章制度，严格执行各项规章制度，强化安全意识，防止人身和设备事故发生。

3）依据生产计划，落实接触网巡视、检修、保养工作，在工作过程中发现问题时，及时上报。

4）负责及时整理各种记录、报表、台账，保证数据真实、准确。

5）遵守物资日常管理规定。

6）参与接触网隐患排查、故障及事故分析，落实整改措施，参与事故演练，完成抢修任务。

7）熟练运用各种检修设备、工器具、仪表，定期参加业务学习、培训，提高业务技能。

8）协助工班长做好班组建设，积极提出合理化建议。

9）配合其他相关人员工作，及时完成领导交办的其他工作任务。

5.1.3 接触网运营规章制度

1. 接触网值班制度

1）为确保接触网安全稳定运行，接触网工班为24小时值班制，工班员工根据工长安排开展各项工作，做好应急抢修准备。

2）值班人员必须遵守公司劳动纪律，不得擅自离岗，遇有特殊情况短时离开时须经带班负责人或工长批准。

3）交接班后值班员应将当天值班驻站情况报送生产调度。如因工作需要工班全体人员离开值班室时，值班员应提前向当值生产调度报备。

4）值班电话为专用电话，不得以任何形式干扰和占用电话。

5）工班材料员按材料管理相关规定对工器具、材料进行检查、保养。

6）值班员工负责材料房、工具房等钥匙的管理工作。

7）值班员做好交接班工作，及时填写值班日志。值班日志要保持清洁、完整，内容填写规范、字迹工整。

8）值班员工负责值班室清洁卫生、上级通知的传达，并做好记录。

9）值班员工按要求填写接触网有关台账。

10）值班员工接到抢修通知时，按程序通知当值工班长及有关人员参加抢修并做好相关详细记录。

11）严禁上班时抽烟、喝酒、做与工作无关的事情。

2. 周、月例会制度

为提高工班生产和规范管理水平,更好地推动各工班工作及工作中问题的改进,工班实行周、月例会制度。

(1) 周例会制度

1) 各工班员工参加,由工长或指定人员主持会议并安排专人做好会议记录,不得无故缺勤。

2) 每周固定时间在工班召开。

3) 总结上周检修作业、安全生产、材料使用、工班综合管理任务完成情况及存在的问题。

4) 针对工作中暴露出来的问题参会人员进行讨论并提出合理建议。

5) 工班长进行本次会议总结性发言,确定整改方案,并宣读本周工作计划,会议记录人员针对会议议程进行重点针对性记录。

(2) 月例会(安全例会)制度

1) 每月根据具体工班生产情况确定月例会日期、地点,由供电中心主任、工长或指定人员主持会议并安排专人做好会议记录,不得无故缺勤。

2) 总结本月技术、综合、材料、安全方面工作及本月检查考核状况,同时召开安全月例会。

3) 由技术员、综合员、材料员、安全员针对本月管辖范围内工班存在情况进行说明,宣读相关的通报、传阅文件。

4) 针对工班存在的问题及安全通报进行学习探讨,提出合理建议,针对存在问题、通报事件各组安排人员上台进行反思。

5) 主任或工长就会议存在的问题、整改措施进行总结并确定针对性解决方案。

6) 完成会议记录,安排人员进行登记,并针对会议中提出的问题进行培训,做好相关记录,周例会和月例会布置的工作要进行闭环管理,确保任务及时实施。

5.1.4 接触网工具设备管理与工区资料管理

1. 公用工具管理

1) 公用工具统一放置于接触网材料室,由材料员负责管理。

2) 公用工具要在固定位置存放,出入库要有记录。

3) 公用工具在使用时要轻拿轻放,严禁人为故意损坏。

4) 公用工具在使用后应放回规定区域,严禁乱扔乱放。

5) 公用工具丢失、损坏必须进行责任认定并照价赔偿。

6) 公用工具丢失、损坏必须进行上报。

7) 损坏的工具要单独存放,修复前不得再次使用。

8) 抢修工具和检修工具要区别存放。

9) 安全工器具、受力工器具及计量工器具应该根据周期进行检查试验。

10) 工器具每月定时进行盘点并做好检查记录。

2. 物资材料管理

1) 材料入库后应分类存放,贴好料卡(含数量),做好入库记录。

2) 物资材料出入库应有出入库记录。

3）抢修料要放在指定地点，严禁随意动用。

4）严禁非抢修作业时动用抢修区物资材料。

5）发生材料消耗，材料员要及时提报计划进行补充。

6）严禁私自变卖物资材料。

7）物资材料丢失、损坏必须进行责任认定并照价赔偿。

8）每天交接班时查看料库工器具、材料的数量、材料的摆放整齐度。

3. 材料室管理

1）进入材料室必须进行登记。

2）取拿材料进行登记（材料名称、型号、数量、单位、时间、姓名）有具体编码的必须填写具体编码，字迹工整清晰，无涂改。

3）还材料时必须仔细核对领料单，核对无误后进行登记。

4）取还材料时要轻拿轻放。

5）还材料时要物归原处，排列整齐，不得随意摆放。

6）特殊材料找不到时必须联系材料员，不得随意翻动。

7）使用工具时发现损坏要及时上报，不得漏报、瞒报。

8）发现工具、材料丢失要及时上报，不得漏报、瞒报。

9）使用完材料应及时清洁，充电设备要及时充电，保证良好的工作状态。

10）正确使用易燃易爆物品，使用后要按标准条件进行存放。

11）严禁任何人未经允许私自拿走材料室任何物品。

12）严禁在材料室内抽烟。

13）严禁带无关人员进入材料室。

14）严禁在材料室堆放杂物废品和私人物品。

15）严禁随意动用材料室内消防设备。

5.2 接触网检修管理

【学习目标】

1）掌握接触网检修方式。

2）掌握接触网作业分类。

3）掌握接触网检修制度。

4）掌握接触网检修记录。

接触网设备时刻处于摩擦、振动、电流输送等运动过程中，工作环境恶劣，状态也随运行时间发生变化，因此需要对接触网设备进行检修，以便及时发现缺陷并处理，保证电客车正常运行。

5.2.1 接触网检修方式

接触网检修方式主要分为巡视、周期性检修、状态检修三种。

1. 接触网巡视

接触网巡视以步行巡视和车梯巡视为主，此外还有登车巡视。主要检查接触网外观、结构变化、外部环境影响等，巡视周期和内容要求如下：

（1）步行巡视

1）巡视周期：

车辆段、停车场每天不少于 1 次，正线每月不少于 1 次。

2）巡视内容与标准：

① 巡查有无侵入限界，妨碍车辆运行的障碍。

② 巡查隧道有无漏水、异物坠落等危及或损伤接触网安全供电和行车安全的现象。

③ 巡查支柱及基础、悬挂装置、定位装置、限界门是否锈蚀、破损、变形。

④ 巡查分段绝缘器是否倾斜，主绝缘是否有损伤。

⑤ 巡查隔离开关底座和操作机构底座是否呈水平状态，安装牢固，电动操作机构箱应密封良好，门锁和钥匙完好齐全。

⑥ 巡查补偿装置有无损坏，动作是否灵活。

⑦ 巡查接触网终点标、号码、警示牌等标志的状态。

⑧ 巡查接地设备、电连接是否完备。

⑨ 巡查接触网设备是否有缺失。

⑩ 巡查 35kV 环网电缆、DC1500V 直流电缆、均回流电缆、回流箱以及控制电缆固定是否良好、有无破损缺失，单向导通装置螺栓是否锈蚀。

⑪ 巡查绝缘子、避雷器是否污损、闪络。

⑫ 巡查重点设备有无温度异常，妨碍设备正常运行的故障。

⑬ 巡查静调电源柜、钢轨电位限制装置、库内隔离开关、杂散电流监测系统运行状态。

⑭ 巡查各种线索、零部件等有无烧伤和损坏。

3）巡视要求：

① 按要求填写巡视记录。

② 一周内已经检修过的设备不再另行安排巡视。已经被列入下周检修计划的设备不再安排巡视。

③ 遇有下列情况，要适当增加巡视次数：

a. 设备经过大修、改造或长期停用重新投入系统运行时。

b. 新安装的设备加入系统运行时。

c. 遇有雾、雪、大风、雷雨等恶劣天气、事故跳闸和设备运行中有异常和非正常运行时。

d. 电缆附近有工程施工，可能影响电缆安全运行时。

e. 法定节假日及上级通知时。

（2）车梯巡视

1）巡视周期：半年 1 次。

2）巡视内容与标准：

① 巡查绝缘子和其他绝缘部件的状况是否破损、闪络或偏斜。

② 巡查汇流排，不允许有裂纹、不得有扭曲变形，应无明显转折角。

③ 巡查接触线与汇流排的结合部是否存在腐蚀现象。

④ 巡查电连接线、接地线，应完整无遗漏，无散股、断股现象。

⑤ 巡查接触网悬挂、支持定位装置、线岔、锚段关节、分段绝缘器及其零部件的状态是否连接良好，有无烧伤损坏。

⑥ 巡查各种线夹、补偿装置是否完好、卡滞。

⑦ 巡查承力索、吊弦、架空地线等铜绞线是否有断股、散股。

⑧ 巡查接触线是否有磨损严重及严重烧伤的现象。

⑨ 巡查隧道埋入件是否松动，附近隧道壁是否有渗水及裂纹。

⑩ 巡查刚柔过渡元件状态是否良好，是否有明显硬点。

（3）登车巡视

1）巡视周期：登车巡视每天1次。采用登乘电客车方式巡视。

2）主要巡视检查内容与要求：

① 巡查绝缘子和绝缘部件有无脱落、损坏。

② 巡查接触悬挂及支持装置和定位装置的状态；巡查各类线索（包括接触线、架空地线、接地线、电连接等）零部件有无脱落和损坏。

③ 巡查线路周围有无影响接触网运行的异物。

④ 巡视检查发现的一般性缺陷纳入检修计划，对危及安全的缺陷应及时处理，其余的尽量纳入接触网维修中一并整修。每次巡视检查发现的缺陷及处理情况，均应认真填入"接触网巡视检查记录"中。

2. 接触网周期性检修

接触网周期性检修分为小修、大修和故障修。

（1）小修　小修的主要作业内容包括：对接触网进行检测、清扫、零部件涂油；对磨损、锈蚀较大的接触线、承力索、馈线、汇流排及架空地线进行整修、补强或局部更换。小修的目的是保持接触网正常工作。

（2）大修　大修的主要作业内容包括：成批更换磨耗、损伤到期的接触线、承力索、馈线、汇流排、架空地线；更新零部件、支撑装置和支柱、定位立柱；改造接触悬挂、馈线和架空地线。大修的主要目的是恢复设备的原有性能，提高电气和机械性能。

（3）故障修　故障修是指对导致接触网功能障碍的故障立即进行修复，或采取临时替代措施。故障修是一种须立即投入施工、无事先计划的维修方式，主要作业内容包括：材质缺陷、安装缺陷、运营事故、异物影响、天气影响、由其他部门进行工作引起的损坏、其他原因或不明原因对接触网设备的损坏。

接触网周期性检修计划分年度计划和月度计划两部分。年度计划由供电中心于前一年的11月底以前确定。月度计划根据年度计划细化确定。

3. 接触网状态检修

接触网状态检修分静态检测和动态检测两种。

（1）静态检测

1）静态检测每年进行一次全面测量。

2）测量拉出值、导高等参数，对不符合标准者进行调整。

3）对隧道口处接触线坡度进行测量，对不符合标准者进行调整。

4）对接触网其他设备参数的测量，可根据接触网车梯巡视及检修同步进行。

5) 导线磨耗测量要求：

① 每三年进行一次全面测量，包括所有悬挂点、刚柔过渡、定位线夹、中心锚结线夹、电连接线夹以及定位点两侧和跨距中心。

② 每半年进行一次重点测量，重点测量包括分段绝缘器、刚柔过渡、刚性接触网线岔、刚性接触网锚段关节、柔性接触线中心锚结线夹两侧及其他磨耗异常的导线两侧。

(2) 动态检测

1) 利用网轨检测车对接触网正线检测每季度不少于1次，供电中心应组织专人负责接触网动态检测工作。

2) 网轨检测车主要测量接触线高度、拉出值、硬点、接触压力及接触网电压。

3) 对于网轨检测车测量出的参数，供电中心应及时进行分析处理，数据超过标准的应在两个工作日内进行静态检测复查，有疑问的数据应一周内完成静态检测复查。

5.2.2 接触网作业分类及程序

1. 接触网作业分类

接触网作业按作业性质分为三类：停电配合作业、远离作业和停电检修作业。

(1) 停电配合作业 配合外单位或外专业进行停电接挂地线的作业。

(2) 远离作业 在距离接触网带电部分1m以外设备上进行的作业。远离作业时，作业人员（包括所持的机具、材料、零部件等）任何时候与周围接触网带电设备的距离必须大于1m，否则作业地点周围的带电设备必须停电。

(3) 停电检修作业 在接触网停电设备上进行的作业。

2. 接触网作业程序

(1) 接触网设备检修计划的制订 供电中心接触网专业技术组制订"接触网设备年度检修计划表"，按照设备检修周期和检修内容及要求，将接触网设备全年的检修工作计划细分至每月，形成月度检修任务下达到工班。

接触网工班根据"接触网设备年度检修计划表"中制定的月度工作任务，进行合理统筹安排月中每日接触网检修工作，并汇报给接触网专业技术组，由技术组审核后于每周三前向计划经营部提报下周每日的检修作业计划，待计划经营部审核后发令实施。

遇有特殊检修任务或紧急情况下的设备缺陷或故障处理，由接触网专业技术组向计划经营部提报《检修作业日变更计划》或《设备抢修计划》。

(2) 接触网设备检修作业的准备

1) 接触网工班工作票签发人在作业前24h签发"接触网检修工作票"。

2) 接触网工班施工负责人审核"接触网检修工作票"。

3) 接触网工班向电力调度提报"接触网检修工作票"。

4) 出工前，由接触网工班施工负责人召开检修作业的工前预想会，向作业组全体成员宣读工作票内容，布置安全措施和检修分工。

5) 检修作业组准备好检修工具、材料及安全防护用品。

6) 检修作业组出动到达作业现场。

(3) 设备检修作业的实施

1) 施工负责人向OCC（电调和行调）申请检修作业命令。

2）作业组做好验电接地和安全防护工作。

3）作业组进行设备的检修。

4）设备检修质量复测。

5）撤除地线和防护，线路出清。

6）施工负责人向 OCC（电调和行调）消除检修作业命令。

7）检修作业结束，回基地填写报表。

5.2.3　接触网检修制度

为保证检修作业人员安全，检修作业实行工作票作业制度，并在检修前完成验电接地工作。

1. 工作票制度

1）工作票是在接触网上进行作业的书面依据，要字迹清楚、正确，不得涂改和用铅笔书写。工作票填写一式两份，一份由发票人保管，一份交给工作领导人（施工负责人）。

2）所有接触网作业，必须停电进行，除具备规定的工作票外，还必须有设备调度批准的作业命令和批准时间。事故抢修和遇有危及人身或设备安全的紧急情况，作业时可以不开工作票，但必须有值班设备调度员的命令。

3）根据性质不同，工作票分为三种：接触网停电检修作业工作票、接触网停电配合作业工作票、接触网远离作业工作票。

4）接触网停电检修作业工作票：用于接触网停电检修作业。

5）接触网停电配合作业工作票：用于接触网停电配合作业。

6）接触网远离作业工作票：用于接触网远离作业，即巡视、距带电部分 1m 及其以外的高处作业、较复杂的地面作业（如安装或更换均回流线、迷流装置电缆线等）。

7）填票人填写完工作票后一般应在工作前一天将工作票交给工作领导人（施工负责人）审核，使之有足够的时间熟悉工作票中内容及做好准备工作；工作领导人（施工负责人）对工作票内容有不同意见时，要向填票人提出；工作领导人（施工负责人）审核无误后要签字确认并及时将工作票交由工作票签发人签发；工作票签发后交供电中心生产调度人员；作业当日由供电中心生产调度人员按规定的时间将工作票提报设备调度，工作票必须经设备调度员确认后才能作为实施作业的依据；设备调度员对工作票进行确认后及时反馈；供电中心生产调度人员及时将工作票交给工作领导人（施工负责人）。工作票填票人、签发人和工作领导人（施工负责人）应由不同的人担任，不得相互兼任。

8）工作领导人（施工负责人）或 1 个作业组，同时只能接 1 张工作票。1 张工作票只能发给 1 个工作领导人（施工负责人）。同一时间段、同一地点、同一类安全措施需要多组的接触网停电配合作业时可以只开具 1 张接触网停电配合工作票。

9）工作票中规定的作业组成员，一般不应更换；若必须更换时，须经工作领导人（施工负责人）同意，但工作领导人（施工负责人）要更换时，须经签发人同意，并在工作票上签字，如工作票已报设备调度员确认，还须将更换后的工作领导人（施工负责人）报设备调度员确认。当变更作业方式、内容、地点时，必须废除原工作票，签发新的工作票。

10）工作票签发后的有效期不得超过 3 日。

11）每次开工前，工作领导人（施工负责人）要向作业组全体成员宣读工作票内容，召开作业前安全预想会，对作业内容进行明确分工，布置安全措施，说明停电区段和带电设备的具体位置及所有可能来电的方向。作业结束后，工作领导人（施工负责人）要及时收回工作票（附相应的命令票）；在工作票有效期内没有执行的工作票，须在右上角盖"作废"印记。所有工作票须交给专人统一保管，时间不少于12个月。

12) 对简单的地面作业项目（如支柱培土、清扫基础帽等）可以不开工作票，但工作领导人（施工负责人）在布置任务时应说明作业的时间、地点、内容及安全措施，并记入班组综合日志中。

2. 验电接地制度

1) 作业组在接到停电作业命令后，须验电接地后方可作业。

2) 验电和装拆接地线，必须由2人进行：1人操作，1人监护。

3) 使用验电器验电的有关规定：

① 验电器的电压等级为直流1500V。

② 验电器具有自检和抗干扰功能，自检时具有声、光等信号显示。

③ 验电前自检良好后，确认声、光信号显示正常，然后方可在停电设备上验电。

4) 在运输和使用过程中，应确保验电器良好。用验电器验电的顺序是：

① 组装好验电器并自检。

② 将验电器端头轻靠接触网导体，无响声无光亮则为已停电，带接地端的验电器应先把验电器的接地端接到牵引回流轨或钢轨上，再进行验电。

③ 收回验电器端头后再次自检确认。

5) 用验电器验电的注意事项是：

① 带接地线的验电器，在验电时接地线要和人体保持一定的安全距离，防止高举验电器时接地线碰到带电体，危及人身安全或对地短路放电。

② 当验明接触网已停电后，须立即按照工作票要求在指定地点挂设接地线。

③ 当验电器有响声时，需确认设备调度已停电及挂设地线位置正确，再将验电器端头轻靠接触网导体1~2min 直到响声消失为止。

6) 装、拆接地线顺序及要求：

① 装设接地线顺序：将接地线的接地端接到回流轨上，再将另一端连接在接触网导体端。

② 拆接地线顺序：与装设接地线顺序相反，先拆连接接触网导体端，然后再拆回流轨端。

③ 装设接地线时，人体不得触及接地线。接地线要连接牢固，接触良好。

④ 拆接地线时，不得将接地线接至非回流轨或短接两根钢轨。

⑤ 接地线采用截面面积不得小于70mm^{2}带绝缘套的软铜绞线，并不得有断股、散股和接头，长度与接挂位置适应，连接部分接触可靠。

⑥ 操作人员必须戴安全帽和绝缘手套，穿绝缘靴，借助绝缘杆进行，绝缘杆要保持清洁、干燥。

⑦ 在钢轨上装接地线前必须对钢轨进行打磨除锈，确保接触良好。

⑧ 停电作业的接触网附近有平行带电的电线路或接触网时，为防止感应危险电压，除按规定装设接地线外，还要增设接地线。

5.2.4 接触网检修记录

检修记录是记录设备修前修后状态、检修人员互检人员信息的书面依据，必须认真填写。因此所有检修记录均不得有涂改乱划现象。对于空白处用斜杠划掉，每小格划一杠，斜杠从左下角至右上角。所有记录均应按下行顺序填写。统筹考虑全年，适当留足空白。填表单位统一填接触网某班。

1）工作票填写标准：
① 不得涂改、乱写乱划。
② 消令（电调）时间和工作票结束时间一致。
③ 针对性安全、专项技术措施必须填写详尽。
④ 该填写的必须填写，其余空格用斜杠划掉，注意不得使用大斜杠。
⑤ 所有副票由发票人保存，工班仅保存主票。
⑥ 主票、分工单、作业命令、动火令、倒闸作业命令装订在一起保存。
⑦ 和工作票一起保存的票据也不得涂改。
⑧ 施工负责人在上班后第一时间内审查工作票并签字。
⑨ 对工作票有疑问或不同意见时及时和发票人沟通。
⑩ 需停电设备应填写供电臂。
⑪ 接地线位置填公里标。
⑫ 变更作业组员记录由发票人或施工负责人填写并签名。
⑬ 最后一栏在交接工作票时由施工负责人和发票人现场签字确认。
⑭ 所有内容填入规定位置。
⑮ 当日白班开本班明晚作业工作票，周六白班开周日白班作业工作票。

2）停电作业命令票填写要求：
① 不得涂改、乱划。
② 命令内容要准确详细，不得添加、减少。
③ 时间、日期要填写准确。
④ 所有内容填入规定位置。

3）工班值班日志填写要求：
① 当班人员填在车辆段除值班员以外人员。
② 班次填白班/夜班。
③ 检修作业只填接触网作业。有一次以上作业时，在作业内容栏内另起一行，填写工作票编号、施工负责人、发票人、作业内容、作业完成情况。
④ 配合作业填写配合施工作业令号、配合专业、配合内容。
⑤ 班组管理填写：6S 整理、开会、学习、练兵、演练、技术比武、整理技术管理台账、加工制作零配件、QC 活动、安全分析等。

4）接触线磨耗损伤记录填写要求：
① 平均磨耗、最大磨耗填写整个锚段的平均值及整个锚段中的最大值。
② 测量点：定位线夹、电连接线夹、线岔线夹、中心锚结线夹、分段线夹、接头线夹。
③ 电连接线夹选磨耗较大的一只。

④ 分段绝缘器测量两侧磨耗最大的点。
⑤ 接头、补强位置及状态：填写具体位置、补强方法、产生原因、处理后效果。
⑥ 测量周期一年。

5）重点磨耗及损伤记录填写要求：
① 找出磨耗较大的关键点，测量周期2个月。
② 每次巡检到该点都必须测量。
③ 磨耗百分比需查导线磨耗换算表得出磨耗面积，除以导线标称截面面积后得出。

6）支柱及硬横梁检修记录填写要求：
① 只记有缺陷的部分。
② 限界标准值需查图样。
③ 缺陷处理情况：填处理措施及处理后状态。

7）锚段关节检修记录填写要求：
① 锚段号以终点锚段号为准。
② 悬挂点号填写下一锚段起点号。
③ 关节跨度超过3跨的下锚、转换柱记入关节，其余按区间设备处理。
④ 电连接在开关上网电缆固定支架以上纳入关节检修中。
⑤ 关节数据测量必须精确。
⑥ 每处关节共留2页空白检修记录（够全年用）。
⑦ 统一按锚段顺序填写。
⑧ 其他栏中填写腕臂偏转、线夹紧固、零部件、导线、承力索等缺陷及处理情况。

8）补偿器检修记录填写要求：
① 按下行方向顺序，每处补偿器占用1页。
② 锚段号填补偿器所属锚段号。
③ A 值填坠砣杆顶部与定滑轮间测量时最小距离。
④ B 值填坠砣底部与各个限制物间测量时的最小距离（综合考虑各类限制因素）。
⑤ 状态栏填写坠砣升降是否灵活、有无破损、有无其他限制等。

9）线岔检修记录填写要求：
① 按下行方向顺序，每处线岔占用1页（以年为周期预留）。
② 定位号尽量按上行线或下行线悬挂点为主填写。
③ 始触点高差指2根工作支相距500mm处高差。
④ 锚支抬高指一根工作支、一根非工作支500mm处高差。
⑤ 铰接处/抬升是否灵活：指线岔处两根导线是否具备弹性，电缆是否卡住定位钩，或非工作支无法抬高无法下落导致线岔处硬点的情况。

10）拉出值导高检修记录填写要求：
① 以锚段为单元，分上下行，按下行方向连续填写。
② 标准值需查图样、工程整改竣工资料。
③ 如果测量与检修分开，在检修完毕后，在检修人互检人后面空白页处注明检修日期。
④ 如果测量与检修同时进行，在测量日期处注明时间即可。

11）分段绝缘器检修记录填写要求：

① 每处分段占用至少 4 页空白检修记录。
② 每次检修使用一页。
③ 分段与轨面是否平行，须测量得知，误差 2mm 内视为水平。
④ 弛度以相邻两定位点导高为参照（不计分段悬挂点导高）。
⑤ 绝缘间隙以实测为准。
⑥ 导流板磨耗情况需测量下沿高度，超过 1mm 填实际残高，不足 1mm 填良好。

12）隔离开关检修记录填写要求：
① 每台开关占用 1 页空白检修记录。
② 最小绝缘距离填写开关触头静止或动作瞬间与接地体之间的最小绝缘距离。
③ 合闸状态指动静触头中心线是否重合，是否存在合闸不到位或合闸过头现象。
④ 接地刀闸填整体检查情况。

13）馈线架空地线检修记录填写要求：
① 以车站、区间为单元，分上下行，按下行方向连续填写。
② 悬挂点号填检修的起点号至终点号。
③ 各大项内存在多项缺陷时，应按顺序依次填写。
④ 只记录有缺陷的部分。

14）接触悬挂、支撑定位装置检修记录填写要求：
① 以锚段为单元，分上下行，按下行方向连续填写。
② 若存在检修顺序颠倒时应有预留空白记录。
③ 不含锚段关节两转换柱。
④ 只记录有缺陷的部分。
⑤ 表头区间（车站）处：填写区间/车站及检修的起点悬挂号至终点悬挂号。
⑥ 各大项内存在多项缺陷时，应按下行顺序依次填写。

15）梯车检查记录填写要求：
① 每台梯车占用 3 页空白记录。
② 每月检查 2 次。
③ 检查有问题时必须立即处理，不得等到下次作业时。

16）受电弓检查记录填写要求：
① 受电弓滑板位置从车头方向起填 1、2、3、4。
② 每条滑板占用 4 页空白记录。即每辆车占用 16 页记录。

17）避雷器放电间隙检修记录填写要求：
① 安装地点填杆号。
② 外观状况：指绝缘子外观脏污、破损。
③ 地线、引线、线夹：指线夹紧固、绝缘距离、弛度、线索断股、散股等状态。
④ 放电间隙需填实测数据。
⑤ 接线端子及底座有无锈蚀、是否松动、有无断裂等。
⑥ 接地电阻在有接地极时测量。
⑦ 计数器动作情况及状态：填整体检查情况，包括引线、计数器、底座、PVC 管等。

18）梯车、步行巡视记录填写要求：

① 日期栏：填梯车巡视、步行巡视日期。
② 缺陷地点：填区间、车站及定位点号。
③ 每条缺陷占用一行横格。
④ 步行巡视仅填表格的前三列，后三列在梯车检修或处理缺陷时填写。
⑤ 梯车巡视时六列都必须填写。

5.3 接触网检修与维护新技术

【学习目标】

1）了解地铁接触网检测现状及发展趋势。
2）了解6C检测技术。

轨道交通技术快速发展，设备日益更新，为了适应快速发展的步伐，接触网维护与检修技术面临改革新局面，接触网新技术应运而生，如6C检测技术。

5.3.1 地铁接触网检测现状及发展趋势

接触网和牵引变电所是地铁牵引供电系统的重要组成部分，其中接触网是牵引供电系统向电客车提供电能的最直接环节。因此，接触网的状态直接影响着电客车的授流质量，接触网的检测也成为地铁公司最重要的日常检修维护工作之一。

1. 接触网参数检测方法

接触网检测是保证城市轨道交通安全运行的必要手段。目前，城市轨道交通接触网检测主要依靠人工现场测量和接触网检测车两种检测手段，由此获得接触网的几何参数和弓网相互作用的动态参数，从而为运营维修部门提供客观的检修依据。在我国地铁接触网人工现场测量中，主要采用山东蓝动DDJ-8型和唐源电气TDJ-6型的手持式接触网参数检测仪。人工现场测量的方式主要用于接触网维修复核，效率低，强度大，不适用于全线的接触网检测，各种车载式的动态检测方法逐步在地铁公司被采用。

（1）接触网几何参数检测　接触网几何参数通常是指接触线高度（即导高）、拉出值以及锚段关节两线间距等。我国最早的地铁接触网几何参数检测，是西南交通大学在广州地铁1号线采用的接触式检测方式。拉出值的检测原理是：在受电弓上安装接近开关（见图5-1），通过开关输出的开关信号，判断接触线的位置，从而计算拉出值。

图 5-1　接触式接触网检测方式

导高的检测原理是：通过在受电弓上安装反射板，利用电客车顶部的测距激光传感器，测量受电弓与电客车部的距离，通过相应的标定和计算，便可以测量接触线动态导高。日本也采用类似的方法进行导高的测量，在受电弓上安装具有图像标志的标签（见图5-2），通过线阵相机的高速扫描，从而记录受电弓的状态，再用标定换算成导高。但是，这种接触式的检测方法存在较大的缺陷：一是接近开关的可靠性较差，容易损坏，并且检测结果受安装方式的影响较大，精度不高；二是导高的测量是在默认受电弓与接触线良好接触的先决条件下进行的，但实际运行中，受电弓自身处于高频的振动中，因此导高的检测受到较大的噪声干扰，影响了测量精度。可见，这种接触式的方法无法测量锚段关节以及线岔等关键区域的几何参数（如两线水平间距和抬高等），因此有一定的局限性。

（2）基于面阵相机的计算机视觉检测方式　近年来，随着图像处理技术、计算机视觉技术的发展，基于计算机视觉的接触网检测方式被成功应用。弓网科技在国内率先采用了基于面阵相机的计算机视觉检测方式，成功应用于广州地铁 2 号线的刚性接触网检测，取得了较好的应用效果，导高的测量精度可以提高到 5mm，如图 5-3 所示。但是，由于受面阵相机本身 CCD 靶面的限制，使得该检测方法的测量范围有限，对于地铁柔性接触网的检测具有一定的局限性。此外，由于面阵相机本身的特性，其帧率无法做到很高，从而也使得接触网几何参数检测的密度不会很高，造成采样间隔较大。为克服这一缺陷，德国、日本及意大利采用了基于线阵相机的计算机视觉检测方式，用于接触网的检测。

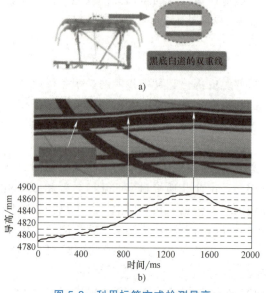

图 5-2　利用标签方式检测导高

图 5-3　基于面阵相机的计算机视觉检测方式

基于线阵相机的计算机视觉检测方式采用两台线阵相机，每台相机分别获取接触网位置状态，并以灰度值形态呈现；借助图像识别、分析、处理等技术，将相机获取的灰度值还原为目标成像所对应的位置坐标；通过三角测量法，计算接触网几何参数，实现接触网几何参数的高精度检测。线阵相机的扫描频率可达上千帧，并且不会受测量范围的限制。唐源电气公司采用了相似的技术，成功应用于我国上海地铁的接触网检测，如图 5-4 所示。

上述接触式或非接触式的接触网检测都是车载式的检测方式。由于机车或电动车组在行驶过程中本身会产生振动，使检测所获得的接触网几何参数具有较大的不确定性，因此为提高几何参数的检测精度，还应对车体的振动进行补偿。

2. 弓网相互作用动态参数检测

弓网动态授流性能是弓网系统运行服役性能的实质性体现，主要通过评价弓网动态授流性

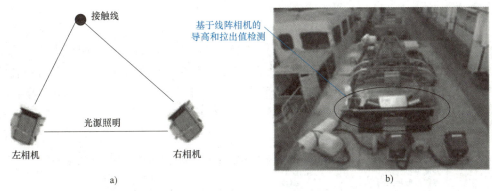

图 5-4　上海地铁接触网综合检测车

能的优劣来反映弓网系统的运行服役性能。弓网系统受到许多因素的影响,诸如接触悬挂类型、接触线材质、受电弓型号、弓网动态接触压力以及列车运行状态等。目前,我国地铁主要将弓网接触压力作为弓网相互作用的动态参数,通过分析接触压力的均值、方差来评判弓网授流质量。在弓头滑板的两端分别安装4个压力传感器来检测弓网接触压力(见图5-5),同时安装加速度传感器来测量受电弓的加速状态,应用牛顿第一定律和第二定律并考虑受电弓本身的质量,便可测量和计算弓网接触压力。

德国、日本等国的地铁都采用与实际运营型号相同的电客车作为接触网检测车,通过在受电弓上安装传感器来测量弓网接触压力。受经济条件的限制,国内地铁并无专门电客车形式的综合检测车;同时,考虑到运营安全,也没有在电客车受电弓上安装压力传感器。目前,检测地铁弓网接触压力,主要是利用我国襄樊金鹰、宝鸡南车时代等厂生产的综合检测车,利用检测受电弓来进行弓网接触压力检测。但是,弓网接触压力是相互作用动态参数,受列车类型、受电弓型号、列车速度等诸多因素的影响,因此基于综合检测车的这种检测方式所获得的接触压力不具有一定的客观性。

某些科技公司将弓网燃弧作为弓网相互作用动态参数,通过非接触的检测方式,在运营的电客车上检测弓网燃弧,获取相应的指标,从而评价弓网授流质量,从根本上反映弓网的动态关系。广州地铁3号线运营电客车的弓网燃弧状态(见图5-6),为弓网授流质量的评价提供了一系列客观数据指标(如燃弧率、最大燃弧时间、燃弧强度等)。

图 5-5　电客车压力检测安装

图 5-6　电客车弓网燃弧检测装置

5.3.2 接触网6C系统介绍

铁路供电安全检测监测系统（6C系统）包括弓网综合检测装置、接触网安全状态巡检装置、车载接触网运行状态检测装置、接触网悬挂状态检测监测装置、受电弓滑板监测装置、接触网及供电设备地面监测装置。6C系统主要应用于我国高速电气化铁路接触网安全检测，目前在城市轨道交通接触网安全监测中也有推广应用。6C系统结构框架图如图5-7所示。

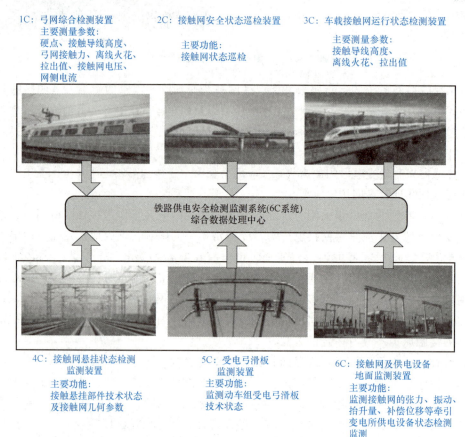

图5-7 6C系统结构框架图

铁路供电安全检测监测系统（6C系统）的组成有以下几部分：弓网综合检测装置（1C）、接触网安全状态巡检装置（2C）、车载接触网运行状态检测装置（3C）、接触网悬挂状态检测监测装置（4C）、受电弓滑板监测装置（5C）、接触网及供电设备地面监测装置（6C）。

6C系统监测对象点多面广，既有车载系统又有地面分散系统。数据传输通信部分实现弓网运行监测信息及接触网状态的自动收集和集中管理，建成分散检测、集中报警、网络监测、信息共享的铁路供电运行安全监控系统。

1. 弓网综合检测装置（1C）

弓网综合检测装置包括安装在接触网综合检测车上的固定测量装置及数据处理部分，其测量方法和检测设备安装充分考虑综合检测车的运行条件，同时又要适应接触网检修和受电弓检修的需要。

弓网综合检测装置安装在综合检测车上进行等速运行，直接测量接触网的安全参数及弓网授流参数，测量参数包括硬点、接触线高度、弓网接触力、离线火花、接触线拉出值、接触线静态高度、动车组网侧电压和支柱定位等。基本组成如图5-8所示。

图5-8　1C系统基本组成

2. 接触网安全状态巡检装置（2C）

接触网安全状态巡检装置指为完成指定区段的接触网状态检测，采用便携式视频采集装置，临时安装于运行动车组的司机台上，对接触网的状态进行视频采集，事后统计分析接触悬挂部件技术状态。

接触网安全状态巡检装置功能包括：

1）装置为便携式采集系统，便于安装在动车组的司机台上进行视频图像采集。

2）装置能有效判断接触网设备有无脱、断等异常情况，有无可能危及接触网供电的周边环境因素，有无侵入限界、妨碍机车车辆运行的障碍。

3）装置具有高清图片输出、图像处理和分析功能。

3. 车载接触网运行状态检测装置（3C）

车载接触网运行状态检测装置指在运营的动车组上加装接触网检测设备，以实现接触网状态的动态检测。根据安装条件，车载接触网运行状态检测装置可具备下列功能：

1）能测量接触网动态几何参数，如动态拉出值、接触线高度、线岔和锚段关节处接触线的相互位置。

2）能定量测量接触网的主要弓网授流参数，包括弓网离线、硬点等。

3）能对弓网运行状态进行视频录像，录像资料中能叠加里程标数据。

4）检测系统自动完成参数检测和数据发送。检测数据也可以在车上转存。

4. 接触网悬挂状态检测监测装置（4C）

接触网悬挂状态检测监测装置安装在接触网作业车或专用车辆上，对接触网悬挂系统的零部件实施高精度成像检测，在检测数据的自动识别与分析的基础上，形成维修建议，指导接触网故障隐患的消缺。

接触网悬挂状态检测监测装置实现巡视接触网设施功能，主要包括接触网几何参数、接触网接触悬挂、绝缘部件、线路开关、附加导线、各种拉线、硬横跨及软横跨、上跨桥及交叉跨越线路情况、线夹、吊弦、定位管等状态检测。

接触网悬挂状态检测监测装置配置在接触网作业车上,固定周期担当一次巡检任务,统计分析接触网几何参数及悬挂部件技术状态。

5. 受电弓滑板监测装置(5C)

在车站、车站咽喉区和车辆段出入库线安装视频监视装置,监测运营动车组受电弓滑板的技术状态。

1)装置采用高清摄像机采集受电弓滑板区域的图片。

2)装置能对受电弓滑板技术状态进行分析处理,能够分辨出受电弓滑板的损坏、断裂等。

6. 接触网及供电设备地面监测装置(6C)

为监测接触网及供电设备运行状态,在接触网的特殊断面(定位点、锚段关节、线岔、隧道内、桥梁处)及供电设备处设置地面监测系统,监测接触网的张力、振动、抬升量、线索温度、补偿位移及供电设备运行状态参数,指导接触网及供电设备的维修。

1)在特殊断面检测接触网的振动,监测接触网的抬升量,如隧道的出口和进口、接触网的线岔处、锚段关节处等。

2)在长大隧道内检测接触网承力索和接触线的张力。

3)在接触网下锚处检测承力索和接触线的张力,计算张力补偿效率。

4)检测接触网特殊断面的线索温度、接触网线夹温度、电缆头温度等。

5)在变电所内加装供电设备监测装置。

7. 数据处理中心

在铁路局或地铁运营公司建立数据处理中心,为整个轨道交通供电安全检测监测系统提供数据处理、信息展示、数据交换的平台,完成对铁路或城市轨道交通供电设备综合检测监测数据的集中存储和统计、数据融合和挖掘、预测预警以及应急指挥等功能,为调度管理及供电运营维护人员提供维修、抢修的作业依据。

科技人文拓展

与改革开放同行,看我国城市轨道交通这 40 多年

40多年前,当人们乘坐时速40km的"绿皮车"时,不会想到40多年后,可以乘坐时速350km的高铁飞驰在中华大地上。40多年前,当人们还在售票窗口排着整宿的长队,只为买一张回家的火车票时,不会想到40多年后,只要动动手指就可以在互联网、手机上购买到通往其他城市的火车票。40多年前,当人们还在乘坐公共汽车上下班时,不会想到40多年后,搭乘城市轨道交通已成为城市居民出行的主要方式。

1. 开通城市越来越多、里程越来越长、线网越来越密

弹指一挥间,改革开放已走过了四十余年。在四十余年里,我国发生了翻天覆地的变化,而我国的轨道交通也在改革开放的进程中与时俱进,与国家共成长,与人民同奋斗,印证着时代的进步与变迁。

1978年我国城市轨道交通总里程数为29km,城市轨道交通站点数量仅有20个,日均吞吐量为7.8万人次,并且只有北京、香港这两个城市拥有城市轨道交通。改革开放以后,随着我国城市规模和经济建设的飞速发展,城市轨道交通也在这期间极速前行,从北京、香

港到全国 30 多个城市、从 29km 到 5000km 以上、从以地铁为主到多制式协调发展等更多变化正在进行中。

1969 年 10 月 1 日，北京地铁一期工程正式通车，北京成为我国第一个拥有轨道交通的城市。随着 2008 年北京奥运会成功举办，北京轨道交通以平均每年建成 50km 以上轨道线路，几乎一年开通一条新线的速度飞快发展。截至 2020 年年底，北京市地铁运营线路长度已超 700km，日均运送乘客超 1000 万人次。

1993 年 5 月 28 日，上海第一条轨道交通——地铁 1 号线徐家汇站到锦江乐园站的 6.6km 建成通车。尽管起步晚，但经过 20 多年的发展，上海从一座完全依赖地面公交出行的城市，一跃成为全球轨道交通通车运营里程最长的城市。截至 2020 年年底，上海地铁运营里程超 800km，日均客流超过 1000 万人次。

截至 2021 年年中，我国共有 49 座城市开通轨道交通线路，线路总长 8448.67km。

以往提起城市轨道交通，大家可能只会想到地铁，然而我国城市群都市圈的兴起、国家级新区的建设，为城市轨道交通多制式发展创造了巨大条件。据中国城市轨道交通协会发布的相关数据显示，截至 2021 年上半年，我国内地建成投运城市轨道交通线路中，地铁占线路总长的 78.71%；轻轨占线路总长的 2.58%；跨座式单轨占线路总长的 1.17%；市域快轨占线路总长的 10.25%；自导向轨道系统（含有轨电车）占线路总长的 7.39%。城市轨道交通正在形成地铁、跨座式单轨、市域快轨、现代有轨电车、磁悬浮交通以及 APM 等相辅相成的多制式协调发展新格局。

2. 国际合作：轨道交通助力"一带一路"

我国轨道交通建设不仅在改革开放进程中发展壮大，也积极地走出国门，不断向海外输送我国轨道交通建设技术、产品、设备、标准，用一张张海外精品工程"名片"，助力"一带一路"。

2014 年 7 月 25 日，土耳其国内的首条高速铁路——安伊高铁二期工程正式通车，该条高铁全长 533km，连接土耳其首都安卡拉和伊斯坦布尔。它是我国轨道交通企业在欧洲拿下的第一单高铁生意，也是我国与土耳其建交 40 年来最大的工程合作项目，充分展示了我国高铁企业的设备、技术、设计和施工能力。

2016 年 7 月 26 日，尼日利亚阿布贾—卡杜纳铁路（阿卡铁路）正式开通运营，它是第一条按照我国技术标准设计施工的海外铁路。该条铁路拉动了我国铁路建筑机械设备、建筑材料和我国机车的出口，同时也带动了当地就业和社会经济的发展，促进了尼日利亚现代化铁路网的规划和建设。

2018 年 1 月 1 日，亚吉铁路开通运营，它是非洲大陆第一条跨国电气化铁路和最长距离的电气化铁路，也是海外首条集设计标准、投融资、装备材料、施工、监理和运营管理于一体的全产业链"中国化"铁路。截至 2018 年年底，亚吉铁路已累计运送旅客近 13 万人次。

除了我国铁路建设在"走出去"过程中成绩斐然外，我国城市轨道交通也在"走出去"过程中，取得了一系列傲人成绩。

2015 年 9 月，埃塞俄比亚首都亚的斯亚贝巴城市轻轨正式通车，它是非洲大陆首条正式投入运营的现代化城市轻轨，也是我国企业承建并运营的东非首条现代化轻轨。正式运营后，轻轨车站成为当地最受欢迎的地方之一。

2018年6月，巴基斯坦拉合尔"橙线"轨道交通开通试运营，它是我国"一带一路"倡议下的中巴经济走廊首个签约的基础设施项目。根据规划，"橙线"运行初期将保证每天25万人次的运力，到2025年将运力进一步提升到每天50万人次。

此外中资企业还中标了伊朗加兹温有轨电车、以色列特拉维夫轻轨、印尼雅加达城市轻轨等城市轨道交通项目，这些项目正在建设中。

我国轨道交通凭借着技术、质量、速度和安全上的竞争优势，在世界市场收获了良好声誉。未来，随着我国"一带一路"倡议的深入开展，更多国家也将加入到与我国的轨道交通合作建设中来。

习　题

一、填空题

1. 地铁接触网设备实行_____、_____、_____三级管理。
2. 接触网工班要由本专业工作经验不少于_____年的接触网工昼夜值班。
3. 接触网工班是接触网运行维护的最小单位，工班实行_____制。
4. 接触网步行巡视车辆段、停车场场每天不少于_____次，正线每月不少于_____次。
5. 接触网车梯巡视每_____1次。
6. 接触网登车巡视每_____1次，采用登乘电客车方式巡视。
7. 接触网的检修分为_____、_____和_____。
8. 接触网状态检修分_____和_____两种。
9. 导线磨耗测量要求每_____进行一次全面测量，每_____进行一次重点测量。
10. 重点测量包括_____、_____、刚性接触网线岔、_____、柔性接触线_____两侧及其他磨耗异常的导线两侧。
11. 接触网作业按作业性质分为_____、_____、_____三类。
12. 工作票填写1式2份，1份由_____保管，1份交给_____。
13. 所有工作票须交给专人统一保管，时间不少于_____个月。
14. 城市轨道交通接触网接地线采用截面面积不得小于_____ mm^2 的带绝缘套的软铜绞线，并不得有断股、散股和接头。
15. 线岔检修时始触点高差指2根工作支相距_____处高差。

二、是非题（对的画√，错的画×）

1. 接触网工班实行工班长负责制。（　）
2. 接触网大修改造计划由供电中心负责编写。（　）
3. 值班人员要认真填写"接触网工班值班日志"及时传达和执行电力调度的命令。（　）
4. 接触网工应熟练运用各种检修设备、工器具、仪表，定期参加业务学习、培训。（　）
5. 工班材料员按材料管理相关规定对工器具、材料进行检查、保养。（　）
6. 值班电话为专用电话，但也可以用于拨打其他电话。（　）
7. 接触网抢修工具和检修工具可以存放在一起。（　）
8. 发现工具材料丢失要及时上报，不得漏报、瞒报。（　）
9. 遇有雾、雪、大风、雷雨等恶劣天气时，应适当增加接触网巡视次数。（　）
10. 巡视检查发现的一般性缺陷纳入检修计划，对危及安全的缺陷应及时处理。（　）
11. 接触网动态检测是利用网轨检测车对接触网正线检测，每月不少于1次。（　）
12. 验电和装拆接地线，必须由2人进行：1人操作，1人监护。（　）

13. 工作负责人对工作票有疑问或不同意见时及时和发票人沟通。　　　　　　（　　）
14. 验电前自检良好后，确认声、光信号显示正常，然后方可在停电设备上验电。（　　）
15. 验电前自检良好，验电完毕后，收回验电器端头可以不再进行自检。　　　（　　）

三、简答题

1. 请简述地铁接触网采用的运营管理模式。
2. 简述地铁接触网管理机构职责。
3. 简述接触网工班人员配置及各岗位职责。
4. 接触网作业分类有哪些？
5. 简述工作票填写标准。
6. 请简述接触网检修作业程序。
7. 接触网巡检工主要职责有哪些？
8. 登车巡视的主要内容有哪些？
9. 接触网小修的主要内容有哪些？
10. 接触网大修的主要内容有哪些？

第 6 章

城市轨道交通接触网事故抢修

> 【知识点】
> 本章主要介绍城市轨道交通接触网事故的分类方法，事故抢修遵循的原则与程序，在施工过程中需要遵守的安全注意事项，人员和物质的准备，故障查找的方法以及典型的抢修案例。

6.1 接触网事故的分类

【学习目标】

1) 了解接触网事故根据事故性质、原因及后果进行分类的方法。
2) 掌握接触网事故按照损失程度进行分类的方法。

由于接触网设备时刻处在振动、摩擦、温度等外界影响以及自身不断老化的过程中，难免会发生各种各样的事故，需要高度重视设备故障的修复工作。

6.1.1 按照事故性质、原因及后果分类

1. 按照事故性质进行分类

接触网事故根据事故性质可分为设备事故及人身事故。设备事故是指接触网设备及其附属设备遭到不同程度的破坏而影响行车的事故。人身事故是指对接触网进行检修过程中所发生的人员伤亡事故。

2. 按照事故原因进行分类

接触网事故根据事故原因可分为事故全责、关系事故和自然灾害事故。事故全责是指发生事故的全部责任在于接触网管理部门。关系事故是指车间以外的其他单位或部门造成的接触网设备或人身事故。自然灾害事故是指由于气候、地质等原因造成的接触网事故。

3. 按照事故后果进行分类

接触网事故根据事故后果，又可分为行车事故和供电事故，往往两种事故并存。行车事

故是指因接触网设备损坏而影响列车正常运行或使列车发生设备损坏、脱轨、火灾等的事故。供电事故是指因接触网设备损坏而造成变电所跳闸或中断接触网供电的事故。

6.1.2 按照损失程度分类

接触网事故根据损失程度可分为重大事故、大事故、一般事故和障碍。《牵引供电事故管理规则》中对接触网事故具体划分如下：

1) 接触网停电时间超过 5h 的事故为接触网重大事故。
2) 接触网停电时间超过 4h 的事故为接触网大事故。
3) 接触网停电时间超过 30min 或迫使列车降低运输能力的事故为接触网一般事故。
4) 接触网停电时间超过 10min 或迫使列车降低运行速度的事故为接触网障碍。

6.2 接触网抢修管理与预案

【学习目标】

1) 掌握接触网事故抢修原则。
2) 了解接触网事故抢修程序。
3) 熟悉接触网事故抢修安全注意事项。

针对不同性质、种类的接触网事故，应该制定不同的应急抢修预案来指导和规范接触网系统的应急抢修工作。所有从事接触网工作的人员要认真学习接触网抢修预案，并在抢修工作中严格遵守。当接触网系统发生事故（包括列车颠覆、火灾等引发的接触网事故）影响或中断行车时，应该立即启动应急抢修预案。应急抢修预案内容主要包括：抢修的组织架构、抢修前的准备工作、抢修工作流程、抢修的安全注意事项、具体抢修方案、事故分析及事故演练等。

6.2.1 事故抢修原则

抢修小组成员必须坚持集中、统一指挥的原则，即抢修小组成员服从抢修指挥的统一安排，防止多人指挥造成混乱。

接触网故障抢修必须遵循"先通后复、先通一线"的基本原则，以最快的速度设法先行供电，疏通线路，以最快的速度恢复设备正常的技术状态。

为缩短抢修时间，尽快恢复供电、行车，可采取临时修复措施，尽快地恢复设备正常状态；在故障抢修工作中，所有对接触网故障做出的临时性修复措施，必须由接触网部门工程师进行确认。

6.2.2 抢修程序

1. 抢修注意事项

事故抢修中有上级领导到现场时，现场抢修指挥要主动向领导汇报事故情况并听取上级领导的指示。但应急抢修组必须坚持集中、统一指挥的原则，即应急抢修组成员统一服从现场抢修指挥的安排，现场抢修指挥服从电调指挥，防止多头领导造成混乱。

列车发生颠覆、冲撞、脱线等需要接触网应急抢修组配合抢修时，接触网应急抢修组接到配合事故救援通知时，应按规定的程序立即带足必需的工具、材料赶赴现场。

接触网应急抢修组到达事故现场后，立即与分公司级的事故抢修负责人取得联系，了解需要配合的具体情况，进行设备调查，提出配合起复的具体方案，并取得同意后迅速实施。

在配合救援中需要拆除接触网时，在满足要求的前提下应选择工作量最小、容易恢复的方案。

接触网配合作业须取得电调命令，即电调是接触网停送电命令唯一（直接）发布人，整个救援过程中，来自其他部门有关接触网已停电的命令，不能作为接触网已经停电、允许作业的依据。

2. 处理流程

接触网值班员接到准备抢修通知后，处理流程见表6-1。

表6-1 接到事故消息后处理流程

步骤	人员	行动内容
1	接触网值班员	(1)拉抢修铃 (2)立即通知维修工程部值班司机，准备出动事故抢修运输车 (3)通知备班工班长 (4)通知主管工程师 (5)记录关键时间及事故信息(事故时间、事故地点、事故种类等)
2	当值工班长	(1)立即了解事故信息 (2)负责抢修所需图样资料 (3)负责通信工具的准备及分配 (4)负责调度驻站人员并明确指示所需开展的工作 (5)集合应急抢修组成员，清点人数，组织成员按分工做抢修准备
3	抢修组成员	按分工准备好抢修用工具、材料、个人劳动防护用品
4	驻站人员	根据工班长的指令以最快的速度赶赴指定地点 及时向工班长反馈现场信息
5	接触网主管工程师	通知专业组工程师、车间安全员，赶赴事故现场

接触网值班员接到抢修出动通知后，处理流程见表6-2。

表6-2 接到抢修出动通知处理流程

步骤	人员	行动内容
1	接触网值班员	(1)拉响紧急事故铃(持续响铃)，通知当值工班长出动 (2)立即通知维修工程部值班司机，出动事故抢修运输车 (3)立即通知接触网备班工班长 (4)通知主管工程师 (5)参加抢修工作，记录关键时间及事故信息(事故时间、事故地点、事故种类等)
2	当值工班长	(1)集合抢修组成员，检查抢修用工具、材料、通信工具、图样资料及个人劳动防护用品准备情况并简要通报事故概况 (2)准备妥当后，立即组织人员携带工具、材料等上抢修汽车或接触网维修作业车组 (3)抢修途中，当值工班长要及时与OCC行车调度进行沟通，汇报到达的时间、人数及抢修负责人姓名、工号及联系方式等相关信息后，了解抢修相关要求、安排及故障或事故的详细情况

(续)

步骤	人员	行动内容
3	应急抢修组	接触网当值工班接到事故抢修出动通知后，按分工准备好抢修用工具、材料、个人劳动防护用品。白天 8min，夜间 10min 之内必须出动
4	驻站人员	根据工班长的指令以最快的速度赶赴指定地点，并向工班长汇报到达的时间；及时向工班长反馈现场信息
5	备班人员	接到抢修通知后，及时赶到车辆段，带齐二次抢修物资或现场指挥指定的其他物资赶到事故现场支援
6	OCC 行车调度	尽快协调出清接触网故障设备所在的线路，根据事故现场需求调动接触网作业车组到达现场

6.2.3 抢修安全注意事项

事故抢修中，由于参加抢修作业人员精神高度紧张，携带的工具、材料较多，很容易发生各种疏漏甚至人身伤害，因此各供电单位应制定并执行严格的安全控制措施。

1. 应该严格遵守的安全措施

1）在接触网事故抢修中要严格执行行车、高处作业、电气安全作业的有关规定和防护措施，防止扩大事故范围和发生意外的人身伤亡事故。

2）所有从事接触网抢修工作的人员必须持有安全合格证。

3）在进行接触网抢修作业时，抢修组所有成员必须戴安全帽，穿工作鞋，穿荧光衣，高处作业必须扎安全带。

4）事故抢修前，虽然事故的设备已经停电，但必须按以下的规定办理停电作业手续、经过验电接地、对事故抢修地段设置行车防护后，方可对接触网故障的设备进行抢修。

2. 必须办理停电作业手续

1）抢修作业前，现场联络员向电调申请停电。在申请的同时，要说明停电作业的范围、内容、时间和安全措施等。

2）电调发布停电作业命令时，受令人认真复诵，经确认无误后，方可给命令编号和批准时间。

3）受令人要填写"接触网停电作业命令票"。

4）现场抢修指挥在抢修作业前，要向作业人员宣布停电范围，划清设备带电界限。

5）对可能来电的部位和抢修作业地段，要设置可靠足够的接地线。

6）抢修过程中，人员、工具、材料必须与带电设备保持足够的安全距离。

3. 严格执行验电接地

1）事故抢修组在接到停电作业命令后，须先验电接地，方可作业。

2）用验电器验电的顺序是：将验电器端头轻靠接触线，无响声则为已停电，验电器在使用前要自检。

3）当验明接触网已停电后，须在作业点的两端、和作业地点相连可能来电的所有停电设备上装设接地线。

4）在装设接地线时，将接地线的一端先行接地，再将接地线紧固在已停电的一根辅助馈线或一根接触线上。拆接地线顺序相反，先拆连接馈线或导线端，然后再拆接地轨端。接地线要连接牢固，接触良好。

5）装设接地线时，人体不得触及接地线。接地线采用截面面积不小于 70mm^2 的软铜绞线，并不得有断股、散股和接头。

6）验电和装设、拆除接地线，必须由 2 人进行：1 人作业，1 人监护。

4. 必须设置作业区行车防护

1）接触网抢修作业时，除对有关区间、车站办理封锁手续外，还要对作业区采取防护措施。

2）一般情况下，应在作业区段两端设置红闪灯，如有必要，应急抢修组应在可能来车方向设置防护人员，一旦发现来车，应显示红色信号，令其停车或采取其他避让措施。

3）防护人员在执行任务时，要思想集中，坚守岗位，履行职责，要认真、及时、准确地进行联系和显示各种信号。

4）一旦中断联系，必须立即通知施工负责人，必要时停止作业。

5. 必须设置高处作业监护人员

1）高处作业每一监护人的监护范围不超过 2 个跨距，在同一组硬横梁上作业时不超过 4 条股道，在相邻线路同时进行作业时，要分别派监护人各自监护。

2）高处作业要使用专门的用具传递工具、零部件和材料等，不得抛掷传递。

6.3 抢修人员与物资准备

【学习目标】

1）掌握接触网抢修需要的人员组织架构。
2）了解接触网抢修的物资准备要求。

接触网抢修人员组织架构和物资准备是抢修能够顺利完成的基础，合理的组织架构和物资准备能够节约抢修的时间，提高抢修工作的效率。

6.3.1 抢修人员组织架构

1. 接触网抢修组织架构

1）组长：由车间主任（主任助理）担任。副组长：由接触网主管工程师、接触网工班长担当。现场抢修指挥：由接触网轮值工班长担当。

2）应急抢修组现场作业人员：由接触网轮值工班 8 人、接触网备班 8 人、接触网值班员 1 人组成。接触网轮值工班：由验电接地（监护）及设置防护 4 人（兼职）、安全员 1 人、现场联络员 1 人、作业人员 5 人。

3）接触网备班：人员设置同接触网轮值工班。

2. 接触网应急抢修组成员的职责及技能要求

1）组长：负责组织及协调接触网应急抢修的全过程，由车间主任或主管工程师担任。

2）副组长：具体组织接触网设备故障的恢复工作，由主管工程师或工班长担任。

3）现场抢修指挥：负责组织、实施事故现场的接触网修复工作，对修复工作中的安全及修复工作质量负责，由工班长及以上人员担任。

4）接触网轮值工班：在规定的时间内出发，在现场抢修指挥的领导下，具体实施事故现场的接触网修复工作。

5）接触网备班：在接到车间生产调度的通知后，及时赶到车辆段，在需要的情况下赶到事故现场支援，并服从现场抢修指挥的领导。

6）接触网值班员：负责接触网事故修复全过程的信息上传下达工作。

7）验电接地及设置防护、监护人员：负责抢修前工具、材料的准备工作；现场事故修复工作的验电接地、设置防护工作；验电接地、设置防护工作完成后，加入修复作业。

8）安全员：负责抢修前图样资料、通信工具的准备工作，监督修复工作的质量，收集设备故障资料。

9）作业人员：在现场抢修指挥的领导下，进行接触网的事故修复工作。

10）现场联络员：负责办理封锁线路手续；向电调要令、消令；向电调汇报事故修复工作的进度；向现场抢修指挥传达电调的指令。

11）接触网应急抢修组名单及联系电话应经维修工程部审核批准并报电调备案，如有变化，应得到维修工程部许可并及时通知电调。

6.3.2　接触网抢修物资准备要求

1. 应急抢修车辆配置要求

配置接触网故障抢修人员运输汽车 1 辆，抢修物资运输汽车 1 辆，用于第一时间将接触网抢修人员及物资送达现场。由车辆部做好日常维修保养，使之处于良好状态，保证有足够的燃料。并安排好值班人员，做到随时出动。接触网维修作业车组司机及接触网事故抢修汽车司机在接触网事故抢修过程中要服从接触网现场抢修指挥的安排。接触网应急抢修组成员原则上在第一时间乘抢修汽车赶到事故现场，接触网维修作业车组应在最快时间到达接触网事故区域。

2. 应急抢修工具及材料要求

供电车间材料库接触网抢修用材料要与日常维修用材料分架、分区存放，单独造册登记。材料卡片用红色材料卡片，非抢修时不得动用。每月检查 1 次，抢修使用后，应在 1 天内补充齐全。

抢修材料、工具入库前必须认真检查、验收，做到不合格的不得入库。可组装成套的材料应组装成套存放，相对较小的零部件可存放在物资周转箱内。部分笨重、长而大的料具可存放于车站两端或区间隧道联络通道处。

接触网轮值工班应备有材料库的钥匙，交接班时交接并清点抢修用料、工具。

抢修用通信工具为无线集群对讲机 8 台，由轮值工班保管，做好日常保养工作。考虑到接触网事故抢修涉及部门多、作业范围分散、信息量大，为确保通信的可靠性，在无线集群对讲机的基础上，可再配备一般对讲机 6 台，由轮值工班保管，做好日常保养工作。

6.4 故障查找与抢修方案

【学习目标】

1) 掌握接触网故障查找原则与常见故障的判断方法。
2) 熟悉接触网临时性恢复措施。
3) 掌握柔性接触网、刚性接触网、接触轨抢修方案。
4) 熟悉抢修事故总结及抢修预案的日常演练。

接触网故障的查找应结合现场工况，根据季节、设备所处的环境有针对性地进行，例如隧道漏水时易发生绝缘闪络故障，应重点查找隧道及污秽严重的处所。

6.4.1 接触网故障查找原则与原因

1. 接触网故障的查找原则

现场抢修指挥应根据电调提供的信息（跳闸时短路电流及保护动作的种类、列车运行情况）分析事故性质，有目的地查找故障点；也可向车站、电客车司机及其他人员了解情况，问明地点，有目的地查找故障地点。根据设备运行情况、地理环境、天气情况分析、判断故障点：雨雾天则考虑接触网、电客车绝缘件击穿；季节变换时，则应考虑补偿装置、定位坡度、线岔、锚段关节等。

2. 接触网常见故障的原因

1) 永久接地：变电所断路器跳闸，重合闸和强送电均不成功。可能由于接触网或供电线断线接地、绝缘子击穿、隔离开关引线脱落或断线、较严重的弓网故障、电客车故障等引起。

2) 断续接地：变电所断路器跳闸重合成功，过一段时间又跳闸。可能是接触网或电客车绝缘部件闪络、列车超限、树木与接触网放电、接触网与接地部分距离不够、接触网断线但未落地、弓网故障等引起。

3) 短时接地：变电所跳闸后重合成功。一般是绝缘部件瞬时闪络、电击人或动物等引起。

6.4.2 临时性恢复措施

为了缩短抢修时间，尽快恢复供电、行车，一般应采取过渡措施，但事后要尽快地恢复设备正常状态。在事故抢修工作中，所有对接触网故障做出的临时性修复措施，必须由接触网工程师及以上职别的人员确认。一般应采取以下临时性修复措施，但事后要尽快地恢复设备正常状态。

1) 吊弦间距可增加1倍，承力索上可暂不装吊弦线夹。
2) 绝缘子局部破损，破损面积不超过规定，擦净后有把握送上电或绝缘子局部破损但能送电可暂不更换。
3) 当个别定位装置或腕臂损坏时，只要接触线布置符合行车要求，承力索可暂不固定。

4）软横跨/硬横梁的固定绳均允许有接头。

5）接触线和承力索的接头数量及间距可以适当超出规定标准。

6）区间中间柱折断：可用轻型临时支柱代替，但必须打拉线。

7）转换柱折断：可利用金属支柱，视受压或受拉决定其倾斜方向，受拉的打拉线，受压的可在支柱外侧顶住，两悬挂间不能保证规定的绝缘距离时，可暂不作绝缘锚段关节用。

8）锚段关节处支柱折断或接触网损坏：可采取两个锚段合并，取消一个中心锚结的方法临时供电。

9）在直线上或曲线上个别悬挂点或定位点损坏时，只要接触线不超出受电弓工作范围，可将悬挂和定位装置甩开，绑扎牢固、不侵入限界，调整好接触悬挂，可暂时送电开通。

10）对短时间难以修复的事故，可将隧道内接触网吊起或断开使列车降弓通过，或在列车尾部加车推进疏散列车。

11）车辆段支柱破坏：可用临时支柱代替，根据支柱受力情况，打好临时拉线。

12）隔离开关损坏：隔离开关损坏时，经过电调批准可暂不恢复，必要时可合上相应的联络开关或对常闭的隔离开关甩开开关，用电连接线将分段绝缘器导通，但必须保证变电所的保护装置能够可靠动作。对常开隔离开关，甩开引线绑扎牢固即可送电。

13）承力索或接触线断线破坏严重，不需换线，可临时将线索绷紧、吊起，降弓通过，对载流承力索和接触线须做分流线。馈线可比照此做法。

6.4.3 柔性接触网抢修方案

柔性接触网系统常见故障与抢修方案见表 6-3~表 6-8。

表 6-3 接触网、承力索断线抢修方案

抢修对象	承力索、接触网断线
抢修原则	迅速接续导线，使之达到送电通车条件
现场分析	(1) 承力索断线、接触线断线 (2) 刮坏受电弓
安全措施	(1) 未接好地线之前，任何人距离断线接地点 10m 以上的安全距离 (2) 受力工具必须状态完好 (3) 受力工具做好防滑脱措施 (4) 高处作业扎好安全带 (5) 接头线夹紧固力矩必须达到标准，紧固顺序按规定进行 (6) 线索断头处理必须达到标准 (7) 必须检查、处理相关受到影响的设备 (8) 坠砣必须卸载 (9) 带电体与接地体保证 150mm 的绝缘距离
抢修步骤	(1) 申请抢修作业命令、停电作业命令、验电、接地线，设置防护，巡视 (2) 两端坠砣卸载，或根据现场情况进行一端坠砣卸载 (3) 接续导线 1) 在断线头两侧 1m 处各打一只多功能紧线器 2) 视现场断口距离情况，可直接用手扳葫芦拉起导线，或通过滑轮组将导线拉起后，再用手扳葫芦将线拉紧，借力点可用钢轨 3) 接触线断线：正线单根接触线断线时，首选方案是把断线线头抬高 100mm 以上，与承力索并联，两端坠砣卸载 30%，处理好其他受损伤设备后送电放行列车

(续)

抢修步骤	能直接做导线接头的,将导线对接后用接头线夹接续。或更换一截导线,做两个接头 4)承力索断:能直接做承力索接头的,将承力索对接后用接头线夹接续;如不能直接接头且损伤小于10m,用4个中心锚结线夹(钢线卡子)并联一截承力索,加装4个承力索电连接线夹,处理好其他受损伤设备后送放行列车 5)接触线承力索全断:根据以上流程和方法分别处理 (4)坠砣复位,调整导高、拉出值、绝缘间隙、吊弦偏移、中心锚结偏移 (5)检查、处理全锚段受影响的其他设备,在不影响行车安全的前提下,送电通车 (6)利用列车停运作业时间做正式处理
收工程序	(1)拆除地线、防护、消除停电作业命令 (2)清点人数、工具,并撤出轨行区,消除抢修作业命令 (3)放行列车,添乘观察车辆运行情况、接触网设备状态
工具材料	3t手扳葫芦1套,1.5t手扳葫芦2套,拉力带8根,接触线接头线夹2套,承力索接头线夹2套,接触线5m,承力索3m,18钢线卡子6套,激光测距仪1套,力矩扳手2套,锉刀1把,钢锯2把,450扳手3把,接地线3套,验电器2套,梯车1台,皮卷尺1把,红闪灯3只,无线集群对讲机4台

表 6-4 分段绝缘器抢修方案

抢修对象	分段绝缘器故障
抢修原则	先通后复,先通一线 尽可能恢复供电及满足行车需要
现场分析	(1)分段损坏,未脱落,导线未损坏 (2)分段脱落后,两端接触线落地后短路,线索严重烧伤
安全措施	(1)抢修时必须注意先检查半个锚段及中心锚结处的设备变化状态 (2)接线后如线岔处技术参数变化不能临时通车,建议将线岔限制管取下后,将侧线抬高到一定高度,保证正线可以先行通车 (3)抢修后必须留守人员在现场观察列车取流状况,确保行车安全 (4)抢修后所有器具或临时处理用的材料零件不允许侵入行车限界 (5)严格遵守验电接地制度,作业中注意与带电线路的安全距离

抢修步骤	(1)做好抢修区段的验电接地和行车防护的安全措施
	(2)在线索起锚处视情况用手扳葫芦对坠砣卸载
	   情况一:在分段两侧安装紧线工具,更换受损的分段绝缘器
	   情况二:在断线处用紧线工具将断线拉起后处理断头,加装一截新的导线进行接续
	(3)恢复坠砣的张力荷载
	   情况一:调整分段绝缘器,满足行车条件
	   情况二:在新的导线上安装吊弦进行悬挂,保证导线的导高和坡度允许行车安全通过。必要时短接承力索分段绝缘子
	(4)检查分段相邻的线岔以及半个锚段的接触悬挂有无其他异常,如无异常可以先行通车

收工程序	(1)拆除地线、防护,消除停电作业命令 (2)清点人数、工具,并撤出轨行区,消除抢修作业命令 (3)放行列车,添乘观察车辆运行情况、接触网设备状态
工具材料	3t手扳葫芦1套,1.5t手扳葫芦2套,拉力带8根,激光测距仪1套,力矩扳手2套,锉刀1把,钢锯2把,450扳手3把,接地线3套,验电器2套,梯车1台,皮卷尺1把,红闪灯3只,无线集群对讲机4台,分段绝缘器1套

第6章 城市轨道交通接触网事故抢修

表 6-5 锚段关节抢修方案

抢修对象	锚段关节底座脱落或绝缘子折断或接触网线索断线
抢修原则	先通后复,先通一线
现场分析	(1)底座脱落或绝缘子折断后,接触网设备可能接触腕臂或隧道壁造成短路,绝缘锚段关节故障支接触网线索可能接触另一供电分区接触网设备,造成线索放电拉弧烧伤(严重时烧断线索) (2)锚段关节处线索断线后,可能造成线索对地或对机车车辆短路
安全措施	(1)严格遵守验电接地制度,作业中注意与带电线路的安全距离 (2)抢修后所有器具或临时处理用的材料零件不允许侵入行车限界 (3)抢修后必须留守人员在现场观察列车取流状况,确保行车安全

抢修步骤	(1)做好抢修区段的验电接地和行车防护的安全措施,打开缩小抢修范围的隔离开关
	  情况一:在故障线索两端下锚处各用一个 3t 手扳葫芦,在下锚底座处打一拉力带,坠砣杆处打一卡线器对坠砣卸载,卸载完毕后用钢线对手扳葫芦进行绑扎。将故障底座上的线索改装在旁边吊柱上(转换柱处两吊柱)
	  情况二:(不具备做接头的情况下)采取两个锚段合并、取消一个中心锚结的方式临时供电,在锚段关节线索下锚处各用一个 3t 手扳葫芦,在下锚底座处打一拉力带,坠砣杆处打一卡线器对坠砣卸载,卸载完毕后用钢线对手扳葫芦进行绑扎。在断线处打好多功能紧线器,紧线器用拉力带连手扳葫芦,然后用 3t 手扳葫芦将断线拉起,用钢线将断线线索和承力索绑扎在一起,承力索用电连接线夹 D3 型,接触线用钢线卡子(间隔 150mm 一正一反装三个),将断线靠近下锚侧线索吊起甩开,绝缘锚段关节处将本站上网开关断开,闭合联络开关,采取大双边供电
	(2)检查接触网技术参数,符合列车安全条件
	(3)闭合隔离开关,先行临时行车

收工程序	(1)拆除地线、防护,消除停电作业命令 (2)清点人数、工具,并撤出轨行区,消除抢修作业命令 (3)放行列车,添乘观察车辆运行情况、接触网设备状态
工具材料	验电器 2 套,接地线 4 套,多功能紧线器 8 套,3t 手扳葫芦 2 套,1.5t 手扳葫芦 4 套,拉力带 12 根,断线钳 1 把,水平尺 1 把,接触线扭面器 3 把,红闪灯 4 套,活动扳手 2 把,套筒扳手 32 件 1 套,接触网几何参数测量仪 1 台,钢线卡子 12 个,镀锌钢线若干,发电机 1 台,临时照明用灯具及电缆,电连接线夹 D3 型 6 个

表 6-6 电连接烧断、脱落抢修方案

抢修对象	电连接烧断或脱落
抢修原则	采取临时措施,保证电客车正常取流和通过
现场分析	(1)短路接地,变电所跳闸,中断运营 (2)打坏受电弓,该列车退出运行 (3)烧伤接触线或承力索
安全措施	(1)必须在验电、接好地线之后才能开始抢修 (2)必须检查承力索、接触线受伤情况,并采取相关措施,避免断线伤人 (3)高处作业扎好安全带 (4)带电体与接地体必须保证 150mm 以上的安全距离 (5)必须保证受电弓取流 (6)必须保证接触线、承力索强度 (7)所安装的临时设备不侵入受电弓包络线
抢修步骤	(1)申请停电命令,验电接地,设置防护 (2)检查电缆/线索受损情况:电缆烧断时打开电连接线夹,检查接触线、承力索受损情况,视情况加装接头夹或接续条,脱落时检查电缆绝缘 (3)处理受伤电缆:烧断时采用两个电连接线夹将电连接线对接或重新与导线、承力索连接。长度不够时拆旧换新 (4)绑扎加固 (5)拆除地线、防护,消令

215

(续)

收工程序	(1)拆除地线、防护,消除停电作业命令 (2)清点人数、工具,并撤出轨行区,消除抢修作业命令 (3)放行列车,添乘观察车辆运行情况、接触网设备状态
工具材料	电连接电缆10m,电连接线夹8套,接地线2组,验电器1台,无线集群对讲机3台,红闪灯2套,直梯2台,梯车1台,专用工具、材料1套

表6-7 吊弦吊索断脱抢修方案

抢修对象	吊弦吊索断脱
抢修原则	先通后复,先通一线
现场分析	检查吊弦吊索及线夹情况
安全措施	(1)停电、验电接地、设置防护 (2)高处作业扎好安全带 (3)带电体与接地体必须保证150mm以上的安全距离
抢修步骤	(1)人员分工:指挥1人,现场联络员1人,验电接地、防护兼设备巡视人员4人,作业人员4人 (2)停电、验电接地,设置防护 (3)恢复或更换吊索及线夹 (4)调整导高及偏移 (5)拆除地线、防护,消令
收工程序	(1)拆除地线、防护,消除停电作业命令 (2)清点人数、工具,并撤出轨行区,消除抢修作业命令 (3)放行列车,添乘观察车辆运行情况、接触网设备状态
工具材料	吊弦2组,吊弦线夹4套,接地线2组,验电器1台,无线集群对讲机3台,红闪灯2套,直梯2台,梯车1台,专用工具、材料1套

表6-8 异物搭接、短接接触网抢修方案

抢修对象	异物搭接、短接接触网
抢修原则	用绝缘杆取除异物,需停电处理时,按正常停电抢修流程处理
现场分析	阻碍受电弓运行;接触线受到损伤
安全措施	(1)绝缘工具状态必须良好 (2)必须检查接触线损伤程度,严重时必须补强 (3)不停电处理时作业人员必须戴绝缘手套,穿绝缘靴
抢修步骤	(1)申请抢修作业命令 (2)设置防护 (3)查看事故现场 (4)处理异物 ①不需要停电处理时,作业人员穿绝缘靴、戴绝缘手套,利用排障器取除异物 ②需要停电处理时,按规定办理停电作业手续,验电接地、设置防护后进行处理 ③无论停电与否,都要检查接触线的损伤情况并做相应处理
收工程序	(1)拆除地线、防护,消除停电作业命令 (2)清点人数、工具,并撤出轨行区,消除抢修作业命令 (3)放行列车,添乘观察车辆运行情况、接触网设备状态
工具材料	排障器1套,接地线2套,验电器1套,无线集群对讲机3台,直梯1台,力矩扳手2把,接续条2套(120、150各1套),接触线接头线夹2套

6.4.4 刚性接触网抢修方案

刚性接触网系统常见故障与抢修方案见表6-9和表6-10。

表6-9 刚性接触网定位点脱落抢修方案

抢修对象	刚性接触网定位点脱落
抢修原则	先通后复,先通一线
现场分析	引起变电所跳闸或弓网事故。应以最短时间恢复线路供电及行车
安全措施	(1)严格遵守验电接地制度,作业中注意与带电线路的安全距离 (2)抢修后所有器具或临时处理用的材料零件不允许侵入行车限界 (3)抢修后必须留守人员在现场观察列车取流状况,确保行车安全
抢修步骤	(1)做好抢修区段的验电接地和行车防护的安全措施 (2)利用激光测量仪对接触网导高、拉出值等原始数据进行测量 (3)定位点处理 　情况一:只是定位点脱落,但没有影响其他接触网设备的,应更换定位点 　情况二:定位点脱落,引起接触线出现硬点或断线,汇流排弯曲变形的,应拆线、拆除汇流排,更换定位点、安装汇流排、放线,恢复定位点的导高及拉出值 (4)恢复定位点的导高及拉出值,检查接触网技术参数,符合列车安全条件
收工程序	(1)拆除地线、防护,消除停电作业命令 (2)清点人数、工具,并撤出轨行区,消除抢修作业命令 (3)放行列车,添乘观察车辆运行情况、接触网设备状态
工具材料	验电器1套,接地线2套,定位器2根,定位线夹2套,定位双环1套,接触线扭面器2把,红闪灯2套,活动扳手2把,套筒扳手32件1套,接触网几何参数测量仪1台,镀锌钢线若干,汇流排1根

表6-10 刚性接触网汇流排中间接头故障抢修方案

抢修对象	刚性接触网汇流排中间接头故障
抢修原则	先通后复,先通一线
现场分析	(1)进行针对性的临时修复,恢复供电及满足行车需要 (2)引起变电所跳闸或弓网事故 (3)以最短时间恢复线路供电及行车
安全措施	(1)严格遵守验电接地制度,作业中注意与带电线路的安全距离 (2)抢修后所有器具或临时处理用的材料零件不允许侵入行车限界 (3)抢修后必须留守人员在现场观察列车取流状况,确保行车安全
抢修步骤	(1)做好抢修区段的验电接地和行车防护的安全措施 (2)利用工程车在断开的悬垂汇流排两个端头处各装一个汇流排电连接线夹,用钢丝将其固定在邻近定位点的槽钢上,从而减小汇流排的弯曲度,不再侵入限界,可以达到降弓通车的条件 　情况一:只是刚性接触网中间接头松脱,但没有影响其他接触网设备的,应重新安装汇流排中间接头 　情况二:刚性接触网中间接头松脱,汇流排之间出现明显错位及扭变形,造成断线的,应拆线、拆除汇流排,重新安装中间接头、装汇流排、放线 (3)晚上收车后对该事故锚段进行接触网拆线、更换汇流排中间接头和放线等作业。拆、放线时要注意确定拆装接触线时架线车的行动方向;上紧中心锚结的调节螺杆,在锚段两端装电连接线夹并用钢丝固定在相邻定位点的槽钢上,防止汇流排的纵向窜动;清除汇流排上的杂物,防止放线小车卡滞;根据更换区域附近的情况制订人员及设备的安全措施
收工程序	(1)拆除地线、防护,消除停电作业命令 (2)清点人数、工具,并撤出轨行区,消除抢修作业命令 (3)放行列车,添乘观察车辆运行情况、接触网设备状态
工具材料	验电器1套,接地线2套,中间接头4个,红闪灯2套,活动扳手2把,套筒扳手32件1套,接触网几何参数测量仪1台,镀锌钢线若干

6.4.5 接触轨抢修方案

接触轨常见故障与抢修方案见表 6-11 ~ 表 6-14。

表 6-11 绝缘支架断裂故障抢修方案

抢修对象	绝缘支架断裂故障
抢修原则	先通后复,先通一线
现场分析	(1)进行针对性的临时修复,恢复供电及满足行车需要 (2)引起变电所跳闸或弓网事故 (3)以最短时间恢复线路供电及行车
安全措施	(1)严格遵守验电接地制度,作业中注意与带电线路的安全距离 (2)抢修后所有器具或临时处理用的材料零件不允许侵入行车限界 (3)抢修后必须留守人员在现场观察列车取流状况,确保行车安全

抢修步骤	(1)接触轨抢修人员进行验电,确认可视化自动接地装置已合闸,并开展轨行区安全措施布置工作
	(2)根据抢修组长安排,分组查找绝缘支架断裂的具体位置。根据抢修组长制定的修复方案,准备相应工器具及备件
	  情况一:端部弯头第一个绝缘支架断裂故障,立即更换绝缘支架
	  情况二:不连续的绝缘支架故障时,不会侵入行车限界,可暂不处理,必要时采用限速通过;存在侵限的情况,直接拆除故障绝缘支架
	  情况三:连续绝缘支架故障时,更换绝缘支架,进行修复;连续绝缘支架故障且接触轨存在无法使用的情况,采用设置临时断口抢修方式,限速通过
	(3)检查接触轨技术参数,符合列车安全条件

收工程序	(1)拆除地线、防护,消除停电作业命令 (2)清点人数、工具,并撤出轨行区,消除抢修作业命令 (3)放行列车,添乘观察车辆运行情况、接触网设备状态
工具材料	验电器 1 套,接地线 2 套,中间接头 1 个,红闪灯 2 套,活动扳手 2 把,套筒扳手 32 件 1 套,绝缘支架 3 套,巡视镜,接触轨检测尺,800M 手台,强光手电筒,手提防爆探照灯

表 6-12 接触轨短路故障抢修方案

抢修对象	接触轨短路故障
抢修原则	先通后复,先通一线
现场分析	(1)进行针对性的临时修复,恢复供电及满足行车需要 (2)引起变电所跳闸或弓网事故 (3)以最短时间恢复线路供电及行车
安全措施	(1)严格遵守验电接地制度,作业中注意与带电线路的安全距离 (2)抢修后所有器具或临时处理用的材料零件不允许侵入行车限界 (3)抢修后必须留守人员在现场观察列车取流状况,确保行车安全

抢修步骤	(1)接触轨抢修人员进行验电,采用人工挂地线,并开展轨行区安全措施布置工作
	(2)要求电调断开相关隔离开关,对相关断路器进行试送,进而判断短路点是变电所内故障还是变电所外故障。若为所外故障,根据抢修组长分工,前往相应设备位置处,准备拆除电缆。将可视化自动接地装置电缆拆除、上网电缆拆除,确认是否为接触轨本体短路故障,根据不同的短路位置,采取不同修复方法
	  情况一:可视化自动接地装置存在短路点。将可视化自动接地装置从接触轨系统切除,待运营结束后,完全修复
	  情况二:上网电缆及隔离开关存在短路点。若是双边供电,将上网电缆拆除。改为单边供电,恢复运营。待运营结束后,完全修复。若是单边供电,上网电缆存在短路点,使用绝缘电阻表对上网电缆逐根排查,查到短路的电缆单独将其拆除,待运营结束后,完全修复
	  情况三:接触轨及其附件存在短路点:拆除电连接电缆,分段使用绝缘电阻表摇绝缘,并使用巡视镜查找短路点,找到短路点后进行消除
	(3)检查接触轨技术参数,符合列车安全条件

(续)

收工程序	(1)拆除地线、防护,消除停电作业命令 (2)清点人数、工具,并撤出轨行区,消除抢修作业命令 (3)放行列车,添乘观察车辆运行情况、接触网设备状态
工具材料	验电器1套,接地线2套,红闪灯2套,活动扳手2把,套筒扳手32件1套,巡视镜,接触轨检测尺,800M手台,强光手电筒,手提防爆探照灯

表 6-13 金属底座故障抢修方案

抢修对象	金属底座故障
抢修原则	先通后复,先通一线
现场分析	(1)进行针对性的临时修复,恢复供电及满足行车需要 (2)引起变电所跳闸或弓网事故 (3)以最短时间恢复线路供电及行车
安全措施	(1)严格遵守验电接地制度,作业中注意与带电线路的安全距离 (2)抢修后所有器具或临时处理用的材料零件不允许侵入行车限界 (3)抢修后必须留守人员在现场观察列车取流状况,确保行车安全
抢修步骤	(1)接触轨抢修人员进行验电,确认可视化自动接地装置已合闸,并开展轨行区安全措施布置工作 　情况一:端部弯头第一个金属底座断裂故障,立即使用抢修底座替代,限速通过 　情况二:不连续的金属底座故障时,不会侵入行车限界的,可暂不处理,必要时采用限速通过;存在侵限的情况,直接拆除故障金属底座及相连的绝缘支架 　情况三:连续金属底座故障时,使用抢修底座临时修复,限速通过;连续金属底座故障且接触轨存在无法使用的情况,采用设置临时断口抢修方式,限速通过 (2)检查接触轨技术参数,符合列车安全条件
收工程序	(1)拆除地线、防护,消除停电作业命令 (2)清点人数、工具,并撤出轨行区,消除抢修作业命令 (3)放行列车,添乘观察车辆运行情况、接触网设备状态
工具材料	验电器1套,接地线2套,红闪灯2套,活动扳手2把,套筒扳手32件1套,巡视镜,接触轨检测尺,800M手台,强光手电筒,手提防爆探照灯,金属底座3个

表 6-14 防护罩故障抢修方案

抢修对象	防护罩故障
抢修原则	先通后复,先通一线
现场分析	(1)进行针对性的临时修复,恢复供电及满足行车需要 (2)引起变电所跳闸或弓网事故 (3)以最短时间恢复线路供电及行车
安全措施	(1)严格遵守验电接地制度,作业中注意与带电线路的安全距离 (2)抢修后所有器具或临时处理用的材料零件不允许侵入行车限界 (3)抢修后必须留守人员在现场观察列车取流状况,确保行车安全
抢修步骤	(1)接触轨抢修人员进行验电,确认可视化自动接地装置已合闸,并开展轨行区安全措施布置工作 　情况一:防护罩因支撑卡原因错位翘起,通过增加支撑卡数量或改变支撑卡位置,来修复防护罩故障 　情况二:防护罩断裂、变形故障时,不会侵入行车限界的,可暂不处理,必要时采用限速通过;存在侵限的情况,抢修人员取出防护罩及支撑卡,待运营结束后,更换新的防护罩 (2)检查接触轨技术参数,符合列车安全条件

(续)

收工程序	(1) 拆除地线、防护，消除停电作业命令 (2) 清点人数、工具，并撤出轨行区，消除抢修作业命令 (3) 放行列车，添乘观察车辆运行情况、接触网设备状态
工具材料	验电器 1 套，接地线 2 套，红闪灯 2 套，活动扳手 2 把，套筒扳手 32 件 1 套，巡视镜，接触轨检测尺，800M 手台，强光手电筒，手提防爆探照灯，防护罩 3 个

6.4.6 事故总结

1. 接触网事故抢修完毕后相关人员职责

事故抢修完毕后，相关人员应各尽其责，进行抢修完成的技术确认和后续工作，具体分工见表 6-15。

表 6-15 抢修完毕后相关人员分工

步骤	人员	行动内容
1	安全员	对接触网故障区段进行必要的巡视及测试
2	接触网工程师	对接触网故障做出的临时性修复措施进行确认
3	现场抢修指挥	确认抢修方案已完成
4	验电接地及设置防护、监护人员	接现场抢修指挥的命令，按规定拆除接地线及防护，完成后通知现场抢修指挥
5	现场抢修指挥	确认作业人员、机具、材料撤至安全地带，所有接地线已拆除，确认具备送电、行车条件后，通知现场联络员向电调及行调消令
6	现场联络员	向电调办理消令手续、通过车站控制室值班人员向行调消除线路封锁命令，并做好记录；通知接触网值班员抢修工作已完成
7	电调	确认完全达到送电、行车条件后，给予消除停电作业命令的时间，并做好记录
8	应急抢修组	送电后，确认列车运行正常，接触网设备正常供电后，应急抢修组人员方可撤离

2. 事故调查与分析

事故抢修和恢复过程中，应急抢修组要注意收集并妥善保存损坏的各种设备、线索、零部件等，以便进行事故分析。事故抢修结束后，应急抢修组要如实填写"应急抢修记录"，车间要认真组织调查分析，逐级上报事故调查报告。

事故分析应按下列内容进行：

1）设备损坏情况及涉及范围。
2）事故抢修流程（以时间为顺序）。
3）事故原因。
4）经验：缩短事故抢修时间，减少对运营影响的好方法。
5）教训：总结抢修中存在的问题。
6）今后应采取的措施及其他。

事故分析应该本着"四不放过"的原则进行，事故原因未查清不放过、责任人员未处理不放过、整改措施未落实不放过、有关人员未受到教育不放过。事故原因查找应着重查找主观上的原因，对延误时机、工作不得力致使事故扩大，延长抢修时间，造成严重损失者要给予严肃处理，对于认真执行规定在事故抢修中做出突出贡献的给予表彰或奖励。

3. 接触网事故抢修演练

接触网运营部门应该加强抢修队伍的事故预想和人员培训。接触网专业每半年组织全体员工进行一次轮训，讲解事故抢修知识，学习有关规定、命令，分析典型案例，总结经验教训，研究制定改进措施，不断提高组织、指挥事故抢修的能力，使每个员工掌握各类事故的抢修方法。发生事故时做到人员齐、工具材料齐、出动快、修复快。事故抢修演练的重点是提高职工应变、综合分析、判断、组织指挥、实际操作等方面的能力。

科技人文拓展

接触网检修工作中团队合作的重要性

城市轨道交通接触网检修作业特别强调团队合作，接触网上有异物，看似非常简单的小问题，却依赖整个检修班组才能解决。

城市轨道交通接触网正常工作时电压为1500V或750V，作业过程中必须设置现场联络员。现场联络员负责办理封锁线路手续，向电力调度要令、消令，在作业过程中还要向电调汇报事故修复工作的进度，同时向现场抢修指挥传达电调的指令。为了确保现场工作人员的安全，避免突发情况下来电，还要专门设置验电接地防护人员，验电接地、设置防护工作完成后进行修复作业。为了保证在作业过程中不会有列车驶入，还要设置专门的行车安全防护人员，在车站联络室监控行车状况。

现场作业过程中，还要设置监护人员，负责现场作业人员的安全监护。作业人员则在现场抢修指挥的领导下，进行接触网的事故修复工作。如果需要梯车作业，还需要四个人扶梯车保证高处作业人员的人身安全。如果遇到接触线断线等故障，单个工班的人员不足，还需要调集多个工区的接触网工班同时作业。

团队作业方可凝聚所有人的力量，在安全的前提下，迅速地将故障处理完毕。接触网检修维护与抢修作业没有个人英雄主义，离开了团队，任何检修作业都无法安全有序地开展。

习　　题

一、填空题

1. 接触网事故根据发生的性质可分为＿＿＿＿及＿＿＿＿，根据发生的原因可分为事故全责、＿＿＿＿和＿＿＿＿，根据造成的后果可分为＿＿＿＿和＿＿＿＿，根据损失程度可分为＿＿＿＿、＿＿＿＿、＿＿＿＿和＿＿＿＿。

2. 接触网故障抢修必须遵循"＿＿＿＿＿＿＿"的基本原则，以最快的速度设法先行供电，疏通线路，以最快的速度恢复设备正常的技术状态。

3. 供电车间材料库接触网抢修用材料要与日常维修用材料＿＿＿＿、＿＿＿＿存放，单独造册登记。材料卡片用红色材料卡片，非抢修时不得动用。每月检查＿＿＿＿次，抢修使用后，应在＿＿＿＿天内补充齐全。

二、是非题（对的画√，错的画×）

1. 接触网轮值工班同时也可以是接触网备班。（　　）
2. 接触网停电时间超过 10h 为接触网重大事故。（　　）
3. 接触网材料库的钥匙由接触网轮值工班保管，并按时交接。（　　）
4. 接触网专业每半年组织全体员工进行一次轮训。（　　）

三、简答题

1. 接触网高处作业有哪些安全注意事项？
2. 接触网应急车辆配置的要求是什么？
3. 接触网出现断续接地，请简要分析故障有可能出现的原因。
4. 抢修作业结束后，事故分析主要包含哪些内容？

参 考 文 献

［1］中国城市轨道交通协会. 城市轨道交通接触网（轨）检修工［M］. 成都：西南交通大学出版社，2019.
［2］徐富春. 接触网［M］. 成都：西南交通大学出版社，2015.
［3］赵永君. 接触网维护与检修［M］. 北京：人民交通出版社，2013.
［4］张桂林. 城市轨道交通接触网［M］. 成都：西南交通大学出版社，2016.
［5］王艳荣. 城市轨道交通接触网维护［M］. 2版. 北京：人民交通出版社股份有限公司，2020.
［6］陈江波. 城市轨道交通接触网运行与检修［M］. 北京：人民交通出版社股份有限公司，2016.
［7］中华人民共和国住房和城乡建设部. 城市轨道交通架空接触网技术标准：CJJ/T 288—2018［S］. 北京：中国建筑工业出版社，2019.
［8］吉鹏霄. 电气化铁路接触网［M］. 3版. 北京：化学工业出版社，2015.
［9］张灵芝. 接触网设备检修与维护［M］. 成都：西南交通大学出版社，2016.